江西财经大学信毅学术文库

马克思的资本历史作用思想

张定鑫　著

中国财经出版传媒集团
中国财政经济出版社

图书在版编目（CIP）数据

马克思的资本历史作用思想／张定鑫著．--北京：中国财政经济出版社，2020.9

（江西财经大学信毅学术文库）

ISBN 978－7－5095－9875－7

Ⅰ.①马…　Ⅱ.①张…　Ⅲ.①马克思主义政治经济学－研究　Ⅳ.①F0－0

中国版本图书馆 CIP 数据核字（2020）第 109267 号

责任编辑：彭　波　　　　责任印制：史大鹏

封面设计：卜建辰　　　　责任校对：胡永立

中国财政经济出版社 出版

URL：http：//www.cfeph.cn

E－mail：cfeph@cfeph.cn

社址：北京市海淀区阜成路甲 28 号　邮政编码：100142

营销中心电话：010－88191522

天猫网店：中国财政经济出版社旗舰店

网址：https：//zgczjjcbs.tmall.com

北京财经印刷厂印装　各地新华书店经销

成品尺寸：170mm×230mm　16 开　15.25 印张　228 000 字

2020 年 9 月第 1 版　2020 年 9 月北京第 1 次印刷

定价：78.00 元

ISBN 978－7－5095－9875－7

（图书出现印装问题，本社负责调换，电话：010－88190548）

本社质量投诉电话：010－88190744

打击盗版举报热线：010－88191661　QQ：2242791300

总　序

书籍是人类进步的阶梯。通过书籍出版，由语言文字所承载的人类智慧得到较为完好的保存，作者思想得到快速传播，这大大地方便了知识传承与人类学习交流活动。当前，国家和社会对知识创新的高度重视和巨大需求促成了中国学术出版事业的新一轮繁荣。学术能力已成为高校综合服务水平的重要体现，是高校价值追求和价值创造的关键衡量指标。

科学合理的学科专业、引领学术前沿的师资队伍、作为知识载体和传播媒介的优秀作品，是高校作为学术创新主体必备的三大要素。江西财经大学较为合理的学科结构和相对优秀的师资队伍，为学校学术发展与繁荣奠定了坚实的基础。近年来，学校教师教材、学术专著编撰和出版活动相当活跃。

为加强我校学术专著出版管理，锤炼教师学术科研能力，提高学术科研质量和教师整体科研水平，将师资、学科、学术等优势转化为人才培养优势，我校决定分批次出版高质量专著系列；并选取学校“信敏廉毅”校训精神的前尾两字，将该专著系列命名为“信毅学术文库”。在此之前，我校已分批出版“江西财经大学学术文库”和“江西财经大学博士论文文库”。为打造学术品牌，突出江财特色，学校在上述两个文库出版经验的基础上，推出“信毅学术文库”。在复旦大学出版社的大力支持下，“信毅学术文库”已成功出版两期，获得了业界的广泛好评。

“信毅学术文库”每年选取 10 部学术专著予以资助出版。这些学术专著囊括经济、管理、法律、社会等方面内容，均为关注社会热点论题或有重要研究参考价值的选题。这些专著不仅对专业研究人员开展研究工作具有参考价值，也贴近人们的实际生活，有一定的学术价值和现实指导意义。专著的作者既有学术领域的资深学者，也有初出茅庐的优秀博士。资深学者因其学术涵养深厚，他们的学术观点代表着专业研究领域的理论前沿，对他们专著的出版能够带来较好的学术影响和社会效益。优秀博士作为青年学者，他们学术思维活跃，容易提出新的甚至是有突破性的学术观点，从而成为学术研究或学术争论的焦点，出版他们学术成果的社会效益也不言自明。一般而言，国家级科研基金资助项目具有较强的创新性，该类研究成果常常在国内甚至国际专业研究领域处于领先水平，基于以上考虑，我们在本次出版的专著中也吸纳了国家级科研课题项目研究成果。

“信毅学术文库”将分期分批出版问世，我们将严格质量管理，努力提升学术专著水平，力争将“信毅学术文库”打造成为业内有影响力的高端品牌。

王　乔

2016 年 11 月

导　　言

《资本论》第一卷于1867年9月14日在德国汉堡出版后，马克思继续《资本论》的写作、研究及其成果的传播，一直都没有偏离这一研究对象。马克思在1867年12月下半月至1868年4月间阅读了约·摩尔顿、卡·尼·弗腊斯和约·亨·杜能的农业著作。他在1869年2月至8月间研究了有关信贷问题和银行流通问题的著作，阅读了约·莱·福斯特、弗·恩·费勒和卡·古·奥德曼的著作，并在同年为直接阅读恩·弗列洛夫斯基的《俄国工人阶级的状况》一书、了解车尔尼雪夫斯基的经济学著作而开始了俄语的学习。1870年12月底至1871年1月间他阅读了车尔尼雪夫斯基关于俄国公社土地占有制的著作。1873年5月至6月间他为出版《资本论》第一卷法文版做了繁重的翻译工作。1874年2月至3月间他研究了植物学和关于土地的人工肥料理论，阅读了约·奥·李比希的《土壤贫瘠化学和经济人口论》一书和其他农业化学著作。[①] 1879年1月至12月间他进行政治经济学的研究工作特别是研究俄国和美国的文献资料；1879年10月至1880年10月间他为研究地租问题、整个土地关系问题而关注俄国公社的资料和文献，编写了"印度历史大事记"（664~1858年）；1880年10月至1881年3月他继续写"资本论"第二卷和第三卷，研究了大量官方文件和关于美国经济发展的文献；1880年10月15日他请求左尔格为他提供关于加利福尼亚经济状况的内容以及丰富的材料，以便研究那里正在进行的资本主义生产集中过程；1881年2月19日在给丹尼尔逊的信中以俄国为例分析了资本主义农业的停滞性质和收成的周期性问题、铁路建设同英美国债制度的关系问题以及资本主义生产积聚的增长问题；1881年3月8

① 《马克思恩格斯生平事业年表》，人民出版社1976年版，第290、302、310、320、399页。

日给查苏利奇的信中谈论他所研究的资本主义发展的理论意义；1881年5月至1882年2月间为研究前资本主义社会制度问题对摩尔根“原始社会”一书写了一份非常详尽的摘要及许多评语和结论；1881年年底至1882年间写了《关于俄国一八六一年改革和改革后的发展的札记》，系统整理他所研究的关于俄国的资料和文献，并继续研究了关于美国资本主义发展的资料；1882年10月30日至1883年1月12日间从事“资本论”第一卷德文第三版的准备工作[①]。

马克思关于资本的历史作用论述并非起始于《资本论》第一卷，甚至不起始于《共产党宣言》，而是起始于《1844年经济学哲学手稿》。马克思关于资本历史作用的巨量论述归纳为两部分：一部分是马克思早期文稿，包括马克思生前公开发表的著述和未发表的手稿或笔记，主要是《1844年经济学哲学手稿》《德意志意识形态》《哲学的贫困》《共产党宣言》《雇佣劳动与资本》《不列颠在印度统治的未来结果》；另一部分是《资本论》文稿，主要是马克思为《资本论》所作的准备稿或过程稿即《政治经济学批判（1857—1858年手稿）》《政治经济学批判（1861—1863年手稿）》《资本论（1863—1864年）》手稿。由于这些手稿或笔记对资本的历史作用作了或系统或零星或反复的论述，本书以“资本的历史作用”为主线对它们予以了系统的整理并分层次摘录。

马克思关于资本的历史作用论述侧重于三个层次：一是关于资本或资本主义生产方式的本质论述，这涉及关于资本物与资本的关系、剩余资本I和剩余资本II（不变的价值和可变的价值）、社会财富的分配、资本原始积累、“经济学家”们的资本概念、商业、流通、“生产劳动”概念等十一个侧面或角度的分析；二是关于资本或资本主义生产方式的历史作用论述，这包括资本为社会创造了剩余劳动或自由时间、资本提高了社会劳动的生产率又带来了雇佣工人的就业压力、资本创造了世界市场、资本否定了孤立劳动而创造了社会劳动或结合劳动、资本创造了信用、资本提高劳动生产率；三是关于资本或资本主义生产方式的历史

① 《马克思恩格斯全集》第19卷，人民出版社1963年版，第664－694页。

作用的辩证分析，集中表现为马克思把这一独立的生产方式归结为“资本在具有无限度地提高生产力趋势的同时，又在怎样程度上……具有限制生产力的趋势”[①]，“文明的进步只会增大支配劳动的客观权力”[②] 即造成社会不断的分化。马克思这些关于资本的历史作用论述构成了马克思关于资本历史作用思想的主体内容。

本书还对恩格斯、列宁关于资本的历史作用论述予以了整理摘录，他们以马克思的资本学说为共同范式，对资本或资本主义生产方式一致地持批判的、分析的态度，并且基于各自不同的历史背景或文化结构而对资本的历史作用的具体情形作了分析。其中，恩格斯侧重考察了英国资本主义生产方式的具体特征，列宁侧重分析了俄国资本主义生产方式的特点。恩格斯、列宁关于资本历史作用的思想表明，资本在历史上发生深刻的作用不是仅限于英国或西欧的孤立现象，而是属于在世界许多区域程度不同或有先有后地发生着作用的一种普遍性事实。

在这些科学研究工作的基础上，本书以马克思《资本论》三卷及其手稿为依据，对马克思及其马克思学派关于资本的历史作用论述予以进一步的抽升，认为资本作为一种基于商品经济中的价值规律的独立生产方式或资本主义生产方式具有巨大的历史作用。其一，资本把各种生产要素凝成一种社会劳动生产力从而造成“1 + 1 > 2”的合力效应——构成现代资本的真正秘密。其二，资本主义生产方式优胜于封建生产方式或小生产——废除了人对人或生活共同体的依赖关系、个人出身决定一生地位的“身份社会”，实现了人的抽象劳动在全社会范围内的普遍化。其三，资本从不同层次推动资本主义社会生产力的发展——“别人辛勤劳动的制造者”、社会“生产力的提高者”、“物质生产力和精神生产力的主动轮”。其四，资本推动资本主义社会农村生产方式的根本变革——把封建生产方式下的“农民”“农业”“农村”分别改变成资本主义生产方式下的“农业工人”“现代农业”与“城市”。其五，资

① 《马克思恩格斯全集》第 30 卷，人民出版社 1995 年版，第 406 页。
② 《马克思恩格斯全集》第 30 卷，人民出版社 1995 年版，第 267 页。

本推动人类从地域性历史向世界历史的转变——资本全球化过程所带来的人类历史从地域性历史向世界历史的生成过程实际上为“共产主义社会”奠定了直接“前提”或“历史阶梯”。其六，资本推动自然科学发展——“只有资本主义生产方式才第一次使自然科学为直接的生产过程服务”。其七，资本为近现代社会科学知识的系统创建提供物质基础与动力，主要是为那些文化巨人享有“可以自由支配的时间”即进行文化创作奠定了物质基础。其八，资本作为生产方式构成个人全面发展的历史阶梯，资本主义生产方式下的社会分工使生产者个人有限的劳动能力独立为专长、发展成技艺，资本主义社会的工厂制生产或高度社会化生产“逼”着生产者必需具备全面发展的能力与素质，资本主义生产方式的全球化趋向所造成的人的交往普遍性或世界性为人的全面发展与解放创设了有利环境。

资本这种独立的生产方式或资本主义生产方式在不同的历史条件下或具体环境下常常表现为包含不同的特点的运行模式。在历史观上，必须把资本主义生产方式的一般形式与其在各个民族或历史条件下的具体模式区分开来，必须把资本主义生产方式与资本主义世界形形色色现象或其他生产方式区分开来。因而，对历史上资本主义生产方式的具体运行模式所带来的历史作用不可一概而论或笼统独断，也不能在所谓“积极作用”与“消极作用”之间来个抽象的“二一添作五”或“折中”，它们的历史作用是历史的、具体的。资本作为一种独立的生产方式在具体不同的环境下或历史条件下有时表现为进步的、正能量的，有时表现为消极负面的，此国表现为良性、积极的，彼国表现为恶性的消极的，真正成功的、实现持续发展的国家或民族并非雨后春笋而表现为“行百里者半九十”现象。

资本作为一种独立生产方式对当代中国发生了重大影响。其一，资本在中国的发育发展极大地推进了中国社会城乡一体化进程，并非简单的“资本下乡”（农村区域两极分化），同时对当代中国社会带来了复杂而多重影响作用；其二，资本在中国的发育发展注定当代中国的经济发展走“绿色发展”之路，并非简单的“资本是生态危机的罪魁祸首”，同时它们之间存在着复杂而多重关系；马克思关于资本的历史作用思想对当代中国意识形态领域的核心价值观念如“自由”理念“准备”了必要而有价值的文本，不能让“自由”理念仅仅停驻于意识形态范畴作“自由主义”或“新自由主义”的抽象“批判”处理。

对马克思以及马克思学派的资本历史作用思想进行系统的整理，具有重大的学术价值与实践意义。马克思以及马克思学派关于资本的历史作用论述并非集中在某一篇文章或某一部著作中，除了《政治经济学批判（1857—1858年手稿）》有较为集中的论述之外，这些论述往往以零散的形式或间接的形式散布于他们巨量的著述之中或他们的字里行间。马克思以及马克思学派关于资本的历史作用论述在文本上的这种情形需要对它进行系统的整理与归纳，而目前学界尚无这样的系统整理与研究。如果不进行这一思想领域的系统整理，人们特别是普通外行人对马克思主义关于资本历史作用的思想了解就只能限于零碎的或片段的认识甚至“常识”或偏见状态，对资本主义生产方式作为人类社会历史的一种文明形式的普遍性质或质的规定性（如资本或资本主义生产方式乃是商品经济规律或市场经济规律的“典型形式”或“标准形式”）的认识特别是它相较于封建生产方式或小生产的优势的认识仍然存在“波动”态，即当资本主义生产方式发挥得好时便无分寸地“捧”它，当它因某些缘故而发挥得不好时便“攻其一点，不及其余”地“棒”它，这不仅影响了人们对作为现代性运动的本质性事实（现象）——资本的完整了解，而且直接影响了人们对马克思主义理论的核心内容之完整理解与认识，由此直接影响了马克思主义基本原理与中国现代化实践相结合的进程与质量。正如有识之士批评学界某些片面突出《资本论》的“当代性”现象时所指出的，“《资本论》研究成为一种‘忽左忽右’‘可左可右’的随意言说和‘时尚化’追求，而缺少了科学性、客观性和恒定性。这是以往马克思主义研究中存在过的相当惨痛的经验教训。”①

对马克思以及马克思学派的资本历史作用思想进行系统的概括与抽升，同样具有重大的学术价值与实践意义。马克思关于资本的历史作用

① 聂锦芳：《深入理解马克思思想的丰富性及其意义》，《理论视野》2016年第12期第8页。

论述侧重于19世纪的英国，侧重于资本主义生产方式的“英国模式”，也就是侧重于资本主义生产方式的早期或“初级阶段”。马克思学派中的列宁关于资本的历史作用论述侧重于19世纪末20世纪初期俄国资本主义生产方式，侧重于第一次世界大战前后一些主要资本主义“列强”即“帝国主义”特征。马克思学派中的陈独秀关于资本的历史作用论述侧重于中国近代社会的资本主义生产方式的成分及其特点，侧重于那些输入式资本主义对中国的侵略性“开发”。不仅这些文本或资料本身是非常宝贵的，而且它们对于认识今天正在进行的现代性运动仍然有重要的启示意义。由于这些文本或资料本身毕竟是那个时代的产物、相关国度的“思想之镜”，它们基本上侧重于“资本的残酷”面，不可能照搬于当今的某个国家，不可能照搬于当今的世界，需要站在历史唯物主义的高度、马克思主义中国化时代化高度对它们进行一番新的系统研究。因为这样的创新性研究工作有助于包括中国在内的正在奔向现代化高阶的欠发达国家或民族冷静把定自己的历史发展阶段，有助于充分汲取现代性运动所蕴含的人类遵循、掌控商品/市场经济规律的成功法则及其沉淀下来的成功历史经验，有助于把控现代性运动的风险与难度。可以说，资本作为一种独立的生产方式所起的历史作用和对当代中国的积极影响这一马克思主义历史观结论，实际上构成习近平新时代中国特色社会主义思想的重要理论依据。

重视并珍视马克思及其马克思学派资本的历史作用思想，归根结蒂是要向学界、向人们发出一个信号：中国人民要成功走在中国特色社会主义新时代，就必须重视学习、研究经过人类特别是西欧人实践了几百年的作为独立生产方式的资本形式或资本主义生产方式所饱含的遵循商品经济规律、市场经济规律的成功法则与历史智慧，以此支持中国特色社会主义进一步遵循社会经济规律，并在此基础上超越资本主义生产方式的边界或有限性而去尊重、掌控自然生态规律与人类群体特有的社会历史规律，把资本主义社会里发展得成熟的商品/市场经济的效率优势与社会主义公有制的公平正义优势有机结合起来，使中国特色社会主义（社会）在不会遥远的来日驶入“富强民主文明和谐美丽的社会主义现代化强国”境界。

目　　录

第一篇　马克思论资本的历史作用

第一章　马克思早期文稿论资本的历史作用 …… 3

一、资本的本质 …… 3

二、资本主义生产方式的特征 …… 6

三、资本的历史作用 …… 7

第二章　《资本论》文稿论资本的历史作用 …… 19

一、关于资本或资本主义生产方式本质的论述 …… 19

二、关于资本或资本主义生产方式的历史作用论述 …… 43

三、对资本或资本主义生产方式历史作用的辩证分析 …… 53

第二篇　马克思主义经典作家论资本的历史作用

第三章　恩格斯论资本的历史作用 …… 63

一、对待资本主义生产方式的科学态度 …… 63

二、资本的历史作用 …… 66

三、资本主义生产方式的阶段性变化 …… 74

第四章　列宁论资本的历史作用 …… 79

一、资本进步的历史作用 …… 79
二、资本的历史作用的矛盾性 …… 82
三、资本的历史作用的新形式 …… 86
四、利用资本主义生产方式的历史作用 …… 89

第三篇　马克思的资本历史作用思想概述

第五章　资本作为资本主义生产方式或独立的生产方式 …… 93

一、资本主义生产方式概念在学界的多种赋含 …… 93
二、马克思文本中的“生产方式”“资本主义生产方式”概念 …… 97
三、马克思的生产方式概念的两个“层级” …… 100

第六章　资本的历史作用 …… 105

一、资本把各种生产要素凝成一种社会劳动生产力 …… 105
二、资本主义生产方式优胜于封建生产方式或小生产 …… 108
三、资本从不同层次推动资本主义社会生产力的发展 …… 115
四、资本推动资本主义社会农村生产方式的根本变革 …… 119
五、资本推动人类从地域性历史向世界历史转变 …… 122
六、资本推动自然科学发展 …… 126
七、资本为近现代社会科学知识的创建提供物质基础与动力 …… 130
八、资本作为生产方式构成个人全面（自由）发展的历史阶梯 …… 133

第四篇　马克思关于资本历史作用思想的当代影响价值

第七章　资本主义生产方式的两个层次与历史地位 …… 143

一、资本主义生产方式的两个层次 …… 143

二、资本主义生产方式的历史地位 …………………………………… 151

第八章　中国城乡发展一体化 …………………………………… 157

一、资本发展与中国城乡发展一体化的客观需要 ………………… 157
二、中国城乡一体化历史性成就 …………………………………… 160
三、中国城乡一体化的价值目标 …………………………………… 164

第九章　中国绿色发展 …………………………………………… 170

一、探索中国绿色发展的学术层面 ………………………………… 170
二、改革开放以来中国特色社会主义在绿色发展上的重要理论成果 …………………………………………………………… 174
三、资本与绿色发展之间关系的逻辑辨析 ………………………… 182

第十章　核心价值观领域的自由理念 …………………………… 190

一、商品经济中的价值规律构成人类自由的逻辑前提 …………… 190
二、资本成为独立生产方式的"历史条件"是人类走向近代自由的真正基点 ………………………………………………………… 192
三、辩证看待资本对人类自由的历史作用 ………………………… 194

结语 ………………………………………………………………… 197
附录 ………………………………………………………………… 198
主要参考文献 ……………………………………………………… 226

第一篇 >>>>

马克思论资本的历史作用

第一章　马克思早期文稿论资本的历史作用

本书所说的马克思早期文稿，主要是指马克思在19世纪40年代的《1844年经济学哲学手稿》至19世纪50年代《政治经济学批判（1857—1858年手稿）》之前的文稿，既有大量未公开发表的笔记或手稿，也有少量公开发表的作品。

一、资本的本质

资本，即对他人劳动产品的私有权[①]。//[②]资本是对劳动及其产品的支配权。资本家拥有这种权力并不是由于他的个人的或人的特性，而只由于他是资本的所有者。他的权力就是他的资本的那种不可抗拒的购买的权力。[③]

劳动和资本的统一：（1）资本是积累的劳动；（2）生产范围内的资本的使命——部分地是会带来利润的资本再生产，部分地作为原料（劳动材料）的资本，部分地作为本身工作着的工具（机器是被直接设定为与劳动等同的资本）——就在于生产劳动；（3）工人是资本；（4）工资属于资本的费用；（5）对工人来说，劳动是他的生命资本的再生产；（6）对资本家

① 马克思：《1844年经济学哲学手稿》，《马克思恩格斯文集》第1卷，人民出版社2009年版，第129页。

② “//”表示//前后段论述内容位于不同的页码。下同。

③ 马克思：《1844年经济学哲学手稿》，《马克思恩格斯文集》第1卷，人民出版社2009年版，第130页。

来说，劳动是他的资本的能动的要素。[①]

垄断价格是可能高的价格；既然资本家的利益甚至按照一般国民经济学的观点看来是同社会利益相敌对的；既然资本利润的提高像复利一样影响商品的价格，——那么，竞争是抵制资本家的唯一手段；根据国民经济学的论述，竞争既对工资的提高产生好影响，也对商品价格的下降产生有利于消费公众的好影响。[②]

固定资本和流动资本的比例，对大资本家要比对小资本家有利得多。[③] //大土地所有者的生产工具决不会与他的土地面积成比例地增加。同样，大资本家所享有的比小资本家高的信用，就是固定资本即一笔必须经常准备着的货币的相当大的节约。[④]

黑人就是黑人。只有在一定的关系下，他才成为奴隶。纺纱机是纺棉花的机器。只有在一定的关系下，它才成为资本。脱离了这种关系，它也就不是资本了，就像黄金本身并不是货币，砂糖并不是砂糖的价格一样。[⑤] //人们在生产中不仅仅影响自然界，而且也互相影响。他们只有以一定的方式共同活动和互相交换其活动，才能进行生产。为了进行生产，人们相互之间便发生一定的联系和关系；只有在这些社会联系和社会关系的范围内，才会有他们对自然界的影响，才会有生产。/[⑥]生产者相互发生的这些社会关系，他们借以互相交换其活动和参与全部生产活动的条件，当然依照生产资料的性质而有所不同。/各个人借以进行生产的社会关系，即社会生产关系，是随着物质生产资料、生产力的变化和发展而变化和改变的。/资本也是一种社会生产关系。这是资产阶级的生产关系，是资产阶级社会的生产关系。构成资本的生活资料、劳动工具和原料，难道不是在一定的社会条件下，不是在一定的社会关系内生产出来和积累起来的

① 马克思：《1844年经济学哲学手稿》，《马克思恩格斯文集》第1卷，人民出版社2009年版，第230页。

② 马克思：《1844年经济学哲学手稿》，《马克思恩格斯文集》第1卷，人民出版社2009年版，第134页。

③④ 马克思：《1844年经济学哲学手稿》，《马克思恩格斯文集》第1卷，人民出版社2009年版，第137页。

⑤ 马克思：《雇佣劳动与资本》，《马克思恩格斯文集》第1卷，人民出版社2009年版，第723页。

⑥ “/”表示/前后段论述内容位于同一页码。下同。

吗？难道这一切不是在一定的社会条件下，在一定的社会关系内被用来进行新生产的吗？并且，难道不正是这种一定的社会性质把那些用来进行新生产的产品变为资本的吗？[①]

资本不仅包括生活资料、劳动工具和原料，不仅包括物质产品，并且还包括交换价值。资本所包括的一切产品都是商品。所以，资本不仅是若干物质产品的总和，并且也是若干商品、若干交换价值、若干社会量的总和。/资本的躯体可以经常改变，但不会使资本有丝毫改变。[②] //一些商品即一些交换价值的总和究竟是怎样成为资本的呢……它成为资本，是由于它作为一种独立的社会力量，即作为一种属于社会一部分的力量，借交换直接的、活的劳动力而保存下来并增殖起来。除劳动能力以外一无所有的阶级的存在是资本的必要前提。[③]

只是由于积累起来的、过去的、对象化的劳动支配直接的、活的劳动，积累起来的劳动才变为资本。[④]//资本的实质并不在于积累起来的劳动是替活劳动充当进行新生产的手段。它的实质在于活劳动是替积累起来的劳动充当保存自己并增加其交换价值的手段。[⑤] //资本以雇佣劳动为前提，而雇佣劳动又以资本为前提。两者相互制约；两者相互产生。[⑥]

工资只是人们通常称之为劳动价格的劳动力价格的特种名称，是只能存在于人的血肉中的这种特殊商品价格的特种名称。[⑦] //工资是原有商品中由资本家用以购买一定量的生产性劳动力的那一部分。[⑧] //劳动力是一种商品，是由其所有者即雇佣工人出卖给资本的一种商品。[⑨]

劳动力并不向来就是商品。劳动并不向来就是雇佣劳动、即自由劳

① 马克思：《雇佣劳动与资本》，《马克思恩格斯文集》第1卷，人民出版社2009年版，第724页。

② 马克思：《雇佣劳动与资本》，《马克思恩格斯文集》第1卷，人民出版社2009年版，第725页。

③④⑥ 马克思：《雇佣劳动与资本》，《马克思恩格斯文集》第1卷，人民出版社2009年版，第726页。

⑤ 马克思：《雇佣劳动与资本》，《马克思恩格斯文集》第1卷，人民出版社2009年版，第727页。

⑦ 马克思：《雇佣劳动与资本》，《马克思恩格斯文集》第1卷，人民出版社2009年版，第714页。

⑧⑨ 马克思：《雇佣劳动与资本》，《马克思恩格斯文集》第1卷，人民出版社2009年版，第715页。

动。奴隶就不是把他自己的劳动力出卖给奴隶主，正如耕牛不是向农民出卖自己的劳务一样。奴隶连同自己的劳动力一次而永远地卖给奴隶的所有者了。奴隶是商品，可以从一个所有者手里转到另一个所有者手里。奴隶本身是商品，但劳动力却不是他的商品。农奴只出卖自己的一部分劳动力。不是他从土地所有者方面领得报酬；相反，是土地所有者从他那里收取贡赋。农奴是土地的附属品，替土地所有者生产果实。相反，自由工人自己出卖自己，并且是零碎地出卖。他日复一日地把自己生命中的8小时、10小时、12小时、15小时拍卖给出钱最多的人，拍卖给原料、劳动工具和生活资料的所有者，即拍卖给资本家。工人既不属于所有者，也不属于土地，但是他每日生命的8小时、10小时、12小时、15小时却属于这些时间的购买者。工人只要愿意，就可以离开雇用他的资本家，而资本家也可以随意辞退工人，只要资本家不能再从工人身上获得利益或者获得预期的利益，他就可以辞退工人。①

二、资本主义生产方式的特征

从前者产生了发达分工和广泛贸易的前提，从后者产生了地域局限性。在前一种情况（指“资本主义生产方式”，引者注）下，各个人必须聚集在一起，在后一种情况（指前资本主义生产方式，引者注）下，他们本身已作为生产工具而与现有的生产工具并列在一起。因此，这里出现了自然形成的生产工具和由文明创造的生产工具之间的差异。耕地（水，等等）可以看作是自然产生的生产工具。在前一种情况下，即在自然形成的生产工具的情况下，各个人受自然界的支配，在后一种情况下，他们受劳动产品的支配。因此在前一种情况下，财产（地产）也表现为直接的、自然形成的统治，而在后一种情况下，则表现为劳动的统治，特别是积累起来的劳动即资本的统治。前一种情况的前提是，各个个人通过某种联系——家庭、部落或者甚至是土地本身，等等——结合在一起；

① 马克思：《雇佣劳动与资本》，《马克思恩格斯文集》第1卷，人民出版社2009年版，第716－717页。

后一种情况的前提是，各个人互不依赖，仅仅通过交换集合在一起。在前一种情况下，交换主要是人和自然之间的交换，即以人的劳动换取自然的产品；而在后一种情况下，主要是人与人之间所进行的交换。在前一种情况下，只要具备普通常识就够了，体力活动和脑力活动彼此还完全没有分开；而在后一种情况下，脑力劳动和体力劳动之间实际上应该已经实行分工。在前一种情况下，所有者对非所有者的统治可以依靠个人关系，依靠这种或那种形式的共同体；在后一种情况下，这种统治必须采取物的形式，通过某种第三者，即通过货币。在前一种情况下，存在着小工业，但这种工业决定于自然形成的生产工具的使用，因此这里没有不同个人之间的分工；在后一种情况下，工业只有在分工的基础上和依靠分工才能存在。①

做一个资本家，这就是说，他在生产中不仅占有一种纯粹个人的地位，而且占有一种社会的地位。资本是集体的产物，它只有通过社会许多成员的共同活动，而且归根到底也只有通过社会全体成员的共同活动，才能运动起来。/资本不是一种个人力量，而是一种社会的力量。②

三、资本的历史作用

（一）资本发展所造成的社会分化

大地产就它力求赚到尽可能多的货币而言，已经失去自己的封建性质，而具有工业的性质。它给所有者带来尽可能多的地租，而给租地农场主带来尽可能多的资本利润。结果，农业工人的工资就被降到最低限度，而租地农场主阶级就在地产范围内代表着工业和资本的权力。由于同外国竞争，地租在大多数情况下不再能形成一种独立的收入了。大部分土地所有者不得不取代租地农场主的地位，而租地农场主就有一部分以这种方式

① 马克思恩格斯：《德意志意识形态》，《马克思恩格斯文集》第1卷，人民出版社2009年版，第555－556页。

② 《共产党宣言》，《马克思恩格斯文集》第2卷，人民出版社2009年版，第46页。

沦为无产阶级。另外，有许多租地农场主也会把地产掌握在自己手中：这是因为有优裕收入的大土地所有者大都沉湎于挥霍，并且大多数都不适宜于领导大规模的农业，他们往往既无资本又无能力来开发土地。因此，他们中间也有一部分人完全破产。最后，为了经受住新的竞争，已经降到最低限度的工资不得不进一步降低。而这就必然导致革命。[①] //我们从国民经济学本身出发，用它自己的话指出，工人降低为商品，而且降低为最贱的商品；工人的贫困同他的生产的影响和规模成反比；竞争的必然结果是资本在少数人手中积累起来，也就是垄断的更惊人的恢复；最后，资本家和地租所得者之间、农民和工人之间的区别消失了，而整个社会必然分化为两个阶级，即有产者阶级和没有财产的工人阶级。[②]

对于工业发展的一定阶段来说，私有制是必要的。在采掘业中私有制和劳动还是完全一致的；在小工业以及到目前为止的整个农业中，所有制是现存生产工具的必然结果；在大工业中，生产工具和私有制之间的矛盾才是大工业的产物，这种矛盾只有在大工业高度发达的情况下才会产生。因此，只有随着大工业的发展才有可能消灭私有制。[③] //城市和乡村的分离还可以看作是资本和地产的分离，看作是资本不依赖于地产而存在和发展的开始，也就是仅仅以劳动和交换为基础的所有制的开始。[④] //这些城市中的资本是自然形成的资本；它是由住房、手工劳动工具和自然形成的世代相袭的主顾组成的，并且由于交往不发达和流通不充分而没有实现的可能，只好父传子，子传孙。这种资本和现代资本不同，它不是以货币来计算的——用货币来计算，资本体现为哪一种物品都一样——，而是直接同占有者的特定的劳动联系在一起的、同它完全不可分割的资本，因此就这一点来说，它是等级资本。[⑤] //不同城市之间的分工的直接结果就是工

---

① 马克思：《1844年经济学哲学手稿》，《马克思恩格斯文集》第1卷，人民出版社2009年版，第154页。

② 马克思：《1844年经济学哲学手稿》，《马克思恩格斯文集》第1卷，人民出版社2009年版，第155页。

③ 马克思恩格斯：《德意志意识形态》，《马克思恩格斯文集》第1卷，人民出版社2009年版，第556页。

④ 马克思恩格斯：《德意志意识形态》，《马克思恩格斯文集》第1卷，人民出版社2009年版，第557页。

⑤ 马克思恩格斯：《德意志意识形态》，《马克思恩格斯文集》第1卷，人民出版社2009年版，第558页。

场手工业的产生，即超出行会制度范围的生产部门的产生。工场手工业的初期繁荣——先是在意大利，然后是在佛兰德——的历史前提，是同外国各民族的交往。在其他国家，例如在英国和法国，工场手工业最初只限于国内市场。除上述前提外，工场手工业还以人口特别是乡村人口的不断集中和资本的不断积聚为前提。资本开始积聚到个人手里，一部分违反行会法规积聚到行会中，一部分积聚到商人手里。①

（二）对资本的历史作用描述

资产阶级在历史上曾经起过非常革命的作用。② //资产阶级在它的不到一百年的阶级统治中所创造的生产力，比过去一切世代创造的全部生产力还要多，还要大。自然力的征服，机器的采用，化学在工业和农业中的应用，轮船的行驶，铁路的通行，电报的使用，整个整个大陆的开垦，河川的通航，仿佛用法术从地下呼唤出来的大量人口——过去哪一个世纪能够料想到在社会劳动里蕴藏有这样的生产力呢?③

1. 资本的历史作用在人与人之间关系上的体现

资产阶级在它已经取得统治的地方把一切封建的、宗法的和田园诗般的关系都破坏了。它无情地斩断了把人们束缚于天然尊长的形形色色的封建羁绊，它使人和人之间除了赤裸裸的利害关系，除了冷酷无情的“现金交易”，就再也找不到任何别的联系了。它把宗教虔诚、骑士热忱、小市民的伤感这些情感的神圣发作，淹没在利己主义打算的冷水之中。它把人的尊严变成了交换价值，用一种没有良心的贸易自由代替了无数特许的和自力挣得的自由。总而言之，它用公开的、无耻的、直接的、露骨的剥削代替了由宗教幻想和政治幻想掩蔽着的剥削。④ //资产阶级抹去了一切向来受人尊崇和令人敬畏的职业的庄严光环。它使医生、律师、教士、诗人

① 马克思恩格斯：《德意志意识形态》，《马克思恩格斯文集》第1卷，人民出版社2009年版，第560页。

② 《共产党宣言》，《马克思恩格斯文集》第2卷，人民出版社2009年版，第33页。

③ 《共产党宣言》，《马克思恩格斯文集》第2卷，人民出版社2009年版，第36页。

④ 《共产党宣言》，《马克思恩格斯文集》第2卷，人民出版社2009年版，第33－34页。

和学者变成了它出钱招雇的雇佣劳动者。①

2. 资本的历史作用在家庭关系上的体现

资产阶级撕下了罩在家庭关系上的温情脉脉的面纱，把这种关系变成了单纯的金钱关系。②

3. 资本的历史作用在阶级关系上的体现

随着资产阶级即资本的发展，无产阶级即现代工人阶级也在同一程度上发展；现代的工人只有当他们找到工作的时候才能生存，而且只有当他们的劳动能增殖资本的时候才能找到工作。这些不能不把自己零星出卖的工人，像其他任何货物一样，也是一种商品，所以他们同样地受到竞争的一切变化、市场的一切波动的影响。/由于推广机器和分工，无产者的劳动已经失去了任何独立的性质，因而对工人也就失去了任何吸引力。工人已变成机器的单纯的附属品，要求他做的只是极其简单、极其单调和极容易学会的操作。因此，花在工人身上的费用，几乎只限于维持工人生命和延续工人后代所必需的生活资料。但是，商品的价格，从而劳动的价格，是同它的生产费用相等的。因此，劳动越使人感到厌恶，工资也就越减少。不仅如此，机器越推广，分工越细致，劳动量也就越增加，这或者是由于工作时间的延长，或者是由于在一定时间内所要求的劳动的增加，机器运转的加速，等等。③

现代工业已经把家长式的师傅的小作坊变成工业资本家的大工厂。挤在工厂里的工人群众就像士兵一样被组织起来。他们是产业军的普通士兵，受着各级军士和军官的层层监视。他们不仅仅是资产阶级的奴隶、资产阶级国家的奴隶，他们每日每时都受机器、受监工、首先是受各个经营工厂的资产者本人的奴役。④

现代工业越发达，男工也就越受到女工和童工的排挤。对于工人阶级来说，性别和年龄的差别已经没有什么社会意义了。他们都是劳动工具，不过因为他们年龄和性别的不同而需要不同的费用罢了。⑤

以前的中层等级的下层，即小工业家、小商人和小食利者、手工业者

①② 《共产党宣言》，《马克思恩格斯文集》第2卷，人民出版社2009年版，第34页。

③④ 《共产党宣言》，《马克思恩格斯文集》第2卷，人民出版社2009年版，第38页。

⑤ 《共产党宣言》，《马克思恩格斯文集》第2卷，人民出版社2009年版，第38－39页。

和农民——所有这些阶级都降落到无产阶级的队伍里来了，有的是因为他们的小资本不足以经营大工业，经不起大资本家的竞争；有的是因为他们的手艺已经被新的生产方法弄得不值钱了。无产阶级就是这样从居民的所有阶级中补充的。[①]

随着工业的发展，无产阶级不仅人数增加了，而且结合成更大的集体，它的力量日益增长，而且它越来越感觉到自己的力量。/单个工人同单个资产者之间的冲突越来越具有两个阶级的冲突的性质。工人们开始成立反对资产者的同盟；他们联合起来保卫他们的工资。他们甚至建立了经常性的团体，以便为可能发生的反抗准备食品。/他们斗争的真正成果并不是直接取得的成功，而是工人的越来越扩大的联合。这种联合由于大工业所造成的愈益发达的交通工具而得到发展，这种交通工具把各地工人彼此联系起来。只要有了这种联系，就能把许多性质相同的地方性斗争汇合成全国性的斗争，汇合成阶级斗争。而一切阶级斗争都是政治的斗争。中世纪的市民靠乡村小道需要几百年才能达到的联合，现代的无产者利用铁路只要几年就可以达到了。[②]

旧社会内部的冲突在许多方面都促进了无产阶级的发展。资产阶级处于不断的斗争中：最初是反对贵族；后来反对同工业进步有厉害冲突的那部分资产阶级；经常反对一切外国的资产阶级。在这一切斗争中，资产阶级都不得不向无产阶级呼吁，要求无产阶级援助，这样就把无产阶级卷进政治运动。于是，资产阶级自己就把自己的教育因素即反对自身的武器给予了无产阶级。/工业的进步把统治阶级中的整批成员抛到无产阶级队伍里去，或者至少也使他们的生活条件受到威胁。他们也给无产阶级带来了大量的教育因素。/在阶级斗争接近决战的那些时期，统治阶级内部的、整个旧社会内部的瓦解过程，就达到非常强烈，非常尖锐的程度，甚至使统治阶级中的一小部分人脱离统治阶级而归附于革命的阶级，即掌握着未来的阶级。所以，正像过去贵族中有一部分人转到资产阶级方面一样，现在资产阶级中间也有一部分人，特别是已经提高到从理论上认识整个历史运动进程的一部分资产阶级思想家，转到无产阶级方面来了。/在当前同

① 《共产党宣言》，《马克思恩格斯文集》第2卷，人民出版社2009年版，第39页。

② 《共产党宣言》，《马克思恩格斯文集》第2卷，人民出版社2009年版，第40页。

资产阶级对立的一切阶级中，只有无产阶级才是真正革命的阶级。其余的阶级都随着大工业的发展而日趋衰落和灭亡，无产阶级却是大工业本身的产物。①

现代的工业劳动，现代的资本压迫，无论在英国或法国，也无论在美国或德国，都是一样的，都使无产者失去任何民族性了。法律、道德和宗教在他们看来全都是资产阶级的偏见，隐藏在这些偏见后面的全都是资产阶级利益。②

现代的工人却相反，他们并不是随着工业的进步而上升，而是越来越降到本阶级的生存条件以下。工人变成赤贫者，贫困比人口和财富增长得还要快。由此可以非常明显地看出，资产阶级再不能做社会上的统治阶级了，再不能把自己阶级的生存条件当做支配一切的规律强加于全社会了。资产阶级再不能统治下去了，因为它甚至不能再使自己的奴隶维持奴隶般的生活，因为它不能不让自己的奴隶落到不能养活它反而要它来养活的地步。社会再不能在它统治下生存下去了，就是说，它的生存再不能同社会相容了。③

4. 资本的历史作用在人能动性上的体现

资产阶级揭示了，在中世纪深受反动派称许的那种人力的野蛮使用，是以极端怠惰作为相应补充的。它第一次证明了，人类的活动取得怎什么样的成就。它创造了完全不同于埃及金字塔、罗马水道和哥特式教堂的奇迹；它完成了完全不同于民族大迁移和十字军征讨的远征。④

工业的历史和工业的已经生成的对象性的存在，是一本打开了的关于人的本质力量的书……在通常的、物质的工业中……，人的对象化的本质力量以感性的、异己的、有用的对象的形式，以异化的形式呈现在我们面前。⑤ //整个所谓世界历史不外是人通过人的劳动而诞生的过程，是自然

① 《共产党宣言》，《马克思恩格斯文集》第 2 卷，人民出版社 2009 年版，第 41 页。

② 《共产党宣言》，《马克思恩格斯文集》第 2 卷，人民出版社 2009 年版，第 42 页。

③ 《共产党宣言》，《马克思恩格斯文集》第 2 卷，人民出版社 2009 年版，第 43 页。

④ 《共产党宣言》，《马克思恩格斯文集》第 2 卷，人民出版社 2009 年版，第 34 页。

⑤ 马克思：《1844 年经济学哲学手稿》，《马克思恩格斯文集》第 1 卷，人民出版社 2009 年版，第 192 – 193 页。

界对人来说的生成过程[①]。//在实践上，人的普遍性正是表现为这样的普遍性，它把整个自然界——首先作为人的直接的生活资料，其次作为人的生命活动的对象（材料）和工具一一变成人的无机的身体。[②] //正是在改造对象世界的过程中，人才真正地证明自己是类存在物。这种生产是人的能动的类生活。通过这种生产，自然界才表现为他的作品和他的现实。因此，劳动的对象是人的类生活的对象化：人不仅像在意识中那样在精神上使自己二重化，而且能动地、现实地使自己二重化，从而在他所创造的世界中直观自身。[③]

5. 资本的历史作用在经济全球化中的体现

不断扩大产品销路的需要，驱使资产阶级奔走于全球各地。它必须到处落户，到处开发，到处建立联系。/资产阶级，由于开拓了世界市场，使一切国家的生产和消费都成为世界性的了。使反动派大为惋惜的是，资产阶级挖掉了工业脚下的民族基础。古老的民族工业被消灭了，并且每天都还在被消灭着。它们被新的工业部门排挤掉了，新的工业的建立已经成为一切文明民族的生命攸关的问题；这些工业所加工的，已经不是本地的原料，而是来自极其遥远地区的原料；它们的产品不仅供本国消费，而且同时供世界各地消费。旧的、靠本国产品来满足的需要，被新的、要靠极其遥远的国家和地带的产品来满足的需要所代替了。过去那种地方的和民族的自给自足和闭关自守状态，被各个民族的各方面的互相依赖所代替了。物质的生产如此，精神的生产也是如此。各民族的精神产品已经成为公共的财产。民族的片面性和局限性日益成为不可能，于是由许多种民族的和地方的文学形成了一个世界的文学。[④] //资产阶级，由于一切生产工具的迅速改进，由于交通的极其便利，把一切民族甚至最野蛮的民族都卷到文明中来了。它的商品的低廉价格，是它用来摧毁一切万里长城、征服

① 马克思：《1844 年经济学哲学手稿》，《马克思恩格斯文集》第 1 卷，人民出版社 2009 年版，第 196 页。

② 马克思：《1844 年经济学哲学手稿》，《马克思恩格斯文集》第 1 卷，人民出版社 2009 年版，第 161 页。

③ 马克思：《1844 年经济学哲学手稿》，《马克思恩格斯文集》第 1 卷，人民出版社 2009 年版，第 163 页。

④ 《共产党宣言》，《马克思恩格斯文集》第 2 卷，人民出版社 2009 年版，第 35 页。

野蛮人最顽强的仇外心理的重炮。它迫使一切民族——如果不想灭亡的话——采用资产阶级的生产方式；它迫使它们在自己那里推行所谓文明制度，即变成资产者。一句话，它按照自己的面貌为自己创造出一个世界。[①] //资产阶级使农村屈服于城市的统治。它创立了巨大的城市，使城市人口比农村人口大大增加起来，因而使很大一部分居民脱离了农村生活的愚昧状态。正像它使农村从属于城市一样，它使未开化和半开化的国家从属于文明的国家，使农民的民族从属于资产阶级的民族，使东方从属于西方。[②] //随着资产阶级的发展，随着贸易自由和世界市场的建立，随着工业生产以及与之相适应的生活条件的趋于一致，各国人民之间的民族分隔和对立日益消失。[③]

6. 资本的历史作用在殖民地的体现

正是欧洲移民，使北美能够进行大规模的农业生产，这种农业生产的竞争震撼着欧洲大小土地所有制的根基。此外，这种移民还使美国能够以巨大的力量和规模开发其丰富的工业资源，以至于很快就会摧毁西欧特别是英国迄今为止的工业垄断地位。这两种情况反过来对美国本身也起着革命作用。作为整个政治制度基础的农场主的中小土地所有制，正逐渐被大农场的竞争所征服；同时，在各工业区，人数众多的无产阶级和神话般的资本积聚第一次发展起来了。[④]

英国在印度要完成双重的使命：一个是破坏的使命，即消灭旧的亚洲式的社会；另一个是重建的使命，即在亚洲为西方式的社会奠定物质基础。[⑤]

当我们把自己的目光从资产阶级文明的故乡转向殖民地的时候，资产阶级文明的极端伪善和它的野蛮本性就赤裸裸地呈现在我们面前，它在故乡还装出一副体面的样子，而一在殖民地它就丝毫不加掩饰了。资产阶级

① 《共产党宣言》，《马克思恩格斯文集》第2卷，人民出版社2009年版，第35－36页。

② 《共产党宣言》，《马克思恩格斯文集》第2卷，人民出版社2009年版，第36页。

③ 《共产党宣言》，《马克思恩格斯文集》第2卷，人民出版社2009年版，第50页。

④ 《〈共产党宣言〉1882年俄文版序言》，《马克思恩格斯文集》第2卷，人民出版社2009年版，第7－8页。

⑤ 《不列颠在印度统治的未来结果》，《马克思恩格斯文集》第2卷，人民出版社2009年版，第686页。

是财产的捍卫者，但是难道曾经有哪个革命党发动过孟加拉、马德拉斯和孟买那样的土地革命吗？当资产阶级在印度单靠贪污不能填满他们那无底的欲壑的时候，难道他们不是都像大强盗克莱夫勋爵本人所说的那样，采取了凶恶的勒索手段吗？当他们在欧洲大谈国债神圣不可侵犯的时候，难道他们不是同时就在印度没收了那些把私人积蓄投给东印度公司作股本的拉甲所应得的红利吗？当他们以保护“我们的神圣宗教”为口实反对法国革命的时候，难道他们不是同时就在印度禁止宣传基督教吗？而且为了从络绎不绝的朝拜奥里萨和孟加拉的神庙的香客身上榨取钱财，难道不是把札格纳特庙里的杀生害命和卖淫变成了一种职业吗？这就是维护“财产、秩序、家庭和宗教”的人的面目！①

对于印度这样一个和欧洲一样大的、幅员 15000 万英亩的国家，英国工业的破坏作用是显而易见的，而且是令人吃惊的。但是，我们不应当忘记：这种作用只是整个现存的生产制度所产生的有机的结果。这个生产建立在资本的绝对统治上面。资本的集中是资本作为独立力量而存在所十分必需的。这种集中对于世界市场的破坏性影响，不过是在大范围内显示目前正在每个文明城市起着作用的政治经济学本身的内在规律罢了。资产阶级历史时期负有为新世界创造物质基础的使命：一方面要造成以全人类互相依赖为基础的世界交往，以及进行这种交往的工具；另一方面要发展人的生产力，把物质生产变成对自然力的科学支配。资产阶级的工业和商业正为新世界创造这些物质条件，正像地质变革创造了地球表层一样。只有在伟大的社会革命支配了资产阶级时代的成果，支配了世界市场和现代生产力，并且使这一切都服从于最先进的民族的共同监督的时候，人类的进步才会不再像可怕的异教神怪那样，只有用被杀害者的头颅做酒杯才能喝下甜美的酒浆。②

7. 对资本的历史作用的根源予以分析

资产阶级除非对生产工具，从而对生产关系，从而对全部社会关系不

① 《不列颠在印度统治的未来结果》，《马克思恩格斯文集》第 2 卷，人民出版社 2009 年版，第 690－691 页。

② 《不列颠在印度统治的未来结果》，《马克思恩格斯文集》第 2 卷，人民出版社 2009 年版，第 691 页。

断地进行革命，否则就不能生存下去。反之，原封不动地保持旧的生产方式，却是过去的一切工业阶级生存的首要条件。生产的不断变革，一切社会状况不停的动荡，永远的不安定和变动，这就是资产阶级时代不同于过去一切时代的地方。一切固定的僵化的关系以及与之相适应的素被尊崇的观点和见解都被消除了，一切新形成的关系等不到固定下来就陈旧了。一切等级制的和固定的东西都烟消云散了，一切神圣的东西都被亵渎了。人们终于不得不用冷静的眼光来看他们的生活地位、他们的相互关系了。[①] //资产阶级赖以形成的生产和交换手段，是在封建社会里造成的。在这些生产资料和交换手段发展的一定阶段上，封建社会的生产和交换在其中进行的关系，封建的农业和工场手工业，一句话，封建的所有制关系，就不再适应同已经发展的生产力了。这种关系已经在阻碍生产而不是促进生产了。它变成了束缚生产的桎梏。它必须被炸毁，而且已经被炸毁了。[②] //取而代之的是自由竞争以及与自由竞争相适应的社会制度和政治制度，资产阶级的经济统治和政治统治。[③]

8. 对资本的历史作用的辩证分析

资产阶级的生产关系和交换关系，资产阶级的所有制关系，这个曾经仿佛用法术创造了如此庞大的生产和交换手段的现代资产阶级社会，现在像一个魔法师一样不能再支配自己用法术呼唤出来的魔鬼了。几十年来的工业和商业的历史，只不过是现代生产力反抗现代生产关系的历史、反抗作为资产阶级及其统治的存在条件的所有制关系的历史。只要指出周期性的重复中越来越危及整个资产阶级社会生存的商业危机就够了。在商业危机期间，总是不仅有很大一部分制成的产品被毁灭掉，而且有很大一部分已经造成的生产力被毁灭掉。在危机期间，发生了一种在过去一切时代看来好像是荒唐现象的社会瘟疫，即生产过剩的瘟疫。社会突然发现自己回到了一时的野蛮状态；仿佛是一次饥荒、一场普遍的毁灭性战争，使社会失去了全部生活资料；仿佛是工业和商业全被毁灭了。这是什么缘故呢？就因为社会上文明过度，生活资料太多，工业和商业太发达。社会所拥有

① 《共产党宣言》，《马克思恩格斯文集》第 2 卷，人民出版社 2009 年版，第 34 – 35 页。

② 《共产党宣言》，《马克思恩格斯文集》第 2 卷，人民出版社 2009 年版，第 36 页。

③ 《共产党宣言》，《马克思恩格斯文集》第 2 卷，人民出版社 2009 年版，第 36 – 37 页。

的生产力已经不能再促进资产阶级文明和资产阶级所有制关系的发展；相反，生产力已经强大到这种关系所不能适应的地步，它已经受到这种关系的阻碍；而它一着手克服这种障碍，就使整个资产阶级社会陷入混乱，就使资产阶级所有制的存在受到威胁。资产阶级的关系已经太狭窄了，再容纳不了它们本身所造成的财富了。资产阶级用什么办法来克服这种危机的呢？一方面不得不消灭大量生产力，另一方面是夺取新的市场，更加彻底地利用旧的市场。这究竟是怎样的一种办法呢？这不过是资产阶级在准备更全面更猛烈的危机的办法，不过是使防止危机的手段越来越少的办法。①

资产阶级用来推翻封建制度的武器，现在却对准资产阶级自己了。② //资产阶级不仅锻造了置自身于死地的武器；它还产生了将要运用这种武器的人——现代的工人，即无产者。③ //资产者阶级生存和统治的基本条件，是财富在私人手里的积累，是资本的形成和增殖；资本的生存条件是雇佣劳动。雇佣劳动完全是建立在工人的自相竞争之上的。资产阶级无意中造成而又无力抵抗的工业进步，使工人通过结社而达到的革命联合代替了他们由于竞争而造成的分散状态。于是，随着大工业的发展，资产阶级赖以生产和占有产品的基础本身也就从它的脚下被挖掉了。它首先生产的是它自身的掘墓人。资产阶级的灭亡和无产阶级的胜利是同样不可避免的。④

资产阶级在其历史发展过程中不可避免地要发展它的对抗性质，起初这种性质或多或少是掩饰起来的，只是处于隐蔽状态。随着资产阶级的发展，在它的内部发展着一个新的无产阶级，即现代无产阶级。无产阶级同资产阶级之间展开了斗争，这个斗争在双方尚未感觉，尚未予以注意、重视、理解、承认并公开宣告以前，最初仅表现为局部的暂时的冲突，表现为一些破坏行为。另一方面，如果说现代资产阶级的全体成员由于组成一个与另一个阶级相对立的阶级而有共同的利益，那么，一旦那些成员之间出现对立，他们的利益就会互相对抗和冲突。这种利益上的对立是由他们的资产阶级生活的经济条件产生的。资产阶级借以在其中活动的那些关系

① 《共产党宣言》，《马克思恩格斯文集》第 2 卷，人民出版社 2009 年版，第 37 页。

② 《共产党宣言》，《马克思恩格斯文集》第 2 卷，人民出版社 2009 年版，第 37－38 页。

③ 《共产党宣言》，《马克思恩格斯文集》第 2 卷，人民出版社 2009 年版，第 38 页。

④ 《共产党宣言》，《马克思恩格斯文集》第 2 卷，人民出版社 2009 年版，第 43 页。

的性质绝不是单一的、单纯的，而是两重的；在产生财富的那些关系中也产生贫困；在发展生产力的那些关系中也发展一种产生压迫的力量；这些关系只有不断消灭资产阶级单个成员的财富和产生出不断壮大的无产阶级，才能产生资产者的财富，即资产阶级的财富；这一切都一天比一天明显了。①

在英国，罢工常常引起某种新机器的发明和应用。机器可以说是资本家用来对付熟练劳动者反抗的武器。②

被压迫阶级的解放必然意味着新社会的建立。要使被压迫阶级能够解放自己，就必须使既得的生产力和现存的社会关系不再能够继续并存。在一切生产工具中，最强大的一种生产力是革命阶级本身。革命因素之组成为阶级，是以旧社会的怀抱中所能产生的全部生产力的存在为前提的。③

机器正像拖犁的牛一样，并不是一个经济范畴。机器只是一种生产力。以应用机器为基础的现代工厂才是社会生产关系，才是经济范畴。④ //只要土地不被用作生产资料，它就不是资本。正如所有其他生产工具一样，土地资本是可以增多的。⑤ //土地资本的代表不是土地所有者而是租佃者。土地作为资本带来的收入不是地租而是利息和经营利润。有些土地产生这种利息和这种利润，但不产生地租。/土地只要产生利息，就是土地资本，而作为土地资本，它不提供租，不构成土地所有权。租是土地经营赖以进行的社会关系产生的结果。它不可能是土地所具有的多少是稳固的持续的本性的结果。租来自社会，而不是来自土壤。⑥

① 马克思：《哲学的贫困》，《马克思恩格斯文集》第1卷，人民出版社2009年版，第614页。

② 马克思：《哲学的贫困》，《马克思恩格斯文集》第1卷，人民出版社2009年版，第650页。

③ 马克思：《哲学的贫困》，《马克思恩格斯文集》第1卷，人民出版社2009年版，第655页。

④ 马克思：《哲学的贫困》，《马克思恩格斯文集》第1卷，人民出版社2009年版，第622页。

⑤ 马克思：《哲学的贫困》，《马克思恩格斯文集》第1卷，人民出版社2009年版，第647页。

⑥ 马克思：《哲学的贫困》，《马克思恩格斯文集》第1卷，人民出版社2009年版，第648页。

第二章 《资本论》文稿论资本的历史作用

一、关于资本或资本主义生产方式本质的论述

（一）从资本物与资本之间的关系论资本的本质

资本的物质实体[①]//资本从物质上看是对象化劳动。资本的对立面是活的生产的（即保存并增殖价值的）劳动。[②] //如果说资本是“作为手段被用于新劳动〈生产〉的那种积累的〈已实现的〉劳动〈确切地说，对象化劳动〉”，那就是只看到了资本的物质，而忽视了使资本成为资本的形式规定。这无非是说，资本就是生产工具，因为从最广泛的意义来说，任何东西，甚至纯粹由自然提供的物，例如石头，也必须先通过某种活动被占有，然后才能用作工具，用作生产资料。按照这种说法，资本存在于一切社会形式中，成了某种完全非历史的东西。[③] //如果这样抽掉资本的特定形式，只强调内容，而资本作为这种内容是一切劳动的一种必要要素，

---

① 马克思：《政治经济学批判（1857—1858 年手稿）》，《马克思恩格斯全集》第 30 卷，人民出版社 1995 年版，第 268 页。

② 马克思：《政治经济学批判（1857—1858 年手稿）》，《马克思恩格斯全集》第 31 卷，人民出版社 1998 年版，第 609 页。

③ 马克思：《政治经济学批判（1857—1858 年手稿）》，《马克思恩格斯全集》第 30 卷，人民出版社 1995 年版，第 213 页。

那么，要证明资本是一切人类生产的必要条件，自然就是再容易不过的事情了。抽掉了使资本成为人类生产某一特殊发展的历史阶段的要素的那些特殊规定，恰好就得出这一证明。要害在于：如果说一切资本都是作为手段被用于新生产的对象化劳动，那么，并非所有作为手段被用于新生产的对象化劳动都是资本。资本被理解为物，而没有被理解为关系。[①] //资本的合乎目的的活动只能是发财致富，也就是使自身变大或增大。[②]

资本家和雇佣工人的产生，是资本增殖过程的主要产物。普通经济学只看到生产出来的物品，而把这一点完全忽略了。/资本的概念中包含着资本家。[③] //资本实质上就是资本家；但是，资本同时又是一种与资本家有区别的、资本家存在要素，或者说生产本身就是资本。[④]

（二）资本的本质在于榨取剩余价值

资本的概念已经包含着投资取利的意思。[⑤] //剩余价值总是超过等价物的价值。等价物，按其规定来说，只是价值同它自身的等同。所以，剩余价值决不会从等价物中产生；因而也不是起源于流通；它必须从资本的生产过程本身中产生。这种情况也可以表述如下：如果工人只花费半个工作日就能生活一整天，那么，他要维持他作为工人的生存，就只需要劳动半天。后半个工作日是强制劳动；剩余劳动。在资本方面表现为剩余价值的东西，正好在工人方面表现为超过他作为工人的需要，即超过他维持生命力的直接需要而形成的剩余劳动。[⑥] //他（指李嘉图）是所有经济学家

① 马克思：《政治经济学批判（1857—1858年手稿）》，《马克思恩格斯全集》第30卷，人民出版社1995年版，第214页。

② 马克思：《政治经济学批判（1857—1858年手稿）》，《马克思恩格斯全集》第30卷，人民出版社1995年版，第228页。

③ 马克思：《政治经济学批判（1857—1858年手稿）》，《马克思恩格斯全集》第30卷，人民出版社1995年版，第508页。

④ 马克思：《政治经济学批判（1857—1858年手稿）》，《马克思恩格斯全集》第30卷，人民出版社1995年版，第509页。

⑤ 马克思：《政治经济学批判（1857—1858年手稿）》，《马克思恩格斯全集》第30卷，人民出版社1995年版，第229页。

⑥ 马克思：《政治经济学批判（1857—1858年手稿）》，《马克思恩格斯全集》第30卷，人民出版社1995年版，第285-286页。

中唯一懂得剩余价值的人。[①] //准确地阐明资本概念是必要的，因为它是现代经济学的基本概念，正如资本本身——它的抽象反映就是它的概念——是资产阶级社会的基础一样。明确地弄清楚关系的基本前提，就必然会得出资产阶级生产的一切矛盾，以及这种关系超出它本身的那个界限。[②] //资本作为财富一般形式——货币——的代表，是力图超越自己界限的一种无限制和无止境的的欲望。……资本作为资本创造的是一定的剩余价值，因为它不能一下子创造出无限的剩余价值；然而它是创造更多剩余价值的不停的运动。剩余价值的量的界限，对资本来说，只是一种它力图不断克服和不断超越的自然限制即必然性。[③]

资本强制压榨出来的剩余价值，在生产过程本身内部表现为剩余劳动，本身具有活劳动的形式，但是，活劳动不可能从无中创造出任何东西，所以它必须找到它的客观条件。现在，这种剩余劳动以对象化的形式表现为剩余产品，而这种剩余产品为了作为资本来增殖价值又分为两种形式：劳动的客观条件——材料和工具；劳动的主观条件——现在必须开始工作的活劳动的生活资料。[④] //各种不同形式的收入（撇开工资不谈），如利润、利息、地租等等（还有赋税）只是剩余价值在各阶级中进行分配而分解成的不同组成部分。[⑤] //剩余价值的这种形式是绝对的。它存在于以阶级对立——一方是生产条件的占有者，另一方是劳动的占有者——为基础的一切生产方式中。[⑥]

资本概念在多么大程度上不仅包含着价值的保存和再生产，而且包含

① 马克思：《政治经济学批判（1857—1858 年手稿）》，《马克思恩格斯全集》第 30 卷，人民出版社 1995 年版，第 287 页。

② 马克思：《政治经济学批判（1857—1858 年手稿）》，《马克思恩格斯全集》第 30 卷，人民出版社 1995 年版，第 293 页。

③ 马克思：《政治经济学批判（1857—1858 年手稿）》，《马克思恩格斯全集》第 30 卷，人民出版社 1995 年版，第 297 页。

④ 马克思：《政治经济学批判（1857—1858 年手稿）》，《马克思恩格斯全集》第 30 卷，人民出版社 1995 年版，第 442 页。

⑤ 马克思：《政治经济学批判（1861—1863 年）》，《马克思恩格斯全集》第 32 卷，人民出版社 1998 年版，第 180 页。

⑥ 马克思：《政治经济学批判（1861—1863 年）》，《马克思恩格斯全集》第 32 卷，人民出版社 1998 年版，第 202 页。

着价值的增殖，也就是说，价值的成倍增加，即剩余价值的创造。[①]

对资本本身来说，只有使资本保存并增加的东西才具有使用价值。因而是劳动或劳动能力（劳动只是劳动能力的职能、实现、发挥作用）。[因而也包括实现劳动能力的条件，因为没有这些条件，资本就不可能使用、消费劳动能力。] 因此，劳动对于资本来说并不是某种使用价值。它是资本的使用价值。[②]

（三）从剩余资本Ⅰ、剩余资本Ⅱ或不变价值和可变价值论资本的本质

剩余资本Ⅰ的前提是归资本家所有的并由他投入流通的价值，更确切地说，由他在同活劳动能力的交换中投入的价值。剩余资本Ⅱ的前提不是别的，正是剩余资本的存在，换句话说，就是这样一个前提：资本家不经过交换就占有他人劳动。这使资本家能够不断地重新开始过程。[③] //对过去的或客体化了的他人劳动的所有权，表现为进一步占有现在的或活的他人劳动的唯一条件。由于剩余资本Ⅰ是通过对象化劳动和活劳动能力之间的简单交换创造出来的，而这种简单交换是完全根据等价物按其本身包含的劳动量或劳动时间进行交换的规律进行的，并且，由于从法律上来看这种交换的唯一前提无非是每一个人对自己产品的所有权和自由支配权，——从而，剩余资本Ⅱ同剩余资本Ⅰ的关系是这前一种关系的结果——，我们看到，通过一种奇异的结果，所有权在资本方面就辩证地转化为对他人的产品的权利，或者说转化为对他人劳动的所有权，转化为不支付等价物便占有他人劳动的权利，而在劳动能力方面则辩证地转化为必须把它本身的劳动或把它本身的产品看作他人财产的义务。所有权在一方面转化为占有他人劳动的权利，在另一方面则转化为必须把它自身的劳动

① 马克思：《政治经济学批判（1861—1863年）》，《马克思恩格斯全集》第32卷，人民出版社1998年版，第177页。

② 马克思：《政治经济学批判（1861—1863年）》，《马克思恩格斯全集》第32卷，人民出版社1998年版，第178页。

③ 马克思：《政治经济学批判（1857—1858年手稿）》，《马克思恩格斯全集》第30卷，人民出版社1995年版，第448－449页。

的产品和自身的劳动看作属于他人的价值的义务。[①] //作为在法律上表现所有权的最初行为的等价物交换，现在发生了变化：对一方来说只是表面上进行了交换，因为同活劳动能力相交换的那一部分资本，第一，本身是没有支付等价物而被占有的他人的劳动，第二，它必须由劳动能力附加一个剩余额来偿还，也就是说，这一部分资本实际上并没有交出去，而只是从一种形式变为另一种形式。可见，交换的关系完全不存在了，或者说，成了纯粹的假象。[②]

把资本划分为不变的价值和可变的价值；如果在生产阶段内，即在资本的直接价值增殖过程中考察资本，这种划分始终是正确的。[③] //只有活劳动时间——而且按照它同对象化劳动时间之比——能够创造剩余价值，因为只有活劳动能够创造剩余劳动时间。[④] //资本家换来的那个价值的使用价值本身，是价值增殖的要素[⑤]。//固定资本的生产是为了生产创造价值的手段，就是说，它不是为了作为直接对象的价值，而是为了创造价值，为了取得价值增殖的手段[⑥]。//既不是流动资本，也不是固定资本，而是以这两种形式的资本为中介对他人劳动的占有，就是说，实质上，仅仅是进入小流通的那一部分流动资本。[⑦]

一切资本，不管是流动资本还是固定资本，都来源于对他人劳动的占有，不仅起初是这样，而且经常不断地是这样。但是正像我们看到的，这

① 马克思：《政治经济学批判（1857—1858 年手稿）》，《马克思恩格斯全集》第 30 卷，人民出版社 1995 年版，第 449－450 页。

② 马克思：《政治经济学批判（1857—1858 年手稿）》，《马克思恩格斯全集》第 30 卷，人民出版社 1995 年版，第 450 页。

③ 马克思：《政治经济学批判（1857—1858 年手稿）》，《马克思恩格斯全集》第 31 卷，人民出版社 1998 年版，第 40 页。

④ 马克思：《政治经济学批判（1857—1858 年手稿）》，《马克思恩格斯全集》第 31 卷，人民出版社 1998 年版，第 63 页。

⑤ 马克思：《政治经济学批判（1857—1858 年手稿）》，《马克思恩格斯全集》第 31 卷，人民出版社 1998 年版，第 69 页。

⑥ 马克思：《政治经济学批判（1857—1858 年手稿）》，《马克思恩格斯全集》第 31 卷，人民出版社 1998 年版，第 105－106 页。

⑦ 马克思：《政治经济学批判（1857—1858 年手稿）》，《马克思恩格斯全集》第 31 卷，人民出版社 1998 年版，第 120 页。

一过程要以不断的小流通，即工资同劳动能力或生活资料的交换为前提。[①] //弗雷德里克·康尔顿·伊登爵士《贫民的状况，或英国劳动者阶级从征服时期到现在的历史》（1797 年伦敦版）这一著作的下列段落："拥有独立财产的人所以能够拥有财产，几乎完全是靠别人的劳动，而不是靠他们自己的能力，他们的能力绝不比别人强；富人不同于穷人的地方，不在于占有土地和货币，而在于拥有对劳动的支配权。"[②] //机器创造价值，不是因为它代替［活］劳动，而只是因为它是增加剩余劳动的手段，并且只有剩余劳动本身——一般地说，就是劳动——才是借助于机器创造出来的剩余价值的尺度和实体。[③] //由资本占有并吸收的活劳动，表现为资本本身的生命力，表现为资本再生产自身的力量，并且这种力量由于资本自身的运动即流通以及属于资本自身运动的时间即流通时间而发生形变。因此，资本只有作为预先存在的价值同作为被产生出来的价值的自身区分开来，才表现为自行长久保存的和自行增殖的价值。[④]

剩余价值同资本可变部分的关系是有机的关系。它实际上表明资本作为资本而形成和增长的秘密，表明资本作为资本而存在的秘密。在利润同资本的关系上，这种有机的关系消失了。剩余价值获得了一种形式，在这种形式中连产生剩余价值的秘密的一点迹象都没有了。由于资本的所有部分都同样表现为新创造的价值的原因，资本主义关系变得完全神秘化了。在剩余价值本身中，表现出来的始终是资本同它所占有的劳动的关系。在资本同利润的关系中，资本不是同劳动发生关系，而是同自己发生关系。[⑤] //资本家对资本的本质毫无所知，在他的意识中，剩余价值只存在于利润的形式中，即剩余价值的转化形式中，这种形式完全抽象掉了剩余价值在其中产生出来并受其制约的那些关系。/事实上，资本家自己把资

① 马克思：《政治经济学批判（1857—1858 年手稿）》，《马克思恩格斯全集》第 31 卷，人民出版社 1998 年版，第 133 页。

② 马克思：《政治经济学批判（1857—1858 年手稿）》，《马克思恩格斯全集》第 31 卷，人民出版社 1998 年版，第 135 页。

③ 马克思：《政治经济学批判（1857—1858 年手稿）》，《马克思恩格斯全集》第 31 卷，人民出版社 1998 年版，第 170－171 页。

④ 马克思：《政治经济学批判（1857—1858 年手稿）》，《马克思恩格斯全集》第 31 卷，人民出版社 1998 年版，第 230－231 页。

⑤ 马克思：《政治经济学批判（1861—1863 年）》，《马克思恩格斯全集》第 32 卷，人民出版社 1998 年版，第 410 页。

本看作自动机，这种机器不是作为关系，而是在自己的物质存在上就拥有增殖自己并带来利润的性质[①]。

（四）从竞争——资本的表现形式论资本的本质

资本的本质——这要在考察竞争时更详细地加以说明——就是自相排斥，也就是彼此完全漠不关心的许多资本。[②] //竞争从历史上看在一国内部表现为把行会强制、政府调节、国内关税以及诸如此类的事情取消，在世界市场上表现为把闭关自守、禁止性关税或保护关税废除，总之，从历史上看它表现为对资本的前导的各生产阶段所固有的种种界限和限制加以否定；因为竞争在历史上曾被重农学派完全正确地称为自由放任并且加以提倡，所以，对竞争也就只是从它的这种单纯否定方面，单纯历史方面来考察的，而另一方面，又得出一种更荒谬的看法，就是把竞争看成是摆脱了束缚的、仅仅受自身利益制约的个人之间的冲突，看成是自由的个人之间的相互排斥和吸引，从而看成是自由的个性在生产和交换领域内的绝对存在形式。[③] //竞争决不仅仅具有这样的历史意义，或者仅仅是这样的否定的东西。自由竞争是资本同作为另一个资本的它自身的关系，即资本作为资本的现实行为。/自由竞争就是以资本为基础的生产方式的自由发展，就是资本的条件和资本这一不断再生产着这些条件的过程的自由发展。/自由竞争是资本生产过程的最适当形式。自由竞争越发展，资本运动的形式就表现得越纯粹。/自由竞争恰恰只不过是各资本的自由运动[④]。//资本的统治是自由竞争的前提，就像罗马的皇帝专制政体是自由的罗马“私法”的前提一样。[⑤] //自由交换的最高阶段是劳动能力作为商品，作为价值来

---

① 马克思：《政治经济学批判（1861—1863年）》，《马克思恩格斯全集》第32卷，人民出版社1998年版，第411页。

② 马克思：《政治经济学批判（1857—1858年手稿）》，《马克思恩格斯全集》第30卷，人民出版社1995年版，第404页。

③ 马克思：《政治经济学批判（1857—1858年手稿）》，《马克思恩格斯全集》第31卷，人民出版社1998年版，第40－41页。

④ 马克思：《政治经济学批判（1857—1858年手稿）》，《马克思恩格斯全集》第31卷，人民出版社1998年版，第42页。

⑤ 马克思：《政治经济学批判（1857—1858年手稿）》，《马克思恩格斯全集》第31卷，人民出版社1998年版，第43页。

同商品，同价值相交换[①]。

（五）从社会财富的分配论资本的本质

财富生产的“规律和条件”与“财富分配”的规律是不同形式下的同一些规律[②]。/同产业资本家阶级相对立的货币资本家阶级[③]。//那些与土地所有者和单靠自己的收入过活的货币资本家相对立的“产业资本家”。[④] //利润和利息之间的实际区别是作为货币资本家阶级和产业资本家阶级之间的区别而存在的。但是，这两个阶级能够互相对立，资本家的二重存在，要以资本所创造的剩余价值的分解为前提。[⑤]

如果生产劳动者是由资本支付的劳动者，非生产劳动者是由收入支付的劳动者，那么十分明显，生产阶级和非生产阶级之比等于资本和收入之比。但是这两个阶级的比例的增加，不仅仅取决于资本量和收入量之间的现有比例。它还取决于增长着的收入（利润）以怎样的比例转化为资本，并以怎样的比例当作收入来花费。虽然资产阶级起初很节约，但是随着资本的生产率即劳动者的生产率的增长，它就开始仿效封建主豢养大批侍从。[⑥] //产品的高的交换价值并不是交换的产物，它不过是在交换中表现出来而已。[⑦]

一国的总收入是由一国的总产品中作为收入在各个生产者之间分配的那一部分构成的……换句话说，它等于扣除了全部产品中补偿每个生产部

---

① 马克思：《政治经济学批判（1857—1858年手稿）》，《马克思恩格斯全集》第31卷，人民出版社1998年版，第69页。

② 马克思：《政治经济学批判（1857—1858年手稿）》，《马克思恩格斯全集》第31卷，人民出版社1998年版，第245页。

③ 马克思：《政治经济学批判（1857—1858年手稿）》，《马克思恩格斯全集》第31卷，人民出版社1998年版，第264页。

④ 马克思：《政治经济学批判（1861—1863年）》，《马克思恩格斯全集》第33卷，人民出版社1998年版，第329页。

⑤ 马克思：《政治经济学批判（1857—1858年手稿）》，《马克思恩格斯全集》第31卷，人民出版社1998年版，第265－266页。

⑥ 马克思：《政治经济学批判（1861—1863年）》，《马克思恩格斯全集》第33卷，人民出版社1998年版，第239页。

⑦ 马克思：《政治经济学批判（1861—1863年）》，《马克思恩格斯全集》第33卷，人民出版社1998年版，第244页。

门的生产资料的那一部分之外的总产品。①

(六) 从资本原始积累论资本的本质

资本的原始积累、资本的历史起源的本质，就是直接生产者被剥夺，是以所有者的个人劳动为基础的所有制的解体。② //个人的分散的生产资料转化为社会的积聚的生产资料，多数人的小财产转化为少数人的大财产，——这种对劳动人民的痛苦的、残酷的剥夺，就是资本的起源。这种剥夺包含一系列的暴力方法，其中我们只考察了那些具有最重要意义的原始积累的方法。对直接生产者的剥夺，是在最无耻的动机，最卑鄙而又可憎的下流的贪欲驱使下使用最残酷无情的野蛮手段完成的。以自己的劳动为基础的私有制，这种把孤立的、自主的劳动者同劳动的外部条件结合在一起的私有制，被以剥削他人劳动即以雇佣劳动为基础的资本主义私有制所排挤。③

(七) 对"经济学家们"的资本概念的归纳

经济学家……把资本表述为任何生产所必需的要素。④ //"劳动和资本……前者是直接的劳动……后者是积累的劳动，是以前劳动的结果。"(詹姆斯·穆勒《政治经济学原理》1821 年伦敦版第 75 页)。/"积累的劳动……直接的劳动。"(罗·托伦斯《论财富的生产》1821 年伦敦版第 1 章［第 33 页］)。/"资本是一国财富中用于生产的部分，由进行劳动所必需的食物、衣服、工具、原料、机器等组成"(大·李嘉图《政治经济学和赋税原理》1821 年伦敦第 3 版第 89 页)。/"资本只是一种特殊的财富，

① 马克思：《政治经济学批判 (1861—1863 年)》，《马克思恩格斯全集》第 33 卷，人民出版社 1998 年版，第 262 页。

② 马克思：著者亲自修订的《〈资本论〉第一卷法文版片断》，《马克思恩格斯全集》第 49 卷，人民出版社 1982 年版，第 244 页。

③ 马克思：著者亲自修订的《〈资本论〉第一卷法文版片断》，《马克思恩格斯全集》第 49 卷，人民出版社 1982 年版，第 245 页。

④ 马克思：《政治经济学批判 (1861—1863 年)》，《马克思恩格斯全集》第 32 卷，人民出版社 1998 年版，第 172 页。

也就是说，它不是为了直接满足我们的需要，而是为了获得其他有用的东西。”（托伦斯《论财富的生产》第5页）。/“在野蛮人用来投掷他所追逐的野兽的第一块石头上，在他用来打落他用手摘不到的果实的第一根棍子上，我们看到占有一物以取得另一物的情形，这样我们就发现了资本的起源。”（同上，第70—71页）。/资本是“所有具有交换价值的物品，是过去劳动的积累结果”。（亨·查·凯里《政治经济学原理》1837年费城版第1册第294页）。/“当一笔资金供物质生产用时，它们就被称为资本。”（亨·施托尔希《政治经济学教程，或论决定人民幸福的原理》。1823年巴黎版第1卷第207页）。①

“财富只有当它们为生产服务时，才是资本。”（亨·施托尔希《政治经济学教程，或论决定人民幸福的原理》。1823年巴黎版第1卷，第219页）。/“国民资本的要素是：（1）土壤改良；（2）建筑物；（3）工具和劳动工具；（4）生活资料；（5）材料；（6）制成品。”（同上，第229及以下几页）。/“既非土地又非劳动的任何生产力是资本。它包含着（全部或部分地由劳动生产出来的）一切用于再生产的力量。”（罗西《政治经济学教程》第271页）。/“资本同财富的其他任何部分之间没有任何区别。只是由于特殊的使用方式，物才成为资本，就是说，只有它被当作原料、工具或生活资料基金在生产行为中加以使用，它才成为资本。”（安·舍尔比利埃《富或贫》1841年巴黎版第18页）。/在资本主义生产中，问题决不只是要生产产品或者甚至生产商品，而是要生产一个比投入生产的价值更大的价值。/由此产生了下面的解释：“资本是用于生产的财富的一部分，而且一般地说来，它的目的在于获得利润。”（托·查默斯《论政治经济学和社会的道德状况、道德远景的关系》1832年伦敦第2版第75页）。/“资本。这是一国储备〈即积累的财富〉中的一部分，它在生产过程和分配过程中被保存或使用是为了获得利润。”（托·罗·马尔萨斯《政治经济学定义》1853年伦敦版第10页）。/“过去劳动（资本）……现在劳动。”（爱·吉·韦克菲尔德在亚·斯密《国民财富的性质和原因的研

① 马克思：《政治经济学批判（1861—1863年）》，《马克思恩格斯全集》第32卷，人民出版社1998年版，第172页。

究》1835 年伦敦版第 1 卷第 230—231 页上所作的注释)。[①]

我们有下述定义：(1) 如果考察的是资本所表现的最初的形式，资本是货币，就是商品；(2) 如果把资本同活劳动相对立来加以考察，同时把价值看作是资本的实体，[资本就是] 同直接的即现在的劳动相对立的积累的 (过去的) 劳动；(3) 如果考察劳动过程即物质生产过程，[资本就是] 劳动资料、劳动材料，总之，是用来制造新产品的产品；如果与劳动能力相交换的资本组成部分按它的使用价值来加以考察，[资本就是] 生活资料。[②] /从商品范畴 (概念) 转到资本范畴[③]。//在把一切生产要素归结为参加劳动过程的使用价值的简单要素之后，利润和地租就表现为土地和产品的"生产服务"的价格，就象工资表现为劳动的"生产服务"的价格一样。在这里，到处都用使用价值去说明完全与它无关的交换价值的一定形式。[④]

"资本就是最道地的民主主义的、博爱主义的和平均主义的权力。"(弗·巴师夏《无息信贷》1850 年巴黎版第 29 页)。/"资本耕种土地，资本使用劳动。"(亚·斯密 [《国民财富的性质和原因的研究》] 大·布坎南发行，1812 年 [爱丁堡版] 第 3 卷第 5 册第 2 章第 309 页)。/"资本是……集体力量。"(约翰·威德《中等阶级和工人阶级的历史》1835 年伦敦第 3 版第 162 页)。"资本不过是文明的另一名称。"(同上，第 164 页) /"整个来看，资本家阶级是处在一种正常的状况中，即处在他的福利与社会进步并驾齐驱的状况中。"(舍尔比利埃《富或贫》1841 年巴黎版第 75 页)。"资本家是最道地的社会人，他代表文明。"(同上，第 76 页)[⑤]。

从洛克到李嘉图的一般法律观念都是小资产阶级所有制的观念，而他

① 马克思：《政治经济学批判 (1861—1863 年)》，《马克思恩格斯全集》第 32 卷，人民出版社 1998 年版，第 173 页。

② 马克思：《政治经济学批判 (1861—1863 年)》，《马克思恩格斯全集》第 32 卷，人民出版社 1998 年版，第 173－174 页。

③ 马克思：《政治经济学批判 (1861—1863 年)》，《马克思恩格斯全集》第 32 卷，人民出版社 1998 年版，第 176 页。

④ 马克思：《政治经济学批判 (1861—1863 年)》，《马克思恩格斯全集》第 32 卷，人民出版社 1998 年版，第 177 页。

⑤ 马克思：[资本论第一册]，《马克思恩格斯全集》第 49 卷，人民出版社 1982 年版，第 119 页。

们所阐述的生产关系则属于资本主义生产方式。使这一点成为可能的是：在这两种形式中买者与卖者的关系在形式上始终是一样的。在所有这些作者身上都可以发现两重性的东西：（1）在经济上，他们都反对以劳动为基础的私有制，证明对群众的剥夺的优越性和资本主义生产方式的优越性；（2）在意识形态和法律上，他们把以劳动为基础的私有制的意识形态硬搬到以剥夺直接生产者为基础的所有制上来。①

（八）从商业论资本的本质

在资产阶级社会的最初阶段，商业支配着产业；在现代社会里，情况正好相反。当然，商业对于那些互相进行贸易的共同体来说，会或多或少地发生反作用。它会使生产日益从属于交换价值；而把直接的使用价值日益排挤到次要地位，因为它会使享受和生活日益依赖于出售，而不依赖于产品的直接消费；它使旧的关系解体。使货币流通扩大。它不仅掌握了生产的余额，而且逐渐地侵蚀了生产本身（在它自身之上还建立了各个单独的生产部门）。不过，这种解体作用，在很大程度上取决于互相进行贸易的生产共同体的性质。② //商业资本既不创造价值，也不创造剩余价值。就是说，它不直接创造它们。但既然它有助于流通时间的缩短，而且对形态变化起中介作用，而没有这种形态变化资本就不能重新开始它的生产过程，所以它就能执行资本主义生产方式所必不可少的职能，就能间接地有助于生产资本所创造的剩余价值的增加，或者，至少使它实现为较高的利润率，或者，使两者同时实现。既然商业资本有助于市场的扩大，并对资本之间的分工起中介作用，——因而也使单个资本有可能按更大的规模来经营，——它的职能就会提高生产资本的生产效率和促进积累过程，促进利润再转化为生产资本。既然商业资本会缩短流通时间，它就会提高剩余价值对预付资本的比率，也就是提高利润率。最后，既然商业资本会把资本（货币资本）的一个较小部分束缚在商品的流通领域中，束缚在资本的

① 马克思：[资本论第一册]，《马克思恩格斯全集》第49卷，人民出版社1982年版，第144页。

② 马克思：《政治经济学批判（1861—1863年手稿）》，《马克思恩格斯全集》第36卷，人民出版社2015年版，第19页。

流通过程中（就这一流通过程排除资本和劳动能力之间的交换而言），它就会扩大直接用于生产的那部分资本。[①] //商业资本不是表现为与生产资本并列的特殊种类的资本，而是表现为生产资本的一个特殊种类，只是表现为生产资本借以进行配置和执行职能的各特殊领域的一个特殊领域。……商业资本并不是生产资本的某种特殊领域，而是从生产资本的各领域中分离出来的一个资本领域。商业资本与使用价值本身没有关系，而只与这些使用价值的交换有关系，同样，它与交换价值也没有关系，而只与交换价值的形式变换有关系。相反，商业资本和货币资本属于同一领域。[②] //商业资本是资本在历史上最初的自由存在方式，而且它本身是与行会生产和封建生产，与小市民生产和小农生产相对立而出现的，所以，货币主义和重商主义体系把它看作是资本的基本形式，并从这一基本形式中引出他们关于剩余价值和利润的概念。让渡利润。事实上商人是从流通中取得他的利润的，而且是通过流通行为获得利润的。但是，他所取得的只是流通中已经存在的东西；他只是把已经包含在商品中的剩余价值的一部分占为己有，因而他是和他的资本家同伙分享剩余价值。[③] //我们必须试一下把问题本身归结为问题的最简单的表现形式。问题并不在于资本家收回的价值多于他支出的价值，因为这本来是剩余价值的来源问题，这个问题已经解决了。因此，问题在于，这个剩余价值在流通中是如何实现的。[④] //没有利润就没有资本，而没有资本就没有资本主义生产。[⑤] //利息，仅仅是利润的一部分，地租，仅仅是超额利润。因此，不论利息还是地租都溶解在利润里面，而利润本身则归结为剩余价值即无酬劳动。但是

① 马克思：《政治经济学批判（1861—1863 年手稿）》，《马克思恩格斯全集》第 36 卷，人民出版社 2015 年版，第 70－71 页。

② 马克思：《政治经济学批判（1861—1863 年手稿）》，《马克思恩格斯全集》第 36 卷，人民出版社 2015 年版，第 72－73 页。

③ 马克思：《政治经济学批判（1861—1863 年手稿）》，《马克思恩格斯全集》第 36 卷，人民出版社 2015 年版，第 73 页。

④ 马克思：《政治经济学批判（1861—1863 年手稿）》，《马克思恩格斯全集》第 36 卷，人民出版社 2015 年版，第 121 页。

⑤ 马克思：《政治经济学批判（1861—1863 年手稿）》，《马克思恩格斯全集》第 36 卷，人民出版社 2015 年版，第 235 页。

商品价值本身只归结为劳动时间。[①]

（九）从流通论资本的本质

资本本身在于它时而作为货币，时而作为商品，时而作为交换价值，时而作为使用价值出现的每一要素上，现在表现为不仅是在这一形式变化中从形式上保存自己的价值，而且是自行增殖的价值，是自己同作为价值的自己发生关系的价值。从一个要素转变为另一个要素表现为特殊的过程，但是这些过程中的每一个过程都是向另一个过程的转变。这样，资本就表现为处于过程中的价值，这个价值在每一个要素上都是资本。这样，资本就表现为流动资本；在每一个要素上它都是资本，并且是从一个规定向另一规定不断循环的资本。复归点同时就是出发点，反过来也一样，——这也就是资本家。一切资本起初都是流动资本，都是流通的产物，同样又是产生流通的东西，使流通表现为自己的轨道的东西。[②]

资本所经历的、构成资本一次周转的那些阶段，从概念上说是从货币转化为生产条件开始的。/从已经生成的资本出发，所以它所经历的是以下几个阶段：（1）剩余价值的创造，或直接的生产过程。这个过程的结果是产品。（2）把产品运到市场。产品转化为商品。（3）商品进入普通流通。商品流通。其结果是：商品转化为货币。这是普通流通的第一个环节。货币再转化为生产条件：货币流通。在普通流通中，商品流通和货币流通总是由两个不同的主体分担。资本先作为商品来流通，然后作为货币来流通，或者相反。（4）生产过程的更新，这种更新在这里表现为原有资本的再生产和剩余资本的生产过程。[③] //资本的总生产过程既包括本来意义上的生产过程，也包括本来意义上的流通过程。它们形成资本运动的两大部分，而资本运动表现为这两个过程的总体。一方面是劳动时间，另一

---

① 马克思：《政治经济学批判（1861—1863 年手稿）》，《马克思恩格斯全集》第 36 卷，人民出版社 2015 年版，第 311 页。

② 马克思：《政治经济学批判（1857—1858 年手稿）》，《马克思恩格斯全集》第 30 卷，人民出版社 1995 年版，第 535 页。

③ 马克思：《政治经济学批判（1857—1858 年手稿）》，《马克思恩格斯全集》第 31 卷，人民出版社 1998 年版，第 5 页。

方面是流通时间。整个运动表现为劳动时间和流通时间的统一，表现为生产和流通的统一。[①]

流通费用本身并不创造价值，而是实现价值的费用，是对价值的扣除。流通表现为资本所经历的一系列形态变化，但是从价值来看，它并不给资本增加任何东西，而是使资本具有价值形式。[②] //一个孤立的农民，不会把他不能收获，不能播种，总之，劳动中断的时间，看作使他致富的时间[③]。//资本包含着两个要素：（1）劳动时间，是创造价值的要素；（2）流通时间，是限制劳动时间，因而限制资本创造总价值的要素。/从量上来看，价值通过交换既不能增加，也不能减少。[④]

把一个商品确立为价值的行为，或者说，把另一个商品确立为该商品的等价物的行为，或者也可以说，确立两个商品等价的行为，显然不会给价值本身添加任何东西，就像 ± 号既不增大也不缩小它后面的数字一样。[⑤] //交换作为确立等价物的行为，按其性质来说，既不提高价值总额，也不提高被交换的商品的价值。[⑥] //流通——因为它归结为等价物的一系列交换活动——不可能增加流通的商品的价值。[⑦]

资本的价值创造本身是受流通制约的（而价值只有作为长久保存的和不断增殖的价值才是资本）：（1）质的方面，因为不经过流通阶段，资本便不能重新开始生产阶段；（2）量的方面，因为资本创造的价值量，取决于资本在一定时期内的周转次数；（3）因而流通时间从上述两方面来看都表现为限制性原则，表现为生产时间的限制，反过来也一样。可见，资本

① 马克思：《政治经济学批判（1857—1858 年手稿）》，《马克思恩格斯全集》第 31 卷，人民出版社 1998 年版，第 6 页。

② 马克思：《政治经济学批判（1857—1858 年手稿）》，《马克思恩格斯全集》第 31 卷，人民出版社 1998 年版，第 13 页。

③ 马克思：《政治经济学批判（1857—1858 年手稿）》，《马克思恩格斯全集》第 31 卷，人民出版社 1998 年版，第 55 页。

④ 马克思：《政治经济学批判（1857—1858 年手稿）》，《马克思恩格斯全集》第 31 卷，人民出版社 1998 年版，第 56 页。

⑤ 马克思：《政治经济学批判（1857—1858 年手稿）》，《马克思恩格斯全集》第 31 卷，人民出版社 1998 年版，第 19 页。

⑥ 马克思：《政治经济学批判（1857—1858 年手稿）》，《马克思恩格斯全集》第 31 卷，人民出版社 1998 年版，第 20 页。

⑦ 马克思：《政治经济学批判（1857—1858 年手稿）》，《马克思恩格斯全集》第 31 卷，人民出版社 1998 年版，第 21 页。

实质上是流动资本。[①]

资本先是把作为新生产出来的价值的利润同作为预先存在的、自行增殖的价值的自身区别开来，并把利润当作它增殖的尺度，随后它又扬弃这种划分，使利润同作为资本的它自身成为同一的东西，而这个增大出利润的资本，现在又以增大的规模重新开始同一过程。资本划了一个圆圈，作为圆圈的主体而扩大了，它就是这样划着不断扩大的圆圈，形成螺旋形。[②]

（十）从"生产劳动""生产劳动者"概念论资本的本质

生产劳动只是生产资本的劳动。[③] //劳动只有在它生产了它自己的对立面时才是生产劳动。/只有生产资本的劳动才是生产劳动；因此，没有做到这一点的劳动，无论怎样有用，——它也可能有害，——对于资本化来说，不是生产劳动，因而是非生产劳动。/马尔萨斯说得很对："生产劳动者是直接增加自己主人财富的人。"[④] //生产工人的真正定义是：生产工人是这样的人，他的需要和要求仅限于能够为资本家带来最大程度的利益。[⑤] //一个人可以像僧侣之类那样整天灭绝情欲，自己折磨自己等等，但是他所作出的这些牺牲不会提供任何东西。[⑥]

生产劳动和非生产劳动/从资本主义生产的意义上说，生产劳动是雇佣劳动，它同资本的可变部分（花在工资上的那部分资本）相交换，不仅把这部分资本（也就是自己劳动能力的价值）再生产出来，而且，除此之

① 马克思：《政治经济学批判（1857—1858年手稿）》，《马克思恩格斯全集》第31卷，人民出版社1998年版，第27－28页。

② 马克思：《政治经济学批判（1857—1858年手稿）》，《马克思恩格斯全集》第31卷，人民出版社1998年版，第146页。

③ 马克思：《政治经济学批判（1857—1858年手稿）》，《马克思恩格斯全集》第30卷，人民出版社1995年版，第264页。

④ 马克思：《政治经济学批判（1857—1858年手稿）》，《马克思恩格斯全集》第30卷，人民出版社1995年版，第286页。

⑤ 马克思：《政治经济学批判（1857—1858年手稿）》，《马克思恩格斯全集》第30卷，人民出版社1995年版，第232页。

⑥ 马克思：《政治经济学批判（1857—1858年手稿）》，《马克思恩格斯全集》第30卷，人民出版社1995年版，第618页。

外，还为资本家生产剩余价值。仅仅由于这一点，商品或货币才转化为资本，才作为资本生产出来。只有生产资本的雇佣劳动才是生产劳动。（这就是说，雇佣劳动把花在它身上的价值额以增大了的数额再生产出来，换句话说，它归还的劳动大于它以工资形式取得的劳动。因而，只有创造的价值大于本身价值的劳动能力才是生产的）。① //同一劳动可以是生产的，只要我作为资本家、作为生产者来购买它，为的是使它增殖；它也可以是非生产的，只要我作为消费者，作为收入的花费者来购买它，为的是消费它的使用价值，不管这个使用价值是随着劳动能力本身活动的停止而消失，还是物化、固定在某个物中。② //社会上人数最多的一部分人——工人阶级——都必须为自己进行这种非生产劳动；但是，工人阶级只有先进行了“生产的”劳动，才能从事这种非生产劳动。工人阶级只有生产了可以支付肉价的工资，才能给自己煮肉；工人阶级只有生产了家具、房租、靴子的价值，才能把自己的家具和住房收拾干净，把自己的靴子擦干净。因此，从这个生产工人阶级本身来说，他们为自己进行的劳动就是“非生产劳动”。如果他们不先进行生产劳动，这种非生产劳动是决不会使他们有能力重新进行同样的非生产劳动的。③ //资本主义生产的目的是剩余，而不是产品。工人的必要劳动时间——以及产品中用来支付这个时间的等价物——只有在提供剩余劳动的情况下，才是必要的。否则，这个时间对于资本家就是非生产劳动的。④ //生产工人是生产他人的财富的工人。只有在他充当生产他人财富的生产工具时，他的生存才有意义。⑤

有一大批所谓“高级”劳动者，如国家官吏、军人、艺术家、医生、牧师、法官、律师等，他们的劳动有一部分不仅不是生产的，而且实质上是破坏性的，但他们善于依靠出卖自己的“非物质”商品或把这些商品强

① 马克思：《政治经济学批判（1861—1863年）》，《马克思恩格斯全集》第33卷，人民出版社1998年版，第136页。

② 马克思：《政治经济学批判（1861—1863年）》，《马克思恩格斯全集》第33卷，人民出版社1998年版，第150－151页。

③ 马克思：《政治经济学批判（1861—1863年）》，《马克思恩格斯全集》第33卷，人民出版社1998年版，第151－152页。

④ 马克思：《政治经济学批判（1861—1863年）》，《马克思恩格斯全集》第33卷，人民出版社1998年版，第252－253页。

⑤ 马克思：《政治经济学批判（1861—1863年）》，《马克思恩格斯全集》第33卷，人民出版社1998年版，第266页。

加于人，而占有很大部分的“物质”财富。对于这一批人来说，在经济学上同丑角、家仆被列入同一类别，被说成靠真正的生产者（更确切地说，靠生产当事人）养活的食客、寄生者，决不是一件愉快的事。这对于那些向来显出灵光、备受膜拜的职务，恰恰是一种非同寻常的亵渎。[①] //如果上述“非生产劳动者”不生产享受，因此对他们的服务的需求不完全取决于生产当事人想如何花掉自己的工资或利润；相反，如果他们成为必要，或自己使自己成为必要，部分地是因为存在肉体上的疾病（如医生）或精神上的虚弱（如牧师），部分地是因为个人利益的冲突和民族利益的冲突（如政治家、一切法学家、警察、士兵）；如果这样，那么，在亚·斯密看来，就像在产业资本家本身和工人阶级看来一样，他们就表现为生产上的非生产费用，因此必须尽可能地把这种非生产费用缩减到最低限度，尽可能地使它便宜。资产阶级社会把它曾经反对过的一切具有封建形式或专制形式的东西，以它自己所特有的形式再生产出来。因此，对这个社会阿谀奉承的人，尤其是对这个社会的上层阶级阿谀奉承的人，他们的首要业务就是，在理论上甚至为这些“非生产劳动者”中纯粹寄生的部分恢复地位，或者为其中不可缺少的部分的过分要求提供根据。事实上这就宣告了意识形态阶级等等是依附于资本家的。[②]

因为资本主义生产的直接目的和真正产物是剩余价值，所以只有直接生产剩余价值的劳动是生产劳动，只有直接生产剩余价值的劳动能力的行使者是生产工人，就是说，只有直接在生产过程中为了资本的价值增殖而消费的劳动才是生产劳动。[③] //进行生产劳动的工人，是生产工人；直接创造剩余价值的劳动即直接增殖资本的劳动，是生产劳动。[④] //从资本主义生产的意义上说，生产劳动是这样一种雇佣劳动，它同资本的可变部分（花在工资上的那部分资本）相交换，不仅把这部分资本（也就是自己劳动能力的价值）再生产出来，而且，除此之外，还为资本家生产剩余价

① 马克思：《政治经济学批判（1861—1863年）》，《马克思恩格斯全集》第33卷，人民出版社1998年版，第161页。

② 马克思：《政治经济学批判（1861—1863年）》，《马克思恩格斯全集》第33卷，人民出版社1998年版，第162页。

③ 马克思：［资本论第一册］，《马克思恩格斯全集》第49卷，人民出版社1982年版，第99页。

④ 马克思：［资本论第一册］，《马克思恩格斯全集》第49卷，人民出版社1982年版，第100页。

值。仅仅由于这一点，商品或货币才转化为资本，才作为资本生产出来。只有生产资本的雇佣劳动才是生产劳动。[①]

正象资本家为了自己个人消费而购买的商品，不是生产地被消费，没有变成资本的要素一样，他为了服务的使用价值，为了自身消费而自愿购买或被迫购买（向国家等购买）的服务，也不是生产的消费，也没有变成资本的因素。服务并没有成为资本的因素。所以服务不是生产劳动，服务的承担者也不是生产劳动者。[②]

现在在资本主义生产中，一方面，作为商品的产品的生产成为绝对的，另一方面，作为雇佣劳动的劳动的形式也成为绝对的。有许多职务与活动过去具有非常神圣的色彩，它们被认为是目的本身，是免费进行或间接支付的（例如英国的一切自由职业者，医生，律师等等；在英国，律师和医生过去不能或者说现在也不能为支付起诉）；现在一方面，直接变成了雇佣工人，不管它们的内容和支付怎样不同。另一方面，它们——它们的价值确定，这个从娼妓到国王的各种各样活动的价格——也受到调节雇佣劳动价格的同一些规律的支配。对最后这一点的论述属于有关雇佣劳动和工资的专门著作，而不属于这里。随着资本主义生产的发展，所有的服务都转化为雇佣劳动，所有服务的执行者都转化为雇佣工人，从而都具有这种与生产工人相同的性质，——这种现象之所以会引起两者的混同，特别是因为，这是资本主义生产所特有的和资本主义生产本身所造成的现象。另一方面，这种现象为辩护论者提供了借口，把生产工人——因为他是雇佣工人——转化为单纯用自己的服务（即自己的作为使用价值的劳动）与货币相交换的工人。这样一来，就幸运地躲开了这种“生产工人”的特征和资本主义生产的特征——它是作为剩余价值的生产，作为资本的自行增殖过程，而这种过程的单纯合并到自身中来的因素就是活劳动。士兵是雇佣劳动者，雇佣兵，但他并不因此而成为生产工人。[③]

① 马克思：《剩余价值理论》，《马克思恩格斯全集》第 26 卷上册，人民出版社 1972 年版，第 142 页。

② 马克思：[资本论第一册]，《马克思恩格斯全集》第 49 卷，人民出版社 1982 年版，第 102 页。

③ 马克思：[资本论第一册]，《马克思恩格斯全集》第 49 卷，人民出版社 1982 年版，第 102 - 103 页。

同一内容的劳动可以是生产劳动，也可以是非生产劳动。[①] //密尔顿创作《失乐园》，他是非生产劳动者。相反，为书商提供工厂式劳动的作者，则是生产劳动者。密尔顿生产《失乐园》，象蚕生产丝一样，是他天性的表现。后来，他把这个产品卖了5镑，就此而言他成了商品交易者。但是，在书商指示下生产书籍（例如政治经济学指南）的莱比锡的一位无产作家却近似于生产劳动者，因为他的生产从属于资本，而且只是为了增殖资本而进行的。像鸟一样唱歌的歌女是非生产劳动者。假如她为了货币而出售自己的歌唱，她就因此而成为雇佣劳动者或商品交易者。但是，同一个歌女，被剧院老板雇用，老板为了赚钱而让她去唱歌，她就是生产劳动者，因为她直接生产资本。[②] //生产劳动与非生产劳动之间的区别仅仅在于：劳动是与作为货币的货币相交换，还是与作为资本的货币相交换。例如，在我购买独立劳动者、工匠等的商品的时候，就根本谈不上这个范畴，因为不是货币和任何种类的劳动直接相交换，而是货币和商品直接相交换。[③] /"非生产劳动……就是不同资本交换，而直接同收入即工资或利润交换的劳动（当然也包括同那些靠资本家的利润存在的不同项目，如利息和地租交换的劳动）。凡是在劳动一部分还是自己支付自己（例如徭役农民的农业劳动），一部分直接同收入交换（例如亚洲城市中的制造业劳动）的地方，不存在资产阶级政治经济学意义上的资本和雇佣劳动。"[④]

生产劳动（从而非生产劳动，即生产劳动的对立面）的规定是建立在下述基础上的：资本的生产是剩余价值的生产，资本的生产所使用的劳动是生产剩余价值的劳动。[⑤]

① 马克思：[资本论第一册]，《马克思恩格斯全集》第49卷，人民出版社1982年版，第105页。

② 马克思：[资本论第一册]，《马克思恩格斯全集》第49卷，人民出版社1982年版，第105-106页。

③ 马克思：[资本论第一册]，《马克思恩格斯全集》第49卷，人民出版社1982年版，第109页。

④ 马克思：《剩余价值理论》，《马克思恩格斯全集》第26卷上册，人民出版社1972年版，第148页。

⑤ 马克思：[资本论第一册]，《马克思恩格斯全集》第49卷，人民出版社1982年版，第110页。

（十一）论资本主义生产方式的本质

如果原来的资本是等于 x 的价值额，那么，这里的目的就是使这个 x 转化为 $x+\Delta x$，而这个 x 成为资本也是由于它转化为 $x+\Delta x$，即转化为一个等于原有价值额加上这个原有价值额的余额的货币额或价值额，转化为已知的货币量加上追加的货币，转化为既定的价值加上剩余价值，从而使 x 变为资本。于是，剩余价值的生产（包括原预付价值的保存），就表现为资本主义生产过程的决定目的、推动性利益和最终结果，表现为使原有价值转化为资本的那种东西。无论怎样达到这一点，x 转化为 $x+\Delta x$ 的实际程序决不会使这个过程的目的和结果发生任何改变。①

按照劳动过程的性质，生产资料首先分为劳动对象和劳动资料；或者更进一步地加以规定，它一方面是原料；另一方面是工具，辅助材料等等。这是从劳动过程本身的性质中产生出来的使用价值的形式规定，因此——就生产资料来说——使用价值有了进一步的规定。在这里，使用价值的形式规定本身，对于经济关系的发展，经济范畴的发展，成为本质的事情。② //资本在劳动过程中作为使用价值所采取的形式分为：第一，在概念上既互相分开又互相联系的生产资料；第二，在概念上从劳动过程的性质中产生出来的客观劳动条件（生产资料）和主观劳动条件（合乎目的地起作用的劳动能力即劳动本身）之间的划分。但是第三，就这个过程的整体来看，资本的使用价值在这里表现为一种生产使用价值的过程，生产资料在这种过程中按照这个特殊规定性，作为合乎目的地起作用的、与生产资料的特定性质相适应的特殊劳动能力的生产资料执行职能。换句话说，总劳动过程本身，在其主观和客观要素的活的交互作用中，表现为使用价值的总形式，即表现为资本在生产过程中的实在形态。③

① 马克思：［资本论第一册］，《马克思恩格斯全集》第 49 卷，人民出版社 1982 年版，第 34 页。

② 马克思：［资本论第一册］，《马克思恩格斯全集》第 49 卷，人民出版社 1982 年版，第 37－38 页。

③ 马克思：［资本论第一册］，《马克思恩格斯全集》第 49 卷，人民出版社 1982 年版，第 39 页。

生产资料只表现为尽可能多的活劳动量的吸收器。活劳动只表现为增殖现有价值的手段，从而只表现为使现有价值资本化的手段。正因为如此，——把以前所讲的撇开不谈，——生产资料又在本质上在活劳动面前表现为资本的存在，而且现在表现为过去的死劳动对活劳动的统治。活劳动正好作为形成价值的东西不断地并入物化劳动的价值增殖过程。劳动，作为生命力的消耗，作为生命力的支出，是工人本身的活动。但是，只要工人进入生产过程，他的劳动本身，作为形成价值的东西，作为处于自身物化过程中的东西，是资本价值的存在方式，并被并入资本价值之中。可见，这个保存价值和创造新价值的力量，是资本的力量，这个过程表现为资本自行增殖的过程，并且相反地表现为工人贫困化的过程，因为工人同时把他所创造的价值作为与自身相异化的价值来创造。① //实际上，资本家对工人的统治，不过是独立化的劳动条件、独立于工人的劳动条件（除生产过程的客观条件——生产资料——以外，保持劳动力和使劳动力得以发挥作用的客观条件即生活资料，也属于劳动条件）对工人本身的统治，尽管这种关系只有在这样一种实际生产过程中才能实现，而这种实际生产过程，正如我们已经看到的，实质上是包括旧价值的保存在内的剩余价值生产过程，是预付资本的自行增殖过程。……资本家对工人的统治，就是物对人的统治，死劳动对活劳动的统治，产品对生产者的统治，因为变成统治工人的手段（但只是作为资本本身统治的手段）的商品，实际上只是生产过程的结果，是生产过程的产物。这是物质生产中，现实社会生活过程（因为它就是生产过程）中与意识形态领域内表现于宗教中的那种关系完全同样的关系，即把主体颠倒为客体以及反过来的情形。②

把商品归结为“劳动”是不够的，必须把商品归结为具有二重形式的劳动：它一方面作为具体劳动表现在商品的使用价值中，另一方面作为社会必要劳动以交换价值的形式被计算。从前一种观点来看，一切都取决于劳动的特殊使用价值，劳动的特殊性质，正是这种性质给劳动所创造的使

① 马克思：[资本论第一册]，《马克思恩格斯全集》第49卷，人民出版社1982年版，第47页。

② 马克思：[资本论第一册]，《马克思恩格斯全集》第49卷，人民出版社1982年版，第48-49页。

用价值打上了特殊的印记，并使它成为不同于其他使用价值的具体使用价值，成为这种一定的物品。反之，只要把劳动看作是形成价值的要素，把商品看作是劳动的物化，那么劳动的特殊有用性，劳动的特定性质、方式和方法就完全被抽象掉了。这种劳动本身是无差别的、社会必要的、一般的劳动，同一切特殊内容完全无关，因为这种劳动在自己的独立表现即货币中，在商品的价格中，取得了一切商品所共有的、仅仅在量上有差别的表现。从第一个方面来看，事情表现在商品的一定使用价值上，表现在商品的一定的物的存在上；从第二个方面来看，事情表现在货币上，不管它是作为货币存在，还是在商品价格中作为单纯计算货币存在。从第一个方面来看，事情只涉及劳动的质；从第二个方面来看，事情只涉及劳动的量。从第一个方面来看，具体劳动的差别表现在分工上；从第二个方面来看，则表现在劳动的无差别的货币表现上。在生产过程中，这种差别活生生地展现在我们面前。这种差别并不是我们制造的，而是在生产过程本身中形成的。① //在价值增殖过程，在资本主义生产的固有目的的意义上——资本作为物化劳动（积累的劳动，过去存在的劳动等等）与活劳动（直接劳动等等）相对立，而且经济学家们也把它们这样对立起来。但是，他们在这里经常陷于矛盾和混乱（连李嘉图也是如此），因为他们没有明确地把商品归结为二重形式的劳动。②

劳动过程的最本质的因素就是工人本身，而在古代的劳动过程中这种劳动者是奴隶。同样不能由此得出结论说，劳动者天生就是奴隶，正如不能由于纱锭和棉花现在在劳动过程中是被雇佣工人消费的，就说纱锭和棉花天生是资本一样。把表现在物中的一定的社会生产关系当作这些物本身的物质自然属性，这是我们在打开随便一本优秀的经济学指南时一眼就可以看到的一种颠倒，我们在第一页上就可以读到这样的话：生产过程的要素，归结到它的最一般的形式，就是土地、资本和劳动。③

只是由于工人为了生活而出卖自己的劳动能力，物质财富才转化为资

① 马克思：[资本论第一册]，《马克思恩格斯全集》第49卷，人民出版社1982年版，第51－52页。

② 马克思：[资本论第一册]，《马克思恩格斯全集》第49卷，人民出版社1982年版，第53页。

③ 马克思：[资本论第一册]，《马克思恩格斯全集》第49卷，人民出版社1982年版，第56页。

本。作为劳动的物的条件的东西即生产资料和作为维持工人本人生活的物的条件的东西即生活资料，只有同雇佣劳动相对立才能成为资本。资本不是物，正像货币不是物一样。在资本中也像在货币中一样，人们的一定社会生产关系表现为物对人的关系，或者一定社会关系表现为物的天然的社会属性。当个人作为自由人彼此对立的时候，没有雇佣劳动就没有剩余价值生产，没有剩余价值生产也就没有资本主义生产，从而也没有资本，没有资本家！资本和雇佣劳动只表现为同一关系的两个因素。如果货币不同被工人本身当作商品出卖的劳动能力相交换，它就不能成为资本。另一方面，只有当劳动本身的物的条件作为自私的权力、作为他人的财产、作为自为存在和坚持独立的价值，简言之，作为资本，同劳动相对立的时候，劳动才能表现为雇佣劳动。因此，如果说从资本的物质方面来看，或从资本借以存在的使用价值方面来看，资本只由劳动本身的物的条件构成，那么从资本的形式方面来看，这种物的条件就必然作为异己的独立力量，作为价值——物化劳动——同劳动相对立，而这种物化劳动又把活劳动看作是保存和增大自己本身的单纯手段。因此，雇佣劳动对资本主义生产来说是劳动的一种必要的社会形式，正像资本即自乘的价值是劳动的物的条件为了使劳动成为雇佣劳动所必须采取的必要的社会形式一样。所以，雇佣劳动是资本形成的必要条件，始终是资本主义生产的经常的必要前提。①

资本使用工人，而不是工人使用资本；只有那些使用工人的物，从而在资本家身上具有自私性、具有自我意识和自我意志的物，才是资本。只要劳动过程不过是价值增殖过程的手段和现实形式，就是说，只要劳动过程是这样一种过程，即除已经物化在工资中的劳动以外，这个过程就在于将多余的无酬劳动即剩余价值物化在商品中，也就是生产剩余价值，那么这整个过程的起点就是物化劳动同活劳动相交换，就是较少物化劳动同较多活劳动相交换。②

① 马克思：[资本论第一册]，《马克思恩格斯全集》第 49 卷，人民出版社 1982 年版，第 64 - 65 页。

② 马克思：[资本论第一册]，《马克思恩格斯全集》第 49 卷，人民出版社 1982 年版，第 67 - 68 页。

二、关于资本或资本主义生产方式的历史作用论述

（一）资本为社会创造了剩余劳动或自由时间

资本的规律是创造剩余劳动，即可以自由支配的时间；资本只有推动必要劳动即同工人进行交换，才能做到这一点。因此，资本的趋势是要尽量多地创造劳动；资本的趋势也是要把必要劳动减少到最低限度。因此，资本的趋势也是：既增加劳动人口，又把劳动人口的一部分不断地变成过剩人口，即在资本能够利用他们之前先把他们变成无用的人口。/资本的趋势也是既要使人的劳动过剩（相对来说），又要使人的劳动无限增加。/资本必须不断地推动必要劳动，才能创造出剩余劳动；资本必须增加必要劳动（即同时并存的工作日），才能增加剩余额；但是，资本同样必须把这种劳动作为必要劳动来扬弃，才能把它变为剩余劳动。① //人口的增加是劳动的一种不用支付报酬的自然力。从这个观点出发我们把社会力量叫作自然力。所有社会劳动的自然力，本身都是历史的产物。②

资本的趋势始终是：一方面创造可以自由支配的时间，另一方面把这些可以自由支配的时间变为剩余劳动。③

（二）资本提高了社会劳动的生产率，同时带来雇佣工人的就业压力

由于劳动的集体力量的不断发展，花费越来越少的人力可以推动越来

① 马克思：《政治经济学批判（1857—1858 年手稿）》，《马克思恩格斯全集》第 30 卷，人民出版社 1995 年版，第 377 页。

② 马克思：《政治经济学批判（1857—1858 年手稿）》，《马克思恩格斯全集》第 30 卷，人民出版社 1995 年版，第 378 页。

③ 马克思：《政治经济学批判（1857—1858 年手稿）》，《马克思恩格斯全集》第 31 卷，人民出版社 1998 年版，第 103 - 104 页。

越多的财富组成要素，这个规律使社会的人有可能用较少的劳动生产出更多的东西，但在不是生产资料为劳动者服务而是劳动者为生产资料服务的资本主义条件下却会转化为相反的规律，即：劳动的资源越多，力量越大，劳动者对他们的就业手段的压力越大，雇佣工人的生存条件，劳动力的出卖就越没有保证。[①] //经济学家们谈到过剩人口时，指的不是这种游手好闲的过剩人口。正好相反，这些人口——他们的消费职能——恰恰被人口论的狂热信徒看作是必要人口，而且［在他们看来］这是正确的。“过剩人口”这个用语只同劳动能力有关，也就是说，同必要人口有关；这是劳动能力的过剩。但是，这种情况纯粹是资本的本性产生的。劳动能力只有在它的剩余劳动对资本有价值，能为资本增殖价值时，才能实现自己的必要劳动。因此，如果价值增殖的这种可能性由于这种或那种限制而受到阻挠，那么，劳动能力本身便处于：（1）它的存在的再生产条件之外；它存在着，但没有它存在的条件，因而，纯粹是一个赘疣；它有需求，但没有满足需求的手段。（2）必要劳动表现为过剩劳动，因为过剩劳动并不是必要的。劳动只有在它成为资本增殖价值的条件时才是必要的。[②]

（三）资本创造了世界市场

以资本为基础的生产，其条件是创造一个不断扩大的流通范围，不管是直接扩大这个范围，还是在这个范围内把更多的地点创造为生产地点。[③] //资本一方面具有创造越来越多的剩余劳动的趋势，同样，它也具有创造越来越多的交换地点的补充趋势；在这里从绝对剩余价值或绝对剩余劳动的角度来看，这也就是造成越来越多的剩余劳动作为自身的补充；从本质上来说，就是推广以资本为基础的生产或与资本相适应的生产方式。创造世界市场的趋势已经直接包含在资本的概念本身中。任何界限都

---

① 马克思：著者亲自修订的《〈资本论〉第一卷法文版片断》，《马克思恩格斯全集》第 49 卷，人民出版社 1982 年版，第 243 页。

② 马克思：《政治经济学批判（1857—1858 年手稿）》，《马克思恩格斯全集》第 30 卷，人民出版社 1995 年版，第 612 - 613 页。

③ 马克思：《政治经济学批判（1857—1858 年手稿）》，《马克思恩格斯全集》第 30 卷，人民出版社 1995 年版，第 387 - 388 页。

表现为必须克服的限制。[①] //（1）资本的必然趋势是在一切地点使生产方式从属于自己，使它们受资本的统治。在一定的民族社会内部，从资本把所有劳动都变为雇佣劳动这一点上已经可以看到，这种情况是必然的；（2）在国外市场方面，资本通过国际竞争来强行传播自己的生产方式。竞争一般说来是资本贯彻自己的生产方式的手段。[②]

流通时间不是创造价值的积极要素；如果流通时间等于零，价值创造就会达到最大限度。[③] //流通时间表现为劳动生产率的限制 = 必要劳动时间的增加 = 剩余劳动时间的减少 = 剩余价值的减少 = 资本价值自行增殖过程的障碍或限制。因此，资本一方面要力求摧毁交往即交换的一切地方限制，征服整个地球作为它的市场，另一方面，它又力求用时间去消灭空间，就是说，把商品从一个地方转移到另一个地方所花费的时间缩减到最低限度。资本越发展，从而资本借以流通的市场，构成资本空间流通道路的市场越扩大，资本同时也就越是力求在空间上更加扩大市场，力求用时间去更多地消灭空间。[④] //资本的普遍趋势是在一切成为流通的前提，成为流通的生产中心的地点，把这些地点加以同化，也就是把它们变为进行资本化生产的地点或生产资本的地点。这种传布的（传播文明的）趋势是资本特有的——这和以往的生产条件不同。[⑤]

（四）资本否定了孤立劳动而创造社会劳动或结合劳动

实际上，在资本的生产过程中……劳动是一个总体，是各种劳动的结合体，其中的各个组成部分彼此毫不相干，所以，总劳动作为总体不是单个工人的事情，而且，即使说它是不同工人的共同的事情，也只是从这样

① 马克思：《政治经济学批判（1857—1858 年手稿）》，《马克思恩格斯全集》第 30 卷，人民出版社 1995 年版，第 388 页。

② 马克思：《政治经济学批判（1857—1858 年手稿）》，《马克思恩格斯全集》第 31 卷，人民出版社 1998 年版，第 128 页。

③ 马克思：《政治经济学批判（1857—1858 年手稿）》，《马克思恩格斯全集》第 30 卷，人民出版社 1995 年版，第 537 页。

④ 马克思：《政治经济学批判（1857—1858 年手稿）》，《马克思恩格斯全集》第 30 卷，人民出版社 1995 年版，第 538 页。

⑤ 马克思：《政治经济学批判（1857—1858 年手稿）》，《马克思恩格斯全集》第 30 卷，人民出版社 1995 年版，第 541 – 542 页。

的意义来说的：工人们是被结合在一起的，而不是他们彼此互相结合。这种劳动就其结合体来说，服务于他人的意志和他人的智力，并受这种意志和智力的支配——它的精神的统一处于自身之外；同样，这种劳动就其物质的统一来说，则从属于机器的，固定资本的物的统一。这种固定资本像一个有灵性的怪物把科学思想客体化了，它实际上是实行联合者，它决不是作为工具同单个工人发生关系，相反，工人却作为有灵性的单个点，作为活的孤立的附属品附属于它。[①] //结合劳动从两个方面来看都是自在的结合，这种结合既不表现为共同劳动的个人互相发生的关系，也不表现为这些个人支配其特有的或孤立的职能或支配劳动工具。因此，如果说工人把自己劳动的产品看作是他人的产品，那么他也把结合劳动看作是他人的劳动；同样，他把自己的劳动看作虽然属于他自己，但对他来说却是异己的、被强制的生命活动，所以亚当·斯密等人把这种生命活动力看成是辛苦、牺牲等。正像劳动的产品一样，劳动本身作为特殊的孤立的劳动者的劳动被否定了。被否定的孤立劳动，实际上是被肯定的社会劳动或结合劳动。但是，这样建立起来的共同劳动或结合劳动，不论是作为活动还是作为客体的静止形式，同时直接表现为某种与实际存在的单个劳动不同的东西，——既表现为他人的客体性（他人的财产），也表现为他人的主体性（资本的主体性）。因此，资本作为被否定的孤立劳动者的孤立劳动，从而也作为被否定的孤立劳动者的财产，既代表劳动，也代表劳动的产品。所以，资本是社会劳动的存在，是劳动既作为主体又作为客体的结合，但这一存在是同劳动的现实要素相对立的独立存在，因而它本身作为特殊的存在而与这些要素并存。因此，资本从自己方面看来，表现为扩张着的主体和他人劳动的所有者。[②] //资本只要不是出现在不适当的形式下——例如规模很小的、亲身参加劳动的资本形式，就要求有一定程度即较高或较低程度的积聚。一方面，是客体形式的积聚，即在一个人手中积聚了（这里积聚和积累还是同样的意思）生活资料、原料和工具，或者用一句话说，积聚了作为财富的一般形式的货币；另一方面，是主体形式的积聚，即在

① 马克思：《政治经济学批判（1857—1858 年手稿）》，《马克思恩格斯全集》第 30 卷，人民出版社 1995 年版，第 463－464 页。

② 马克思：《政治经济学批判（1857—1858 年手稿）》，《马克思恩格斯全集》第 30 卷，人民出版社 1995 年版，第 464 页。

资本指挥下劳动力的积累和劳动力积聚在一点上。不可能每有一个工人就有一个资本家，相反，一个资本家却必须有一定数量的工人，而不像一个师傅有一、两个帮工那样。①

（五）资本创造了信用

欺诈，这不是资本主义生产本身所固有的形式。②

过程的经常连续性，即价值毫无阻碍地和顺畅地由一种形式转变为另一种形式，或者说，由过程的一个阶段转变为另一个阶段，对于以资本为基础的生产来说，同以往一切生产形式下的情形相比，是在完全不同的程度上表现为基本条件。③ //虽然这种连续性是必要的，但是，各个阶段在时间和空间上分为各个特殊的、彼此漠不相关的过程。这样一来，对于以资本为基础的生产来说，它的本质条件，即构成资本主义生产整个过程的各个不同过程的连续性，是否会出现，就成为偶然的了。资本本身消除这一偶然性的办法就是信用。（信用还具有其他的一些方面，但是这个方面是从生产过程的直接本性产生出来的，因此是信用的必要性的基础。）因此，稍为发达形式的信用在以往任何一种生产方式中都没有出现过。在以前的制度下也有过借和贷的事情，而高利贷甚至是洪水期前的资本形式中最古老的形式，但是借贷并不构成信用，正如各种劳动并不构成产业劳动或自由的雇佣劳动一样。信用作为本质的、发达的生产关系，也只有在以资本或以雇佣劳动为基础的流通中才会历史地出现。（货币本身是消除各个生产部门中所需时间的不均等的一种形式，因为这种不均等是同交换相对立的。）④

---

① 马克思：《政治经济学批判（1857—1858年手稿）》，《马克思恩格斯全集》第30卷，人民出版社1995年版，第587－588页。

② 马克思：《政治经济学批判（1861—1863年手稿）》，《马克思恩格斯全集》第36卷，人民出版社2015年版，第72页。

③ 马克思：《政治经济学批判（1857—1858年手稿）》，《马克思恩格斯全集》第30卷，人民出版社1995年版，第533页。

④ 马克思：《政治经济学批判（1857—1858年手稿）》，《马克思恩格斯全集》第30卷，人民出版社1995年版，第534页。

（六）资本提高劳动生产率，推动自然科学技术和社会科学文化的发展

不断提高劳动生产率，从而不断增加被同一追加劳动转化为产品的生产资料的数量，也可以说，不断把新加劳动分配在更多的产品量上，从而降低单个商品的价格，或者使商品价格普遍变便宜。[①]

提高劳动生产力和最大限度否定必要劳动……是资本的必然趋势。劳动资料转变为机器体系，就是这一趋势的实现。/对象化在机器体系中的价值表现为这样一个前提，同它相比，单个劳动能力创造价值的力量作为无限小的量而趋于消失。/劳动资料发展为机器体系，对资本来说并不是偶然的，而是使传统的继承下来的劳动资料适合于资本要求的历史性变革。[②] //社会的生产力是用固定资本来衡量的，它以物的形式存在于固定资本中，另一方面，资本的生产力又随着被资本无偿占有的这种普遍的进步而得到发展。[③] //只有当劳动资料不仅在形式上被规定为固定资本，而且抛弃了自己的直接形式，从而，固定资本在生产过程内部作为机器来同劳动相对立的时候，而整个生产过程不是从属于工人的直接技巧，而是表现为科学在工艺上的应用的时候，只有到这个时候，资本才获得了充分的发展，或者说，资本才造成了与自己相适应的生产方式。可见，资本的趋势是赋予生产以科学的性质，而直接劳动则被贬低为只是生产过程的一个要素。同价值转化为资本时的情形一样，在资本的进一步发展中，我们看到：一方面，资本是以生产力的一定的现有的历史发展为前提的，——在这些生产力中也包括科学——，另一方面，资本又推动和促进生产力向前发展。[④] //随着大工业的发展，现实财富的创造较少地取决于劳动时间和

① 马克思：[资本论第一册]，《马克思恩格斯全集》第49卷，人民出版社1982年版，第16页。

② 马克思：《政治经济学批判（1857—1858年手稿）》，《马克思恩格斯全集》第31卷，人民出版社1998年版，第92页。

③ 马克思：《政治经济学批判（1857—1858年手稿）》，《马克思恩格斯全集》第31卷，人民出版社1998年版，第93页。

④ 马克思：《政治经济学批判（1857—1858年手稿）》，《马克思恩格斯全集》第31卷，人民出版社1998年版，第93-94页。

已耗费的劳动量，较多地取决于在劳动时间内所运用的作用物的力量，而这种作用物自身——它们的巨大效率——又和生产它们所花费的直接劳动时间不成比例，相反地却取决于一般的科学水平和技术进步，或者说取决于科学在生产上的应用。/现实财富倒不如说是表现在——这一点也由大工业所揭明——已耗费的劳动时间和劳动产品之间惊人的不成比例上，同样也表现在被贬低为单纯抽象物的劳动和由这种劳动看管的生产过程的威力之间在质上的不成比例上。劳动表现为不再象以前那样被包括在生产过程中，相反地，表现为人以生产过程的监督者和调节者的身分同生产过程本身发生关系。/工人不再是生产过程的主要当事者，而是站在生产过程的旁边。① 在这个转变中，表现为生产和财富的宏大基石的，既不是人本身完成的直接劳动，也不是人从事劳动的时间，而是对人本身的一般生产力的占有，是人对自然界的了解和通过人作为社会体的存在来对自然界的统治，总之，是社会个人的发展。……一旦直接形式的劳动不再是财富的巨大源泉，劳动时间就不再是，而且必然不再是财富的尺度，因而交换价值也不再是使用价值的尺度。群众的剩余劳动不再是发展一般财富的条件，同样，少数人的非劳动不再是人类头脑的一般能力发展的条件。于是，以交换价值为基础的生产便会崩溃，直接的物质生产过程本身也就摆脱了贫困和对立的形式。个性得到自由发展，因此，并不是为了获得剩余劳动而缩减必要劳动时间，而是直接把社会必要劳动缩减到最低限度，那时，与此相适应，由于给所有的人腾出了时间和创造了手段，个人会在艺术、科学等等方面得到发展。②

固定资本在它作为生产资料（机器体系是生产资料的最适当的形式）的规定中，只是从两方面生产价值，即增加产品的价值：（1）由于固定资本具有价值，就是说，它本身就是劳动产品，是对象化形式上的一定的劳动量；（2）由于固定资本通过提高劳动的生产力，使劳动能在较短的时间内生产出更大量的维持活劳动能力所必需的产品，从而提高剩余劳动对必

① 马克思：《政治经济学批判（1857—1858 年手稿）》，《马克思恩格斯全集》第 31 卷，人民出版社 1998 年版，第 100 页。

② 马克思：《政治经济学批判（1857—1858 年手稿）》，《马克思恩格斯全集》第 31 卷，人民出版社 1998 年版，第 100－101 页。

要劳动的比例。[①] //固定资本的发展表明，一般社会知识，已经在多么大的程度上变成了直接的生产力，从而社会生活过程的条件本身在多么大的程度上受到一般智力的控制并按照这种智力得到改造。它表明，社会生产力已经在多么大的程度上，不仅以知识的形式，而且作为社会实践的直接器官，作为实际生活过程的直接器官被生产出来。[②] //固定资本不是一下子就以产品的形式同货币相交换，从而使得它的再生产过程同流动资本的周转相吻合。它只是陆续加入产品价格，因此只是陆续作为价值而流回。它在较长的时期内一部分一部分地流回，而流动资本却是在较短的时期内全部流通。[③]

机器创造剩余价值，不是因为它们有价值，——因为它们的价值只是得到补偿，——而仅仅因为它们增加相对剩余时间，或减少必要劳动时间。因此，产品量必定随着机器的量的增加而按同一比例增加，而使用的活劳动必定相对地减少。[④] //资本的趋势一方面是增加固定资本的总价值，另一方面则是降低固定资本的每一部分的价值。[⑤]

资本的趋势是把绝对剩余价值和相对剩余价值结合起来；就是说，要使工作日得到最大限度的延长，并使同时并存的工作日达到最大数量，同时一方面又要使必要劳动时间减到最小限度，另一方面也要使必要工人人数减少到最小限度。[⑥] //资本的趋势是，在直接使用活劳动时把活劳动缩减为必要劳动，并且通过利用劳动的社会生产力来不断缩减制造产品所必需的劳动，即节约活劳动，使用尽可能少的劳动来制造这种或那种商品，同样，资本的趋势也是要把这种节约了的、已缩减为必要劳动的劳动用在

① 马克思：《政治经济学批判（1857—1858年手稿）》，《马克思恩格斯全集》第31卷，人民出版社1998年版，第96页。

② 马克思：《政治经济学批判（1857—1858年手稿）》，《马克思恩格斯全集》第31卷，人民出版社1998年版，第102页。

③ 马克思：《政治经济学批判（1857—1858年手稿）》，《马克思恩格斯全集》第31卷，人民出版社1998年版，第118页。

④ 马克思：《政治经济学批判（1857—1858年手稿）》，《马克思恩格斯全集》第31卷，人民出版社1998年版，第139页。

⑤ 马克思：《政治经济学批判（1857—1858年手稿）》，《马克思恩格斯全集》第31卷，人民出版社1998年版，第168－169页。

⑥ 马克思：《政治经济学批判（1857—1858年手稿）》，《马克思恩格斯全集》第31卷，人民出版社1998年版，第173页。

最节约的条件下，即把不变资本的交换价值缩减到尽可能小的限度，总之，也就是把生产费用缩减到最小限度。[①]

不论是按照资本的本性还是从历史上来看，资本都是现代土地所有权的创造者，地租的创造者；因而它的作用同样也表现为旧的土地所有权形式的解体。新形式的产生是由于资本对旧形式发生了作用。资本是现代土地所有权的创造者，从某一方面来看，它表现为现代农业的创造者。[②] // 雇佣劳动就其总体来说，起初是由资本对土地所有权发生作用才创造出来的，后来在土地所有权已经作为形式形成以后，则是由土地所有者自己创造出来的。[③] 典型形式的雇佣劳动，即作为扩展到整个社会范围并取代土地而成为社会立足基地的雇佣劳动，起初是由现代土地所有权创造出来的，就是说，是由作为资本本身创造出来的价值而存在的土地所有权创造出来的。[④]

资本的伟大的历史方面就是创造这种剩余劳动，即从单纯使用价值的观点，从单纯生存的观点来看的多余劳动，而一旦到了那样的时候，即一方面，需要发展到这种程度，以致超过必要劳动的剩余劳动本身成了从个人需要本身产生的普遍需要，另一方面，普遍的勤劳，由于世世代代所经历的资本的严格纪律，发展成为新的一代的普遍财产，最后，这种普遍的勤劳，由于资本的无止境的致富欲望及其唯一能实现这种欲望的条件不断地驱使劳动生产力向前发展，而达到这样的程度，以致一方面整个社会只需用较少的劳动时间就能占有并保持普遍财富，另一方面劳动的社会将科学地对待自己的不断发展的再生产过程，对待自己的越来越丰富的再生产过程，从而，人不再从事那种可以让物来替人从事的劳动，——一旦到了那样的时候，资本的历史使命就完成了。/资本作为孜孜不倦地追求财富的一般形式的欲望，驱使劳动超过自己自然需要的界限，来为发展丰富的个性创造出物质要素，这种个性无论在生产上和消费上都是全面的，因而

① 马克思：《政治经济学批判（1861—1863年）》，《马克思恩格斯全集》第32卷，人民出版社1998年版，第434页。

② 马克思：《政治经济学批判（1857—1858年手稿）》，《马克思恩格斯全集》第30卷，人民出版社1995年版，第234页。

③④ 马克思：《政治经济学批判（1857—1858年手稿）》，《马克思恩格斯全集》第30卷，人民出版社1995年版，第235页。

个性的劳动也不再表现为劳动，而表现为活动本身的充分发展，在这种发展状态下，直接形式的自然必然性消失了；这是因为一种历史形成的需要代替了自然的需要。由此可见，资本是生产的；也就是说，是发展社会生产力的重要的关系。只有当资本本身成了这种生产力本身发展的限制时，资本才不再是这样的关系。①

在资本主义生产中，资本迫使工人超过他的必要劳动时间劳动，即超过他为满足自己作为工人的生活需要所必需的劳动时间劳动，那么，资本作为过去劳动对活劳动的统治的这样一种关系，创造、生产剩余劳动，从而创造、生产剩余价值。剩余劳动是工人的劳动，是单个人在他必不可少的需要的界限以外所完成的劳动，事实上是为社会的劳动，虽然这个剩余劳动在这里首先被资本家以社会的名义占为己有了。正如前面所说，这种剩余劳动一方面是社会的自由时间的基础，从而另一方面是整个社会发展和全部文化的物质基础。正是因为资本强迫社会的相当一部分人从事这种超过他们的直接的必不可少的需要的劳动，所以资本创造文化，执行一定的历史的社会的职能。这样就形成了整个社会的普遍勤劳，劳动超过了为满足工人本身身体上的直接需要所必需的时间界限。② //从整个社会来说，创造可以自由支配的时间，也就是创造产生科学、艺术等等的时间。社会的发展进程决不在于：因为一个人满足了自己的迫切需要，所以才创造自己的剩余额；而是在于：因为一个人或由许多个人形成的阶级被迫去从事满足自己的迫切需要以外的更多的劳动，也就是因为在一方创造出剩余劳动，所以在另一方才创造出非劳动和剩余财富。③ //如果说以资本为基础的生产，一方面创造出一个普遍的劳动体系，——即剩余劳动，创造价值的劳动，那么，另一方面也创造出一个普遍利用自然属性和人的属性的体系，创造出一个普遍有用性的体系，甚至科学也同人的一切物质的和精神的属性一样，表现为这个普遍有用性体系的体现者，而在这个社会生产和

---

① 马克思：《政治经济学批判（1857—1858 年手稿）》，《马克思恩格斯全集》第 30 卷，人民出版社 1995 年版，第 286 页。

② 马克思：《政治经济学批判（1861—1863 年）》，《马克思恩格斯全集》第 32 卷，人民出版社 1998 年版，第 220 – 221 页。

③ 马克思：《政治经济学批判（1857—1858 年手稿）》，《马克思恩格斯全集》第 30 卷，人民出版社 1995 年版，第 380 页。

交换的范围之外，再也没有什么东西表现为自在的更高的东西，表现为自为的合理的东西。因此，只有资本才创造出资产阶级社会，并创造出社会成员对自然界和社会联系本身的普遍占有。由此产生了资本的伟大的文明作用；它创造了这样一个社会阶段，与这个社会阶段相比，一切以前的社会阶段都只表现为人类的地方性发展和对自然的崇拜。只有在资本主义制度下自然界才真正是人的对象，真正是有用物；它不再被认为是自为的力量；而对自然界的独立规律的理论认识本身不过表现为狡猾，其目的是使自然界（不管是作为消费品，还是作为生产资料）服从于人的需要。资本按照自己的这种趋势，既要克服把自然神化的现象，克服流传下来的、在一定界限内闭关自守地满足于现有需要和重复旧生活方式的状况，又要克服民族界限和民族偏见。资本破坏这一切并使之不断革命化，摧毁一切阻碍发展生产力、扩大需要、使生产多样化、利用和交换自然力量和精神力量的限制。①

剩余劳动不仅创造了自由的时间，而且还把被束缚在某个生产部门中的劳动能力和劳动游离出来（这是问题的实质），使之投入新的生产部门。但是，由于人类自然发展的规律，一旦满足了某一范围的需要，又会游离出、创造出新的需要。因此，资本在促使劳动时间超出为满足工人的必不可少的自然需要所决定的限度时，也使社会劳动即社会的总劳动划分得越来越多，生产越来越多样化，社会需要的范围和满足这些需要的手段的范围日益扩大，从而使人的生产能力得到发展，因而使人的才能在新的方面发挥作用。②

三、对资本或资本主义生产方式历史作用的辩证分析

在我们这个时代，每一种事物好像都包含有自己的反面。我们看到，

① 马克思：《政治经济学批判（1857—1858 年手稿）》，《马克思恩格斯全集》第 30 卷，人民出版社 1995 年版，第 389 - 390 页。

② 马克思：《政治经济学批判（1861—1863 年）》，《马克思恩格斯全集》第 32 卷，人民出版社 1998 年版，第 223 - 224 页。

机器具有减少人类劳动和使劳动更有成效的神奇力量，然而却引起了饥饿和过度的疲劳。财富的新源泉，由于某种奇怪的、不可思议的魔力而变成贫困的源泉。技术的胜利，似乎是以道德的败坏为代价换来的。随着人类愈益控制自然，个人却似乎愈益成为别人的奴隶或自身的卑劣行为的奴隶。甚至科学的纯洁光辉仿佛也只能在愚昧无知的黑暗背景上闪耀。我们的一切发明和进步，似乎结果是使物质力量成为有智慧的生命，而人的生命则化为愚钝的物质力量。现代工业和科学为一方与现代贫困和衰颓为另一方的这种对抗，我们时代的生产力与社会关系之间的这种对抗，是显而易见的、不可避免的和毋庸争辩的事实。有些党派可能为此痛哭流涕，另一些党派可能为了要摆脱现代冲突而希望抛开现代技术；还有一些党派可能以为工业上如此巨大的进步要以政治上同样巨大的倒退来补充。可是我们不会认错那个经常在这一切矛盾中出现的狡狯的精灵。我们知道，要使社会的新生力量很好地发挥作用，就只能由新生的人来掌握它们，而这些新生的人就是工人。工人也同机器本身一样，是现代的产物。①

资本越发展，它创造出来的剩余劳动越多，它也就必然越要疯狂地发展生产力，以便哪怕是以很小的比例来增殖价值，即增添剩余价值，——因为资本的界限始终是一日中体现必要劳动的部分和整个工作日之比。资本只能在这个界限以内运动。用于必要劳动的部分越小，剩余劳动越大，生产力不管怎样提高都是不可能明显地减少必要劳动；因为分母已经变得很大了。资本已有的价值增殖程度越高，资本的自行增殖就越困难。于是，提高生产力对资本来说似乎就成为无关紧要的事情；价值增殖本身似乎也成为无关紧要的事情，因为这种增殖的比例已经变得很小了，并且资本似乎会不再成其为资本了。② //资本的生产是在矛盾中运动的，这些矛盾不断地被克服，但又不断地产生出来。不仅如此。资本不可遏止地追求的普遍性，在资本本身的性质上遇到了界限，这些界限在资本发展到一定阶段时，会使人们认识到资本本身就是这种趋势的最大限制，因而会驱使

① 马克思：《在〈人民报〉创刊纪念会上的演说》，《马克思恩格斯文集》第2卷，人民出版社2009年版，第580页。

② 马克思：《政治经济学批判（1857—1858年手稿）》，《马克思恩格斯全集》第30卷，人民出版社1995年版，第304－305页。

人们利用资本本身来消灭资本。[①] //像李嘉图这样一些经济学家，把生产和资本的自行增殖直接看成一回事，因而他们既不关心消费的限制，也不关心流通本身由于在一切点上都必须表现对等价值而存在着的限制，而只注意生产力的发展和产业人口的增长，只注意供给而不管需求，因此，他们对资本的积极本质的理解，比西斯蒙第这样一些强调消费限制和对等价值现有范围限制的经济学家更正确和更深刻，虽然西斯蒙第对以资本为基础的生产的局限性，对它的消极的片面性的理解比较深刻。李嘉图比较理解资本的普遍的趋势，西斯蒙第比较理解资本的特有的局限性。[②]

只要指出资本包含着一种特殊的对生产的限制——这种限制同资本要超越生产的任何界限的一般趋势相矛盾——就足以揭示出生产过剩的基础，揭示出发达的资本的基本矛盾；就足以完全揭示出，资本并不像经济学家们认为的那样，是生产力发展的绝对形式，资本既不是生产力发展的绝对形式，也不是与生产力发展绝对一致的财富形式。//（资本对生产力的限制）这些必然的界限是：（1）必要劳动是活劳动能力的交换价值的界限，或产业人口的工资的界限；（2）剩余价值是剩余劳动时间的界限，就相对剩余劳动时间来说，是生产力发展的界限；（3）这就是说，向货币的转化，交换价值本身，是生产的界限；换句话说，以价值为基础的交换，或以交换为基础的价值是生产的界限。这就是说：（4）使用价值的生产受交换价值的限制[③]。//资本的发展程度越高，它就越是成为生产的界限，从而也越是成为消费的界限[④]。//资本按照自己的本性来说，会为劳动和价值的创造确立界限，这种界限是和资本要无限度地扩大劳动和价值创造的趋势相矛盾的。因为资本一方面确立它所特有的界限，另一方面又驱使生产超出任何界限，所以资本是一个活生生的矛

① 马克思：《政治经济学批判（1857—1858 年手稿）》，《马克思恩格斯全集》第 30 卷，人民出版社 1995 年版，第 390 - 391 页。

② 马克思：《政治经济学批判（1857—1858 年手稿）》，《马克思恩格斯全集》第 30 卷，人民出版社 1995 年版，第 391 页。

③ 马克思：《政治经济学批判（1857—1858 年手稿）》，《马克思恩格斯全集》第 30 卷，人民出版社 1995 年版，第 396 页。

④ 马克思：《政治经济学批判（1857—1858 年手稿）》，《马克思恩格斯全集》第 30 卷，人民出版社 1995 年版，第 397 页。

盾。[①] //资本的价值增殖过程同时就是资本的价值丧失过程。至于资本在具有无限度地提高生产力趋势的同时，又在怎样程度上使主要生产力，即人本身片面化，受到限制，等等，整个说来，资本在怎样程度上具有限制生产力的趋势[②]。

古代的观点和现代世界相比，就显得崇高得多，根据古代的观点，人，不管是处在怎样狭隘的民族的、宗教的、政治的规定上，毕竟始终表现为生产的目的，在现代世界，生产表现为人的目的，而财富则表现为生产的目的。事实上，如果抛掉狭隘的资产阶级形式，那么，财富岂不正是在普遍交换中造成的个人的需要、才能、享用、生产力等等的普遍性吗？财富岂不正是人对自然力——既是通常所谓的“自然”力，又是人本身的自然力——统治的充分发展吗？财富岂不正是人的创造天赋的绝对发挥吗？这种发挥，除了先前的历史发展之外没有任何其他前提，而先前的历史发展使这种全面的发展，即不以旧有的尺度来衡量的人类全部力量的全面发展成为目的本身。在这里，人不是在某一种规定性上再生产自己，而是生产出他的全面性；不是力求停留在某种已经变成的东西上，而是处在变易的绝对运动之中。[③] //在资产阶级经济以及与之相适应的生产时期中，人的内在本质的这种充分发挥，表现为完全的空虚化；这种普遍的对象化过程，表现为全面的异化，而一切既定的片面目的的废弃，则表现为为了某种纯粹外在的目的而牺牲自己的目的本身。因此，一方面，稚气的古代世界显得较为崇高。另一方面，古代世界在人们力图寻求闭锁的形态、形式以及寻求既定的限制的一切方面，确实较为崇高。古代世界是从狭隘的观点提供了从局限的观点来看的满足，而现代则不给予满足；换句话说，凡是现代表现为自我满足的地方，它就是鄙俗的。[④]

尽管按照资本的本性来说，它本身是狭隘的，但它力求全面地发展生

---

① 马克思：《政治经济学批判（1857—1858年手稿）》，《马克思恩格斯全集》第30卷，人民出版社1995年版，第405页。

② 马克思：《政治经济学批判（1857—1858年手稿）》，《马克思恩格斯全集》第30卷，人民出版社1995年版，第406页。

③ 马克思：《政治经济学批判（1857—1858年手稿）》，《马克思恩格斯全集》第30卷，人民出版社1995年版，第479－480页。

④ 马克思：《政治经济学批判（1857—1858年手稿）》，《马克思恩格斯全集》第30卷，人民出版社1995年版，第480页。

产力，这样就成为新的生产方式的前提，这种生产方式的基础，不是为了再生产一定的状态或者最多是扩大这种状态而发展生产力，相反，在这里生产力的自由的、毫无阻碍的、不断进步的和全面的发展本身就是社会的前提，因而是社会再生产的前提；在这里唯一的前提是超越出发点。这种趋势是资本所具有的，但同时又是同资本这种狭隘的生产形式相矛盾的，因而把资本推向解体，这种趋势使资本同以往的一切生产方式区别开来，同时意味着，资本不过是一个过渡点。① //资本本身就是矛盾，因为它总是力图取消必要劳动时间（而这同时就是要把工人减少到最低，也就是说，使工人只是作为活劳动能力而存在），但是剩余劳动时间只是作为对立物，只是同必要劳动时间对立地存在着，因此，资本把必要劳动时间作为它的再生产和价值增殖的必要条件。物质生产力的发展——同时又是工人阶级力量的发展——到一定时候就会扬弃资本本身。② //资本本身是处于过程中的矛盾，因为它竭力把劳动时间缩减到最低限度，另一方面又使劳动时间成为财富的唯一尺度和源泉。因此，资本缩减必要劳动时间形式的劳动时间，以便增加剩余劳动时间形式的劳动时间；因此，越来越使剩余劳动时间成为必要劳动时间的条件——生死攸关的问题。一方面，资本唤起科学和自然界的一切力量，同样也唤起社会结合和社会交往的力量，以便使财富的创造不取决于（相对地）耗费在这种创造上的劳动时间。另一方面，资本想用劳动时间去衡量这样造出来的巨大的社会力量，并把这些力量限制在为了把已经创造的价值作为价值来保存所需要的限度之内。生产力和社会关系——这二者是社会个人的发展的不同方面——对于资本来说仅仅表现为手段，仅仅是资本用来从它的有限的基础出发进行生产的手段。但是，实际上它们是炸毁这个基础的物质条件。③

文明的一切进步，或者换句话说，社会生产力，也可以说劳动本身的生产力的一切增长，——例如科学、发明、劳动的分工和结合、交通工具

① 马克思：《政治经济学批判（1857—1858年手稿）》，《马克思恩格斯全集》第30卷，人民出版社1995年版，第539页。

② 马克思：《政治经济学批判（1857—1858年手稿）》，《马克思恩格斯全集》第30卷，人民出版社1995年版，第542－543页。

③ 马克思：《政治经济学批判（1857—1858年手稿）》，《马克思恩格斯全集》第31卷，人民出版社1998年版，第101页。

的改善、世界市场的开辟、机器等等，——都不会使工人致富，而只会使资本致富，也就是只会使支配劳动的权力更加增大，只会使资本的生产力增长。因为资本是工人的对立面，所以文明的进步只会增大支配劳动的客观权力。[①]

以劳动时间作为财富的尺度，这表明财富本身是建立在贫困的基础上的，而可以自由支配的时间是在同剩余劳动时间对立并且是由于这种对立而存在的，或者说，个人的全部时间都成为劳动时间，从而使个人降到仅仅是工人的地位，使他从属于劳动。因此，最发达的机器体系现在迫使工人比野蛮人劳动的时间还要长，或者比他自己过去用最简单、最粗笨的工具时劳动的时间还要长。[②] //财富的一切条件，财富的再生产即社会个人的富裕发展的最重大的条件，或者说，资本本身在其历史发展中所造成的生产力的发展，在达到一定点以后，就会不是造成而是消除资本的自行增殖。[③] //生产力获得最高度的发展，同时现存财富得到最大程度增大，而与此相适应的是，资本贬值，工人退化，工人的生命力被最大限度地消耗。/这些矛盾会导致爆发，灾变，危机，这时，劳动暂时中断，很大一部分资本被消灭，这样就以暴力方式使资本回复到它能够充分利用自己的生产力而不致自杀的水平。但是，这些定期发生的灾难会导致灾难以更大的规模重复发生，而最终将导致用暴力推翻资本。[④] //劳动生产力的增长无非是使用较少的直接劳动创造较多的产品，从而社会财富越来越表现为劳动本身创造的劳动条件，——这一事实，从资本的观点看来，不是社会活动的一个要素（物化劳动）成为另一个要素（主体的、活的劳动）的越来越庞大的躯体，而是（这对雇佣劳动是重要的）劳动的客观条件对活劳动具有越来越巨大的独立性（这种独立性就通过这些客观条件的规模而表现出来），而社会财富的越来越巨大的部分作为异己的和统治的权力同劳

① 马克思：《政治经济学批判（1857—1858 年手稿）》，《马克思恩格斯全集》第 30 卷，人民出版社 1995 年版，第 267 页。

② 马克思：《政治经济学批判（1857—1858 年手稿）》，《马克思恩格斯全集》第 31 卷，人民出版社 1998 年版，第 104 页。

③ 马克思：《政治经济学批判（1857—1858 年手稿）》，《马克思恩格斯全集》第 31 卷，人民出版社 1998 年版，第 149 页。

④ 马克思：《政治经济学批判（1857—1858 年手稿）》，《马克思恩格斯全集》第 31 卷，人民出版社 1998 年版，第 150 页。

动相对立。关键不在于对象化，而在于异化，外化，外在化，在于不归工人所有，而归人格化的生产条件即资本所有，归巨大的对象［化］的权力所有，这种对象［化］的权力把社会劳动本身当作自身的一个要素而置于同自己相对立的地位。①

资本换进的这种劳动是活劳动，是生产财富的一般力量，是增加财富的活动。因此，很明显，工人通过这种交换不可能致富，因为，就像以扫为了一碗红豆汤而出卖自己的长子权一样，工人也是为了一个既定量的劳动能力的价值而出卖自己的创造力。相反，工人必然会越来越贫穷，因为他的劳动的创造力作为资本的力量，作为异己的权力而同他相对立。② //文明的一切进步，或者换句话说，社会生产力（也可以说劳动本身的生产力）的任何增长，都不会使工人致富，而只会使资本家致富，也就是只会使支配劳动的权力更加增大，只会使资本的生产力——资本支配劳动的客观权力增长。③ //资本家得到的是劳动能力的使用价值，即劳动本身，劳动的这种使人致富的活动属于资本家而并不属于工人。因此，工人通过这个过程不会致富，他所创造的财富是一种同他相异化并统治他的权力。④ //资本主义生产——在一定程度上，如果我们撇开流通的全部过程以及在交换价值这一基础即上产生的极其复杂的商业和货币交易——是最节省已实现的劳动，即实现在商品中的劳动的。但同时，资本主义生产比其他任何一种生产方式都更加浪费人和活劳动，它不仅浪费人的血和肉，而且浪费人的智慧和神经。实际上，只有通过最大地损害个人的发展，才能在作为人类社会主义结构的序幕的历史时期，取得一般人的发展。⑤

社会劳动生产力的发展是资本的历史任务和历史权利。正因为如此，

---

① 马克思：《政治经济学批判（1857—1858 年手稿）》，《马克思恩格斯全集》第 31 卷，人民出版社 1998 年版，第 243 – 244 页。

② 马克思：《政治经济学批判（1861—1863 年）》，《马克思恩格斯全集》第 32 卷，人民出版社 1998 年版，第 183 页。

③ 马克思：《政治经济学批判（1861—1863 年）》，《马克思恩格斯全集》第 32 卷，人民出版社 1998 年版，第 184 页。

④ 马克思：《政治经济学批判（1861—1863 年）》，《马克思恩格斯全集》第 32 卷，人民出版社 1998 年版，第 191 页。

⑤ 马克思：《政治经济学批判（1861—1863 年）》，《马克思恩格斯全集》第 32 卷，人民出版社 1998 年版，第 405 页。

资本无意之中为一个更高的生产方式创造物质条件。这里李嘉图所不安的是，利润——资本主义生产的刺激力和积累的条件以及积累的动力——受到生产的发展规律本身的危害。/这里以纯经济的方式，从资本主义生产本身出发，表明了资本主义生产的界限，表明了它的相对性，即它不是绝对的生产方式，而只是历史的并与一定的物质生产条件的有限发展时代相适应的生产方式。①

① 马克思：《政治经济学批判（1861—1863 年）》，《马克思恩格斯全集》第 32 卷，人民出版社 1998 年版，第 462 页。

第二篇

马克思主义经典作家论资本的历史作用

在许多场合特别是意识形态领域，由马克思恩格斯所创立的马克思主义思想体系被称作“马克思主义”或“马克思主义理论”。但是，马克思恩格斯生前均未从正面使用过“马克思主义”或“马克思主义理论”这些术语，并且对那些滥用“马克思主义者”一词的做法表示不满，马克思本人在“给维·伊·查苏利奇的复信草稿”中提出“关于您所讲到的俄国的‘马克思主义者’，我完全不知道。现在和我保持个人联系的一些俄国人，就我所知，是持有完全相反的观点的”[①]。值得注意的是，马克思生前在其著述中多次使用过“学派”一词，如“历史法学派”“牛顿学派”“通货学派”“重农学派”“李嘉图学派”“经济气象学派”“蒲鲁东学派”等。恩格斯生前在19世纪80年代的《美国工人运动》《〈论住宅问题〉1887年第二版序言》、90年代的《〈资本论〉第3卷序言》中直接使用过“马克思学派”术语，在19世纪50年代的《德国的革命和反革命》中使用过“共产主义学派”一词。这意味着马克思主义理论创始人不仅承认“学派”即所谓学术上的“范式”现象或思想体系这一客观现象，并且承认存在“马克思学派”这一客观事实。本书专章列出了恩格斯、列宁关于资本的历史作用论述，这表明马克思关于资本的历史作用思想在人类学术文化中不是一种“孤立”现象，而在恩格斯、列宁等马克思主义者身上获得了延伸与丰富，体现了其必然性或普遍性。

---

① 《马克思恩格斯全集》第19卷，人民出版社1963年版，第443页。

第三章　恩格斯论资本的历史作用

尽管恩格斯在谈到他与马克思一起创立马克思主义学说中多次把自己置于“第二提琴手”角色，实际上他在这一过程中的作用和地位与马克思是典型的伯仲不分。在如何认识和估量资本的历史作用问题上，如果说马克思主要是以“抽象—具体”的方式进行的，那么，恩格斯则主要是以他本人早年与后来的长年经商阅历特别是基于对资本主义生产经营过程的经验事实即“具体—抽象”的方式去进行的，恩格斯在这个问题上的认识与研究不晚于马克思，况且“他在引导马克思的注意力投向经济研究方面功不可没”①。他们两人同时注视到资本的历史作用问题，表明这一现代性问题在他们的时代就已经成为一个普遍性、严重性的社会历史问题。

一、对待资本主义生产方式的科学态度

正像马克思尖锐地着重指出资本主义生产的各个坏的方面一样，同时他也明白地证明这一社会形态是使社会生产力发展到很高水平所必需的：在这个水平上，社会全体成员的平等的、合乎人的尊严的发展，才有可能。要达到这一点，以前的一切社会形式都太薄弱了。资本主义的生产才第一次创造出为达到这一点所必需的财富和生产力，但是它同时又创造出一个社会阶级，那就是被压迫的工人大众。他们越来越被迫起来要求利用

① ［英］吉登斯：《资本主义与现代社会理论：对马克思、涂尔干和韦伯著作的分析》，郭忠华、潘华凌译，上海译文出版社 2013 年版，第 13 页。

这种财富和生产力来为全社会服务，以代替现在为一个垄断者阶级服务的状况。① //现存的社会制度是由现在的统治阶级即资产阶级创立的。资产阶级所固有的生产方式（从马克思以来称为资本主义生产方式），是同封建制度的地方特权、等级特权以及相互的人身束缚不相容的；资产阶级摧毁了封建制度，并且在它的废墟上建立了资产阶级的社会制度，建立了自由竞争、自由迁徙、商品所有者平等的王国，以及资产阶级的一切美妙东西。资本主义生产方式现在可以自由发展了。自从蒸汽和新的工具机把旧的工场手工业变成大工业以后，在资产阶级领导下造成的生产力，就以前所未闻的速度和前所未闻的规模发展起来了。但是，正如从前工场手工业以及在它影响下进一步发展了的手工业同封建的行会桎梏发生冲突一样，大工业得到比较充分的发展时就同资本主义生产方式对它的种种限制发生冲突了。新的生产力已经超过了这种生产力的资产阶级利用形式；生产力和生产方式之间的这种冲突，并不是像人的原罪和神的正义的冲突那样产生于人的头脑中，而是存在于事实中，客观地、在我们之外，甚至不依赖于引起这种冲突的那些人的意志或行动而存在着。②

到现在为止，我们所掌握的有关经济科学的东西，几乎只限于资本主义生产方式的发生和发展：它从批判封建的生产形式和交换形式的残余开始，证明它们必然要被资本主义形式所代替，然后把资本主义生产方式和相应的交换形式的规律从肯定方面，即从促进一般的社会目的的方面来加以阐述，最后对资本主义的生产方式进行社会主义的批判，就是说，从否定方面来表述它的规律，证明这种生产方式由于它本身的发展，正在接近它使自己不可能再存在下去的境地。这一批判证明：资本主义的生产形式和交换形式日益成为生产本身所无法忍受的桎梏；这些形式所必然产生的分配方式造成了日益无法忍受的阶级状况，造成了人数越来越少但是越来越富的资本家和人数越来越多而总的说来处境越来越恶劣的一无所有的雇佣工人之间的日益尖锐的对立；最后，在资本主义生产方式内部所造成的、它自己不再能驾驭的大量的生产力，正在等待着为有计划地合作而组

① 恩格斯：《卡尔·马克思〈资本论〉第一卷书评——为〈民主周报〉而作》，《马克思恩格斯选集》第2卷，人民出版社2012年版，第77－78页。

② 恩格斯：《反杜林论》，《马克思恩格斯文集》第9卷，人民出版社2009年版，第284－285页。

织起来的社会去占有，以便保证，并且在越来越大的程度上保证社会全体成员都拥有生存和自由发展其才能的手段。[①]

以往的社会主义固然批判了现存的资本主义生产方式及其后果，但是，它不能说明这个生产方式，因而也就不能对付这个生产方式；它只能简单地把它当做坏东西抛弃掉。但是，问题在于：一方面应当说明资本主义生产方式的历史联系和它对一定历史时期的必然性，从而说明它灭亡的必然性；另一方面应当揭露这种生产方式的一直还隐蔽着的内在性质，因为以往的批判主要是针对有害的后果，而不是针对事物的进程本身。[②] //《宣言》十分公正地评价了资本主义在先前所起过的革命作用。意大利曾经是第一个资本主义民族。[③] 意指“宣言”肯定了资本主义的作用。

当一种生产方式处在自身发展的上升阶段的时候，甚至在和这种生产方式相适应的分配方式里吃了亏的那些人也会热烈欢迎这种生产方式。大工业兴起时期的英国工人就是如此。不仅如此，当这种生产方式对于社会还是正常的时候，满意于这种分配的情绪，总的来说，会占支配的地位；那时即使发出了抗议，也只是从统治阶级自身中发出来（圣西门、傅里叶、欧文），而在被剥削的群众中恰恰得不到任何响应。只有当这种生产方式已经走完自身的没落阶段的颇大一段行程时，当它多半已经过时的时候，当它的存在条件大部分已经消失而它的后继者已经在敲门的时候——只有在这个时候，这种越来越不平等的分配，才被认为是非正义的，只有在这个时候，人们才开始从已经过时的事实出发诉诸所谓永恒正义。这种诉诸道德和法的做法，在科学上丝毫不能把我们推向前进；道义上的愤怒，无论多么入情入理，经济科学总不能把它看做证据，而只能看做象征。相反，经济科学的任务在于：证明现在开始显露出来的社会弊病是现存生产方式的必然结果，同时也是这一生产方式快要瓦解的标志，并且在正在瓦解的经济运动形式内部发现未来的、能够消除这些弊病的、新的生

① 恩格斯：《反杜林论》，《马克思恩格斯文集》第9卷，人民出版社2009年版，第156－157页。

② 恩格斯：《反杜林论》，《马克思恩格斯文集》第9卷，人民出版社2009年版，第29－30页。

③ 恩格斯：《〈雇佣劳动与资本〉1891年单行本导言》，《马克思恩格斯选集》第1卷，人民出版社2012年版，第397页。

产组织和交换组织的因素。[①]

二、资本的历史作用

（一）资本所带来的社会分化

英国工业的这一次革命化是现代英国各种关系的基础，是整个社会的运动的动力。……它的第一个结果就是利益被升格为对人的统治。利益霸占了新创造出来的各种工业力量并利用它们来达到自己的目的；由于私有制的作用，这些理应属于全人类的力量便成为少数富有的资本家的垄断物，成为他们奴役群众的工具。商业吞并了工业，因而变得无所不能，变成了人类的纽带；个人的或国家的一切交往，都被溶化在商业交往中，这就等于说，财产、物升格为世界的统治者。[②]

资产阶级用自由竞争来代替行会和手工业者的特权；在自由竞争这种社会状况下，每一个人都有权经营任何一个工业部门，而且，除非缺乏必要的资本，什么也不能妨碍他的经营。这样，实行自由竞争就是公开宣布：从今以后，只是由于社会各成员的资本多寡不等，所以他们之间才不平等，资本成为决定性的力量，从而资本家，资产者成为社会上的第一阶级。/资产阶级在社会上上升为第一阶级以后，它也就在政治上宣布自己是第一阶级。它是通过实行代议制而做到这一点的。代议制是以资产阶级的在法律面前平等和法律承认自由竞争为基础的。这种制度在欧洲各国采取立宪君主制的形式。在这种立宪君主制的国家里，只有拥有一定资本的人即资产者，才有选举权。这些资产者选民选出议员，而这些资产者议员可以运用拒绝纳税的权利，选出资产者政府。[③]

城市和乡村之间的对立也将消失。从事农业和工业的将是同一些人，而不再是两个不同的阶级，单从纯粹物质方面的原因来看，这也是共产主

① 恩格斯：《反杜林论》，《马克思恩格斯文集集》第9卷，人民出版社2009年版，第156页。
② 恩格斯：《英国状况》，《马克思恩格斯文集》，人民出版社2009年版，第105页。
③ 恩格斯：《共产主义原理》，《马克思恩格斯选集》第1卷，人民出版社2012年版，第300页。

义联合体的必要条件。①

我们的全部当代社会的经济制度：工人阶级是生产全部价值的唯一的阶级。因为价值只是劳动的另一种表现，是我们当代资本主义社会中用以表示包含在一定商品中的社会必要劳动量的一种表现。但是，这些由工人所生产的价值不属于工人，而是属于那些占有原料、机器、工具和预付资金，因而有可能去购买工人阶级的劳动力的那些所有者。所以，工人阶级从他们所生产的全部产品中只取回一部分。另一部分，即资本家阶级保留在自己手里并至多也只需和土地所有者阶级瓜分的那一部分，如我们刚才所说的那样，随着每一项新的发明和发现而日益增大，而落到工人阶级手中的那一部分（按人口计算）或者增加得很慢和很少，或者是一点也不增加，并且在某些情况下甚至还会缩减。②

现代资本主义生产则相反，它存在还不到 300 年，而且只是从大工业出现以来，即 100 年以来，才占据统治地位，而在这个短短的时期内它已经造成了分配上的对立——一方面，资本积聚于少数人手中，另一方面，一无所有的群众集中在大城市，——因此它必然要趋于灭亡。③

现代的大工业，一方面造成了无产阶级，这个阶级能够在历史上第一次不是要求消灭某个特殊的阶级组织或某种特殊的阶级特权，而是要求根本消灭阶级；这个阶级所处的地位，使他们不得不贯彻这一要求，否则就有沦为中国苦力的危险。另一方面，这个大工业造成了资产阶级这样一个享有全部生产工具和生活资料的垄断权的阶级，但是在每一个狂热投机的时期和接踵而来的每次崩溃中，都表明它已经无力继续支配那越出了它的控制力量的生产力；在这个阶级的领导下，社会就像司机无力拉开紧闭的安全阀的一辆机车一样，迅速奔向毁灭。换句话说，这是因为：现代资本主义生产方式所造成的生产力和由它创立的财富分配制度，已经和这种生产方式本身发生激烈的矛盾，而且矛盾达到了这种程度，以至于如果要避免整个现代社会灭亡，就必须使生产方式和分配方式发生一个会消除一切

---

① 恩格斯：《共产主义原理》，《马克思恩格斯选集》第 1 卷，人民出版社 2012 年版，第 308 页。

② 恩格斯：《“雇佣劳动与资本”1891 年单行本导言》，《马克思恩格斯文集》第 1 卷，人民出版社 2009 年版，第 709 页。

③ 恩格斯：《反杜林论》，《马克思恩格斯文集集》第 9 卷，人民出版社 2009 年版，第 155 页。

阶级差别的变革。现代社会主义必获胜利的信心，正是基于这个以或多或少清晰的形象和不可抗拒的必然性印入被剥削的无产者的头脑中的、可以感触到的物质事实，而不是基于某一个蛰居书斋的学者的关于正义和非正义的观念。①

剥削阶级和被剥削阶级、统治阶级和被压迫阶级之间的到现在为止的一切历史对立，都可以从人的劳动的这种相对不发展的生产率中得到说明。只要实际从事劳动的居民必须占用很多时间来从事自己的必要劳动，因而没有多余的时间来从事社会的公共事务——劳动管理、国家事务、法律事务、艺术、科学等等，总是必然有一个脱离实际劳动的特殊阶级来从事这些事务；而且这个阶级为了它自己的利益，从来不会错过机会把越来越沉重的劳动负担加到劳动群众的肩上。只有通过大工业所达到的生产力的大大提高，才有可能把劳动无例外地分配给一切社会成员，从而把每个人的劳动时间大大缩短，使一切人都有足够的自由时间来参加社会的公共事务——理论的和实际的公共事务。②

在资本主义生产出现之前，即在中世纪，普遍地存在着以劳动者私人占有生产资料为基础的小生产：小农的即自由农或依附农的农业和城市的手工业。劳动资料——土地、农具、作坊、手工业工具——都是个人的劳动资料，只供个人使用，因而必然是小的、简陋的、有限的。但是，正因为如此，它们也照例是属于生产者自己的。把这些分散的小的生产资料加以集中和扩大，把它们变成现代的强有力的生产杠杆，这正是资本主义生产方式及其体现者即资产阶级的历史作用。资产阶级怎样从15世纪起经过简单协作、工场手工业和大工业这三个阶段历史地实现了这种作用，马克思在《资本论》第四篇中已经作了详尽的阐述。但是，正如马克思在那里所证明的，资产阶级要是不把这些有限的生产资料从个人的生产资料变为社会化的即只能由一批人共同使用的生产资料，就不能把它们变成强大的生产力。③

① 恩格斯：《反杜林论》，《马克思恩格斯文集》第9卷，人民出版社2009年版，第164－165页。

② 恩格斯：《反杜林论》，《马克思恩格斯文集》第9卷，人民出版社2009年版，第189－190页。

③ 恩格斯：《反杜林论》，《马克思恩格斯文集》第9卷，人民出版社2009年版，第285页。

先要在生产上达到一定的阶段，并在分配的不平等上达到一定的程度，奴隶制才会成为可能。要使奴隶劳动成为整个社会中占统治地位的生产方式，那就还需要生产、贸易和财富积聚有更大的增长。在古代的自发的土地公有的公社中，奴隶制或是根本没有出现过，或是只起极其次要的作用。[①] //资产阶级的发展史……资产阶级级起初是一个被压迫的等级，它不得不向进行统治的封建贵族交纳贡税，它由各种各样的农奴和奴隶补充自己的队伍，它在反对贵族的不断斗争中占领了一个又一个的阵地，最后，在最发达的国家中取代了贵族的统治；在法国它直接推翻了贵族，在英国它逐步地使贵族资产阶级化，并把贵族同化，作为它自己装潢门面的上层。它是怎样达到这个地步的呢？只是通过“经济状况”的改变，而政治状态的改变则是或早或迟，或自愿或通过斗争随之发生的。资产阶级反对封建贵族的斗争是城市反对乡村、工业反对地产、货币经济反对自然经济的斗争，在这一斗争中，资产者的决定性的武器是他们的经济上的权力手段，这些手段由于工业（起初是手工业，后来扩展成为工场手工业）的发展和商业的扩展而不断增长起来。[②]

（二）工业革命对产业工人的影响

棉纺业中最近的重大发明——自动走锭纺纱机——就完全是由于对劳动的需求和工资的提高引起的，这项发明使机器劳动增加了一倍，从而把手工劳动减少了一半，使一半工人失业，因而也就降低了另一半工人的工资，这项发明破坏了工人对工厂主的反抗，摧毁了劳动在坚持与资本作力量悬殊的斗争时的最后一点力量。诚然，经济学家说，归根到底，机器对工人是有利的，因为机器能够降低生产费用，因而替产品开拓新的更广大的市场，这样，机器最终还能使失业工人重新就业。这完全正确，但是，劳动力的生产是受竞争调节的，劳动力始终威胁着就业手段，因而在这些有利条件出现以前就已经有大量寻求工作的竞争者等待着，于是有利的情

① 恩格斯：《反杜林论》，《马克思恩格斯文集》第 9 卷，人民出版社 2009 年版，第 168 页。

② 恩格斯：《反杜林论》，《马克思恩格斯文集》第 9 卷，人民出版社 2009 年版，第 171 页。

况形同虚构，而不利的情况，即一半工人突然被剥夺生活资料而另一半工人的工资被降低，却决非虚构①。

当时英国工业工人的生活和思想方法与现在德国某些地方的工人是一样的，闭关自守，与世隔绝，没有精神活动，在他们的生活环境中没有激烈的波动。他们当中很少有人能读，能写的人就更少了；他们按时去教堂，不问政治，不搞密谋，不动脑筋，热衷于体育活动，带着祖传的虔敬心情听人讲圣经，他们为人谦逊恭顺，和社会上比较显贵的阶级相处得很和睦。但是，他们的精神生活是死气沉沉的；他们只是为了自己的小小的私利、为了自己的织机和小小的园子而活着，对外面席卷了全人类的强大运动一无所知。他们在自己的平静、刻板的生活中感到很舒服，如果没有工业革命，他们是永远不会脱离这种生活方式的。诚然，这种生活很惬意，很舒适，但到底不是人应该过的。他们确实也不算是人，而只是一部替一直主宰着历史的少数贵族做工的机器。工业革命只是促使这种情况发展到极点，把工人完全变成了简单的机器，剥夺了他们独立活动的最后一点残余。但是，正因为如此，工业革命也就促使他们去思考，促使他们去争取人应有的地位。像法国的政治一样，英国的工业和整个市民社会运动把最后的一些还对人类共同利益漠不关心的阶级卷入了历史的旋涡。② //使英国工人以前的这种状况发生根本变化的第一个发明是北兰开夏郡布莱克本附近斯坦德希尔的织工詹姆斯·哈格里沃斯制造成的珍妮纺纱机（1764 年）。它是后来的走锭精纺机的雏形，是用手摇的，可是不像普通的手摇纺车只有一个锭子，它有 16—18 个锭子，只需要一工人摇动，因而能够生产比过去多得多的纱。③ //一锭纺纱机……是北兰开夏郡普雷斯顿的一个理发师理查·阿克莱在 1767 年发明的，在德国通常叫做经线织机，除了蒸汽机，它是 18 世纪最重要的机械发明。这种机器一开始设计就考虑使用机械动力，而且是以全新的原理为根据的。菲尔伍德（兰开夏郡）赛米

① 恩格斯：《国民经济学批判大纲》，《马克思恩格斯文集》第 1 卷，人民出版社 2009 年版，第 85 – 86 页。

② 恩格斯：《英国工人阶级状况——根据亲身观察和可靠材料》，《马克思恩格斯选集》第 1 卷，人民出版社 2012 年版，第 89 页。

③ 恩格斯：《英国工人阶级状况——根据亲身观察和可靠材料》，《马克思恩格斯选集》第 1 卷，人民出版社 2012 年版，第 89 – 90 页。

尔·克郎普顿综合了珍妮纺纱机和经线纺纱机的特点，于1785年发明了走锭精纺机。大约在同一期间，阿克莱又发明了梳棉机和粗纺机，于是工厂制度就成为棉纺业中唯一占统治地位的了。这些机器经过一些不大的改变，逐渐用来纺羊毛，以后（19世纪的最初10年）又用来纺麻，在这里也排挤了手工劳动。但是事情还没有就此停止。在18世纪最后几年，乡村牧师卡特赖特博士发明了机械织机，在1804年，他把这种机器又改进得足以压倒手工织工；所有这种机器由于有了蒸汽机发动，就加倍重要了，蒸汽机是詹姆斯·瓦特在1764年发明的，从1785年起用来发动纺纱机了。/由于这些发明（这些发明后来年年都有改进），机器劳动在英国工业的各主要部门中战胜了手工劳动，而从那时起，英国工业的全部历史所叙述的，只是手工业者如何被机器驱逐出一个个阵地。结果，一方面是一切纺织品迅速跌价，商业和工业日益繁荣，一切没有实行保护关税的国外市场几乎全被占领，资本和国民财富迅速增长；另一方面是无产阶级的人数更加迅速地增长，工人阶级失去一切财产，失去获得工作的任何信心，道德败坏，政治骚动[①]。//兰开夏郡是棉纺织业的摇篮，棉纺织业使得兰开夏郡发生了深刻的革命，把它从一个偏僻的很少开垦的沼泽地变成了充满生机和活力的地方；这种工业在80年内使兰开夏郡的人口增加了9倍。[②] //60年至80年[③]前，英国和其他任何国家一样，城市很小，只有很少而且简单的工业，人口稀疏而且多半是农业人口。现在它和其他任何国家都不一样了：有居民达250万人的首都，有巨大的工业城市，有向全世界供给产品而且几乎全都是用极复杂的机器生产的工业，有勤劳而明智的稠密的人口，这些人口有三分之二从事工业，他们是完全由不同的阶级组成的，可以说，组成了一个和过去完全不同的、具有不同的习惯和不同的需要的民族。工业革命对英国的意义，就像政治革命对法国，哲学革命对德国一样。1760年的英国和1844年的英国之间的差别，至少像旧制度下的法国和七月革命的法国之间的差别一样大。但这个工业变革的最重要的产物是

① 恩格斯：《英国工人阶级状况——根据亲身观察和可靠材料》，《马克思恩格斯选集》第1卷，人民出版社2012年版，第92页。

② 恩格斯：《英国工人阶级状况——根据亲身观察和可靠材料》，《马克思恩格斯选集》第1卷，人民出版社2012年版，第93页。

③ 即公元1765年或1785年——著者注。

英国无产阶级。[①] //新的工业能够获得重要意义，只是因为它把工具变成了机器，把作坊变成了工厂，从而把中间阶级中的劳动者变成了工人无产者，把以前的大商人变成了厂主；它排挤了小的中间阶级，并把居民间的一切差别化为工人和资本家的对立。[②]

庞大的工人群体，他们现在布满了整个大不列颠帝国，他们的社会状况日益引起文明世界的注意。/工人阶级的状况也就是绝大多数英国人民的状况。这几百万无产者，他们昨天挣得的今天就吃光，他们用自己的发明和自己的劳动创造了英国的伟业，他们日益意识到自己的力量，日益迫切要求分享社会设施中的利益，这些人的命运应该如何，这个问题，从改革法案通过时起已成了全国性的问题。[③] //英国资产阶级，特别是直接靠工人的贫穷发财的厂主们，却不正视这种贫穷的状况。他们认为自己是最强大的阶级、代表民族的阶级，却羞于向全世界暴露英国的这个痛处；他们不愿意承认工人是贫困的，正因为正是他们，有产的工业家阶级，对这种贫困应负道义上的责任。因此，当人们开始谈论工人状况时，有教养的英国人（大陆上知道的仅仅是他们，即资产阶级）通常总是报以轻蔑的一笑；因此，整个资产阶级对有关工人的一切都一无所知；因此，他们在议会内外一谈到无产阶级的状况时就牛头不对马嘴；因此，虽然他们赖以生存的地盘正从他们脚下被挖空并且每天都可能坍塌，而这种很快就会发生的坍塌就像数学和力学定律那样肯定无疑，他们还是可笑地安然自得；因此，就出现了这样怪事：虽然天知道英国人已经用了多少年来反复调查和修补工人的状况，他们竟还没有一本完整阐述工人状况的书。但是，因此也产生了从格拉斯哥到伦敦整个工人阶级对富有者的极大的愤怒，这些富有者有系统地剥削他们，然后又冷酷地让他们受命运的摆布。这种愤怒要不了多久（这个时刻人们几乎可以算出来）就必然爆发为革命，同这一革

① 恩格斯：《英国工人阶级状况——根据亲身观察和可靠材料》，《马克思恩格斯选集》第1卷，人民出版社2012年版，第100－101页。

② 恩格斯：《英国工人阶级状况——根据亲身观察和可靠材料》，《马克思恩格斯选集》第1卷，人民出版社2012年版，第101页。

③ 恩格斯：《英国工人阶级状况——根据亲身观察和可靠材料》，《马克思恩格斯选集》第1卷，人民出版社2012年版，第102页。

命比较起来，法国第一次革命和1794年简直就是儿戏。[①]

工人过着贫穷困苦的生活，看到别人的生活比他好。他想不通，为什么偏偏是他这个比有钱的懒虫们为社会付出更多劳动的人该受这些苦难。而且穷困战胜了他生来对私有财产的尊重，于是他偷窃了。我们已经看到，随着工业的发展，犯罪事件也在增加，每年被捕的人数和加工的棉花的包数经常成正比。/工人阶级第一次反抗资产阶级是在工业运动初期，即工人用暴力来反对使用机器的时候。最初的一批发明家阿克莱等人就遭受过这种暴力，他们的机器被砸碎了[②]。

对资产者说来，法律当然是神圣的，因为法律是资产者本身创造物，是经过他的同意并且是为了保护他和他的利益而颁布的。资产者懂得，即使个别的法律对他特别不利，但是整个立法毕竟是保护他的利益的，而最重要的是，法律的神圣性，由社会上一部分人积极地按自己的意志规定下来并由另一部分人消极地接受下来的秩序的不可侵犯性，是资产者的社会地位的最强有力的支柱。[③] //在工人看来当然就不是这样。工人有足够的体验，并且十分清楚地知道，法律对他说来是资产者给他准备的鞭子，因此，不是万不得已工人是不会诉诸法律的。[④]

兰开夏郡，特别是曼彻斯特，是最坚强的工会的所在地，是宪章运动的中心，是社会主义者最多的地方。[⑤]

小工业创造了中间阶级，大工业创造了工人阶级，并把中间阶级的少数选民拥上宝座，但是，这只是为了有朝一日更有把握地推翻他们。目前，无可争辩的和容易解释的事实是"美好的旧时代"的人数众多的小中间阶级已经被工业摧毁，从他们当中一方面分化出富有的资本家，另一方

---

① 恩格斯：《英国工人阶级状况——根据亲身观察和可靠材料》，《马克思恩格斯选集》第1卷，人民出版社2012年版，第103页。

② 恩格斯：《英国工人阶级状况——根据亲身观察和可靠材料》，《马克思恩格斯选集》第1卷，人民出版社2012年版，第105页。

③ 恩格斯：《英国工人阶级状况——根据亲身观察和可靠材料》，《马克思恩格斯选集》第1卷，人民出版社2012年版，第118－119页。

④ 恩格斯：《英国工人阶级状况——根据亲身观察和可靠材料》，《马克思恩格斯选集》第1卷，人民出版社2012年版，第119页。

⑤ 恩格斯：《英国工人阶级状况——根据亲身观察和可靠材料》，《马克思恩格斯选集》第1卷，人民出版社2012年版，第132页。

面分化出贫穷的工人。[①]

三、资本主义生产方式的阶段性变化

资本主义生产越发展，它就越不能采用作为它早期阶段的特征的那些小的哄骗和欺诈手段。波兰犹太人，即欧洲商业发展最低阶段的代表所玩弄的那些猥琐的骗人伎俩，可以使他们在本乡本土获得很多好处，并且可以在那里普遍使用，可是只要他们一来到汉堡或柏林，那些狡猾手段就失灵了。同样，一个经纪人，犹太人也好，基督徒也好，如果从柏林或汉堡来到曼彻斯特交易所，他就会发现，要想廉价购入棉纱或布匹，最好还是放弃那一套固然已经稍加改进但到底还很低劣的手腕，虽然这些手腕在他本国被看作生意场上的智慧顶峰。但是，随着大工业的发展，据说德国的许多情况也改变了，特别是当德国人在费城打了一次工业上的耶拿会战以后，连那条德国市侩的老规矩也声誉扫地了，那条规矩就是：先给人家送上好的样品，再把蹩脚货送去，他们只会感到称心满意！的确，玩弄这些狡猾手腕和花招在大市场上已经不合算了，那里时间就是金钱，那里商业道德必然发展到一定的水平，其所以如此，并不是出于伦理的狂热，而纯粹是为了不白费时间和辛劳。在英国，在工厂主对待工人的关系上也发生了同样的变化。[②] //至少在主要的工业部门中——因为在次要的工业部门中根本不是这样——资本主义生产发展本身已经足以消除早年使工人命运恶化的那些小的弊端。这样一来，下面这个重大的基本事实就越来越明显了：工人阶级处境悲惨的原因不应当到这些小的弊病中去寻找，而应当到资本主义制度本身中去寻找。工人为取得每天的一定数目的工资而把自己的劳动力卖给资本家。在不多的几小时工作之后，他就把这笔工资的价值再生产出来了。但是，他的劳动合同却规定，工人必须再工作好几小时，以便完成一个工作日。工人用这个附加的几小时剩余劳动生产出来的价

---

① 恩格斯：《英国工人阶级状况——根据亲身观察和可靠材料》，《马克思恩格斯文集》第1卷，人民出版社2009年版，第406页。

② 恩格斯：《〈英国工人阶级状况〉1892年德文版序言》，《马克思恩格斯选集》第1卷，人民出版社2012年版，第65页。

值，就是剩余价值。这个剩余价值不破费资本家一文钱，但仍然落入资本家的腰包。这就是这样一个制度的基础，这个制度使文明社会越来越分裂，一方面是一小撮路特希尔德们和万德比尔特们，他们是全部生产资料和消费资料的所有者，另一方面是广大的雇佣工人，他们除了自己的劳动力之外一无所有。产生这个结果的，并不是这个或那个次要的弊端而是制度本身，——这个事实目前已经在英国资本主义的发展过程中十分鲜明地显示出来。[①]

现代工业存在的条件——蒸汽力和机器[②]。

赋予新的生产方式以资本主义性质的这一矛盾，已经包含着现代的一切冲突的萌芽。新的生产方式越是在一切有决定意义的生产部门和一切在经济上起决定作用的国家里占统治地位，并从而把个体生产排挤到无足轻重的残余地位，社会化生产和资本主义占有的不相容性，也必然越加鲜明地表现出来。[③] //生产资料一旦变为社会化的生产资料并集中在资本家手中，情形就改变了。个体小生产者的生产资料和产品变得越来越没有价值；他们除了受雇于资本家就没有别的出路。雇佣劳动以前是一种例外和辅助办法，现在成了整个生产的通例和基本形式；以前是一种副业，现在成了工人的唯一职业。暂时的雇佣劳动者变成了终身的雇佣劳动者。此外，由于同时发生的封建制度的崩溃，由于封建主扈从人员被解散，农民被逐出自己的家园等等，终身的雇佣劳动者大量增加了。集中在资本家手中的生产资料和除了自己的劳动力以外一无所有的生产者彻底分裂了。社会化生产和资本主义占有之间的矛盾表现为无产阶级和资产阶级的对立。[④] //随着商品生产的扩展，特别是随着资本主义生产方式的出现，以前潜伏着的商品生产规律也就越来越公开、越来越有力地发挥作用了。旧日的束缚已经松弛，旧日的壁障已经突破，生产者日益变为独立的、分散

---

① 恩格斯：《〈英国工人阶级状况〉1892 年德文版序言》，《马克思恩格斯选集》第 1 卷，人民出版社 2012 年版，第 67 页。

② 恩格斯：《〈英国工人阶级状况〉1892 年德文版序言》，《马克思恩格斯选集》第 1 卷，人民出版社 2012 年版，第 75 页。

③ 恩格斯：《反杜林论》，《马克思恩格斯文集》第 9 卷，人民出版社 2009 年版，第 287 页。

④ 恩格斯：《反杜林论》，《马克思恩格斯文集》第 9 卷，人民出版社 2009 年版，第 288 页。

的商品生产者了。社会生产的无政府状态已经表现出来，并且越来越走向极端。但是，资本主义生产方式用来加剧社会生产中的这种无政府状态的主要工具正是无政府状态的直接对立物：每一个别生产企业中的社会化生产所具有的日益加强的组织性。资本主义生产方式利用这一杠杆结束了旧日的和平的稳定状态。它在哪一个工业部门被采用，就不容许任何旧的生产方法在那里和它并存。它在哪里控制了手工业，就把那里旧的手工业消灭掉。劳动场地变成了战场。……失败者被无情地淘汰掉。这是从自然界加倍疯狂地搬到社会中来的达尔文的个体生存斗争。动物的自然状态竟表现为人类发展的顶点。社会化生产和资本主义占有之间的矛盾表现为个别工厂中生产的组织性和整个社会中生产的无政府状态之间的对立。[①] //工厂内部的生产的社会化组织，已经发展到同存在于它之旁并凌驾于它之上的社会中的生产无政府状态不能相容的地步。[②] //一方面，资本主义生产方式暴露出它没有能力继续驾驭这种生产力。另一方面，这种生产力本身以日益增长的威力要求消除这种矛盾，要求摆脱它作为资本的那种属性，要求在事实上承认它作为社会生产力的那种性质。[③] //如果说危机暴露出资产阶级没有能力继续驾驭现代生产力，那么，大的生产机构和交换机构向股份公司和国家财产的转变就表明资产阶级在这方面不是多余的。资本家的全部社会职能现在由领工薪的职员来执行了。资本家除了拿红利、持有剪息票、在各种资本家相互争夺彼此的资本的交易所中进行投机以外，再没有任何其他的社会活动了。资本主义生产方式起初排挤工人，现在却在排挤资本家了，完全像对待工人那样把他们赶到过剩人口中去，虽然暂时还没有把他们赶到产业后备军中去。[④] //资本主义生产方式日益把大多数居民变为无产者，从而就造成一种在死亡的威胁下不得不去完成这个变革的力量。这种生产方式迫使人们日益把大规模的社会化的生产资料变为国家财产，因此它本身就指明完成这个变革的道路。无产阶级将取得国家

---

① 恩格斯：《反杜林论》，《马克思恩格斯文集》第9卷，人民出版社2009年版，第289－290页。

② 恩格斯：《反杜林论》，《马克思恩格斯文集》第9卷，人民出版社2009年版，第293页。

③ 恩格斯：《反杜林论》，《马克思恩格斯文集》第9卷，人民出版社2009年版，第294页。

④ 恩格斯：《反杜林论》，《马克思恩格斯文集》第9卷，人民出版社2009年版，第295页。

政权，并且首先把生产资料变为国家财产。[①]

事实上，我们一天天地学会更加正确地理解自然规律，学会认识我们对自然界习常的干预所造成的较近或较远的后果。特别从本世纪（指 19 世纪，著者注）自然科学大踏步前进以来，我们就越来越有可能学会认识并从而控制那些至少是由我们的最常见的生产行为所造成的比较远的自然后果。[②] //如果说我们需要经过几千年的劳动才多少学会估计我们的生产行为在自然方面的较远的影响，那么我们想学会预见这些行为在社会方面的较远的影响就困难得多了。[③] //到目前为止存在过的一切生产方式，都仅仅以取得劳动的最近的、最直接的效果为目的。那些只是在晚些时候才显现出来的、由于逐渐的重复和积累才产生效应的较远的结果，则完全被忽视了。原始的土地公有制，一方面同眼界极短浅的人们的发展状态相适应，另一方面则以可用土地的一定剩余为前提，这种剩余为应付这种原始经济意外灾祸提供了某种回旋余地。这种剩余的土地用光了，公有制也就衰落了。而一切较高的生产形式，都导致居民的分为不同的阶级，因而导致统治阶级和被压迫阶级之间的对立；这样一来，生产只要不以被压迫者的最贫乏的生活需要为限，统治阶级的利益就成为生产的推动因素。在西欧现今占统治地位的资本主义生产方式中，这一点表现得最为充分。支配着生产和交换的一个一个的资本家所能关心的，只是他们的行为的最直接的有益效果。不仅如此，甚至连这种效益——就所制造的或交换来的产品的效用而言——也完全退居次要地位了；销售时可获得的利润成了唯一的动力。/在各个资本家都是为了直接的利润去进行生产和交换的地方，他们首先考虑的只能是最近的最直接的结果。当一个厂主卖出他所制造的商品或者一个商人卖出他所买进的商品时，只要获得普通的利润，他就满意了，至于商品和买主以后怎么样，他并不关心。[④] //在今天的生产方式中，面对自然界和社会，人们注意的主要只是最初的最明显的结果，可是后来人们又感到惊讶的是：取得上述成果的行为所产生的较远的后果，竟完全

---

① 恩格斯：《反杜林论》，《马克思恩格斯文集》第 9 卷，人民出版社 2009 年版，第 297 页。

② 恩格斯：《自然辩证法》，《马克思恩格斯文集》第 9 卷，人民出版社 2009 年版，第 560 页。

③ 恩格斯：《自然辩证法》，《马克思恩格斯文集》第 9 卷，人民出版社 2009 年版，第 561 页。

④ 恩格斯：《自然辩证法》，《马克思恩格斯文集》第 9 卷，人民出版社 2009 年版，第 562 页。

是另外一回事，在大多数情况下甚至是完全相反的；需要和供给之间的协调，竟变成二者的两极对立，每十年一次的工业周期的过程就显示了这种对立，德国在“崩溃”期间也体验到了这种对立的小小的前奏；以自己的劳动为基础的私有制，必然进一步发展为劳动者的丧失财产，而同时一切财产越来越集中在不劳动者的手中①。

① 恩格斯：《自然辩证法》，《马克思恩格斯文集》第 9 卷，人民出版社 2009 年版，第 563 页。

第四章　列宁论资本的历史作用

列宁在早年直至一生都关注资本主义生产方式现象。这不仅是因为列宁在思维范式上直接受到第二国际时期的恩格斯的影响、受到《资本论》的影响，而且是因为列宁受到他所处的俄国资本主义与西欧资本主义既有同质性、又有特殊性这一社会历史因素的影响。因而，列宁关于资本的历史作用的论述有其自身的特色。

一、资本进步的历史作用

资本主义进步的历史作用，资本主义破坏了旧时经济体系的孤立和闭关自守的状态（因而也破坏了精神生活和政治生活的狭隘性），把世界上所有的国家结成统一的经济整体。[①] //资本主义生产在发展社会生产力，创立大生产和机器工业时，其特点就是特别扩大由生产资料所组成的那部分社会财富，这是十分自然的[②]。//资本主义在俄国经济发展中的历史作用问题。/承认这种作用的进步性，与完全承认资本主义的消极面和黑暗面，与完全承认资本主义所必然具有的那些揭示这一经济制度的历史暂时性的深刻的全面的社会矛盾，是完全一致的。正是民粹派竭尽全力把事情说成这样，仿佛承认资本主义的历史进步性就是充当资本主义的辩护人，正是他们犯了过低估计（有时是抹杀）俄国资本主义最深刻的矛盾的毛病，他们掩盖农民的分化、我国农业演进的资本主义性质、具有份地的农

---

① 《俄国资本主义的发展》，《列宁专题文集·论资本主义》，人民出版社 2009 年版，第 35 页。

② 《俄国资本主义的发展》，《列宁专题文集·论资本主义》，人民出版社 2009 年版，第 20 页。

村雇佣工人与手工业雇佣工人阶级的形成，掩盖资本主义最低级最恶劣的形式在著名的“手工”工业中完全占优势的事实。资本主义的进步的历史作用，可以用两个简短的论点来概括：社会生产力的提高和劳动的社会化。[①] //社会劳动生产力的发展，只有在大机器工业时代才会十分明显地表现出来。在资本主义这个高级阶段以前，还保持着手工生产与原始技术，这种技术的进步纯粹是自发的，极端缓慢的。改革后的时代，在这方面与以前各个俄国历史时代截然不同。浅耕犁与连枷、水磨与手工织布机的俄国，开始迅速地变为犁与脱粒机、蒸汽磨与蒸汽织布机的俄国。资本主义生产所支配的国民经济各个部门，没有一个不曾发生这样完全的技术改革。[②] //资本主义所造成的社会生产力发展的另一特点，是生产资料（生产消费）的增长远远超过个人消费的增长。[③] //资本主义所造成的劳动社会化，表现在下列过程中。第一，商品生产的增长本身破坏自然经济所固有的小经济单位的分散性，并把小的地方市场结合成为广大的国内市场。为自己的生产变成了为整个社会的生产；资本主义愈高度发展，生产的这种集体性与占有的个人性之间的矛盾就愈剧烈。第二，资本主义在农业中和工业中都造成了空前未有的生产集中以代替过去的生产分散。这是我们所考察的资本主义特点的最明显和最突出的但决非唯一的表现。第三，资本主义排挤人身依附形式，它们是以前的经济制度不可缺少的组成部分。俄国资本主义的进步性，在这方面表现得特别显著。因为生产者的人身依附，在我国不仅曾经存在（在某种程度上现在还继续存在）于农业中，并且还存在于加工工业（使用农奴劳动的“工厂”）、采矿工业及渔业中等等。与依附的或被奴役的农民的劳动比起来，自由雇佣工人的劳动在国民经济一切部门中是一种进步的现象。第四，资本主义必然造成人口的流动，这种人口流动是以前各种社会经济制度所不需要的，在这些经济制度下也不可能有较大的规模。第五，资本主义不断减少从事农业的人口的比例（在农业中最落后的社会经济关系形式始终占着统治地位），增加大工业中心数目。第六，资本主义社会扩大居民对联盟、联合的需要，并使

① 《俄国资本主义的发展》，《列宁专题文集·论资本主义》，人民出版社 2009 年版，第 39 页。

② 《俄国资本主义的发展》，《列宁专题文集·论资本主义》，人民出版社 2009 年版，第 40 页。

③ 《俄国资本主义的发展》，《列宁专题文集·论资本主义》，人民出版社 2009 年版，第40－41 页。

这些联合具有一种与以前的各种联合不同的特殊性质。资本主义破坏中世纪社会狭隘的、地方的、等级的联盟，造成剧烈的竞争，同时使整个社会分裂为几个在生产中占着不同地位的人们的大集团，大大促进了每个这样的集团内部的联合。第七，上述一切由资本主义所造成的旧经济制度的改变，必然也会引起人们精神面貌的改变。经济发展的跳跃性，生产方式的急剧改革及生产的高度集中，人身依附与宗法关系的一切形式的崩溃，人口的流动，大工业中心的影响等等，——这一切不能不引起生产者性格的深刻改变[①]。//如果把俄国前资本主义时代同资本主义时代作比较（而这种比较正是正确解决问题所必要的），那就必须承认，在资本主义下，社会经济的发展是非常迅速的。如果把这一发展速度与现代整个技术文化水平之下所能有的发展速度作比较，那就确实必须承认，俄国当前的资本主义发展是缓慢的。它不能不是缓慢的，因为没有一个资本主义国家内残存着这样多的旧制度，这些旧制度与资本主义不相容，阻碍资本主义发展，使生产状况无限制地恶化，而生产者"不仅苦于资本主义生产的发展，并且苦于资本主义生产的不发展"。[②] //资本主义在农业中的影响表现如下：它要求雇佣工人获得自由，它排斥一切旧的盘剥形式。农业雇佣工人依旧处于受压迫的地位。压迫加重了，这就要求进行更加激烈的斗争。[③] //目前，雇佣劳动，即为资本家做工，已经成了最普遍的劳动形式。资本不仅统治了从事工业的大批人的劳动，而且统治了从事农业的大批人的劳动。大工厂正是把这种作为现代社会基础的对雇佣劳动的剥削发展到了顶点。各工业部门的所有资本家所采用的、俄国全体工人群众深受其害的种种剥削方式，在这里，在工厂，被汇集一起，变本加厉，成为常规，扩展到工人劳动和生活的各个方面，形成了一套完整的规章，一套完整的资本家榨取工人血汗的制度。[④] //工厂是怎样加剧对工人的剥削，怎样使这种剥削

---

① 《俄国资本主义的发展》，《列宁专题文集·论资本主义》，人民出版社 2009 年版，第 41－43页。

② 《俄国资本主义的发展》，《列宁专题文集·论资本主义》，人民出版社 2009 年版，第 43 页。

③ 《俄国资本主义的发展》，《列宁专题文集·论资本主义》，人民出版社 2009 年版，第 57 页。

④ 《社会民主党纲领草案及其说明》，《列宁专题文集·论无产阶级专政》，人民出版社 2009 年版，第 10 页。

普遍化，怎样把这种剥削变成一套完整的“制度”。①

马克思的理论，只是把工业中资本主义的一定阶段即最高阶段叫做大机器工业。……大机器工业是资本主义的最高峰②。//大机器工业在破坏宗法关系与小资产阶级关系时，另一方面却创造了使农业中的雇佣工人与工业中的雇佣工人相接近的条件：第一，大机器工业把最初在非农业中心所形成的工商业生活方式带到乡村中去；第二，大机器工业造成了人口的流动性以及雇用农业工人与手工业工人的巨大市场；第三，大机器工业把机器应用于农业时，把具有最高生活水平的有技术的工业工人带到乡村。③

资本主义生产的规律，是生产方式的经常改造和生产规模的无限扩大。在旧的生产方式下，各个经济单位能存在好几个世纪，无论在性质上或者在规模上都没有变化，不超出地主的世袭领地、农民的村庄或农村手艺人和小工业者的附近小市场的界限。相反，资本主义企业必然超出村社、地方市场、地区以至国家的界限。因为国家的孤立和闭关自守的状态已被商品流通所破坏，所以每个资本主义生产部门的自然趋向使它必须“寻求国外市场”。④

二、资本的历史作用的矛盾性

大工厂正在俄国日益迅速地发展起来，使小手工业者和农民相继破产，把它们变成一无所有的工人，把越来越多的人赶进城市、工厂和工业村镇。//资本主义的这种增长意味着一小撮厂主、商人和土地占有者的财富和奢侈程度大大增加，工人的贫困和受压迫的程度更加迅速地增加。大工厂在生产上的革新和采用机器既促进了社会劳动生产率的提高，也加强

① 《社会民主党纲领草案及其说明》，《列宁专题文集·论无产阶级专政》，人民出版社2009年版，第12页。

② 《民粹主义的经济内容极其在司徒卢威先生的书中受到的批评》，《列宁专题文集·论资本主义》，人民出版社2009年版，第285页。

③ 《民粹主义的经济内容极其在司徒卢威先生的书中受到的批评》，《列宁专题文集·论资本主义》，人民出版社2009年版，第285－286页。

④ 《俄国资本主义的发展》，《列宁专题文集·论资本主义》，人民出版社2009年版，第35页。

了资本家对工人的统治，增加了失业人口，从而使工人处于任人宰割的境地。①

资本主义增长所引起的第一个变化是：大量财富集中在少数资本家的手里，而人民群众变成了一无所有的人。/第二个变化是：小生产被大生产代替以后，生产有了许多改进。首先，分散在每个小作坊、每个小业主那里的个体劳动被联合起来的工人在一个工厂、一个土地占有者、一个承包人那里进行的共同劳动所代替。共同劳动比个体劳动要有成效得多（生产效率高得多），生产商品也容易得多，快得多。但是所有这些改进都被资本家独自享用了，一点也不给工人，他们白白攫取了工人联合劳动的一切好处。资本家更强大了，工人却更软弱了，因为他已经习惯了某一种工作，他要改行做另一种工作是比较困难的。② //另一个更重要得多的生产改进就是资本家采用了机器。机器的使用把劳动效率提高了许多倍；但是资本家把所有这些好处用来对付工人：他们利用机器需要的体力劳动较少这种情况，安排妇女和儿童来看管机器，付给他们更少的工资。他们利用机器需要工人极少这种情况，把大批工人赶出工厂，并利用这种失业现象来进一步奴役工人，延长工作日，剥夺工人夜里休息的时间，把工人变成了机器的单纯附属品。机器所造成的和不断扩大的失业现象现在使工人处于完全无以自卫的境地。工人的技术失去了价值，他们很容易被那些很快就习惯了机器、甘愿为更少工资做工的普通小工所代替。一切想要捍卫自己免受资本更大压力的企图都使工人遭到解雇。单个工人在资本面前是完全无能为力的，因为机器会置他于死地。③

大工厂在极度加强资本对劳动的压迫时，造成了一个特殊的工人阶级，这个阶级有可能同资本家进行斗争，因为它的生活条件本身破坏了它同私有经济的一切联系，并且通过共同劳动把工人联合起来，把他们从一

① 《社会民主党纲领草案及其说明》，《列宁专题文集·论无产阶级专政》，人民出版社 2009 年版，第 1 页。

② 《社会民主党纲领草案及其说明》，《列宁专题文集·论无产阶级专政》，人民出版社 2009 年版，第 7 页。

③ 《社会民主党纲领草案及其说明》，《列宁专题文集·论无产阶级专政》，人民出版社 2009 年版，第 7－8 页。

个工厂投进另一个工厂，从而把工人群众团结在一起。[①]

工厂在某些人看来不过是一个可怕的怪物，其实工厂是资本主义协作的最高形式，它把无产阶级联合了起来，使它纪律化，教它学会组织，使它成为其余一切被剥削劳动群众的首脑。马克思主义是由资本主义训练出来的无产阶级的思想体系，正是马克思主义一贯教导那些不坚定的知识分子把工厂的剥削作用（建筑在饿死的威胁上面的纪律）和工厂的组织作用（建筑在由技术高度发达的生产条件联合起来的共同劳动上面的纪律）区别开来。正因为无产阶级在这种工厂"学校"里受过训练，所以它特别容易接受资产阶级知识分子难以接受的纪律和组织。对这种学校怕得要死，对这种学校的组织作用一无所知，这正是那些反映小资产阶级生存条件的思想方法的特点，这种思想方法产生了德国社会民主党人叫做 Edelanarchismus 的无政府主义，即"贵族式的"无政府主义，我说也可以把它称做老爷式的无政府主义。[②]

资本主义大大增加了土地占有者所索取的贡赋，大大提高了级差地租和绝对地租。飞涨的地租又阻碍着农业的进一步发展。[③] //资本主义是进步的，因为它消灭了旧的生产方式，发展了生产力，而同时，在它发展到一定阶段，又阻碍生产力的提高。资本主义一方面培养和组织工人，加强他们的纪律性，另一方面又压制和压迫工人，使他们走向退化和贫穷等等。资本主义本身造就了自己的掘墓人，本身创造了新制度的因素，而同时，如果没有"飞跃"，这些单个的因素便丝毫不能改变总的局面，不能触动资本的统治。[④]

生产的发展（因而也是国内市场的发展）主要靠生产资料，看来是令人难以置信的，并且显然是有矛盾的。这是真正的"为生产而生产"，就是说生产扩大了，而消费没有相应地扩大。但这不是理论上的矛盾，而是

① 《社会民主党纲领草案及其说明》，《列宁专题文集·论无产阶级专政》，人民出版社 2009 年版，第 1－2 页。

② 《进一步，退两步》，《列宁专题文集·论无产阶级专政》，人民出版社 2009 年版，第 134－135 页。

③ 《俄国资本主义的发展》，《列宁专题文集·论资本主义》，人民出版社 2009 年版，第 57 页。

④ 《俄国资本主义的发展》，《列宁专题文集·论资本主义》，人民出版社 2009 年版，第66－67 页。

实际生活中的矛盾；这正是一种同资本主义的本性本身和这个社会经济制度的其他矛盾相适应的矛盾。正是这种生产扩大而消费没有相应扩大的现象，才符合于资本主义的历史使命及其特有的社会结构，因为资本主义的历史使命是发展社会生产力，而资本主义特有的社会结构却不让人民群众利用这些技术成就。在资本主义固有的无限制扩大生产的趋向和人民群众有限的消费（所以是有限的，是因为他们处于无产阶级地位）之间，存在着明显的矛盾。[①] //资本主义的种种矛盾，证明了它的历史暂时性，说明了它瓦解和向高级形态转化的条件和原因，——但这些矛盾决不排除资本主义的可能性，也决不排除它与从前各种社会经济制度相比起来的进步性。[②]

在每一个资本主义社会中，极低的工资往往妨碍机器的采用……这种情况非常清楚地说明，在消费和生产之间，在资本主义无限制地发展生产力的趋向和人民的无产阶级状况、贫困和失业现象对这一趋向的限制之间存在着矛盾。同样也清楚，从这个矛盾中只能得出一个唯一正确的结论，即生产力的发展本身将以不可阻挡之势导致资本主义被联合起来的生产者的经济所代替。相反，如果从这个矛盾中得出结论说，资本主义必然经常产生过剩的产品，也就是说资本主义一般不能实现产品，因而不能起任何进步的历史作用等等，那就是完全错误的了。[③] //资本打击小生产，同时使劳动生产率不断提高，并且造成大资本家同盟的垄断地位。生产本身日益社会化，使几十万以至几百万工人联结成一个有条不紊的经济机体，而共同劳动的产品却被一小撮资本家所占有。[④] //资本主义制度在使工人愈来愈依赖资本的同时，创造着联合劳动伟大力量。[⑤]

资本主义的本性一方面要求无限地扩大生产消费，无限地扩大积累和

---

① 《俄国资本主义的发展》，《列宁专题文集·论资本主义》，人民出版社 2009 年版，第 25 页。

② 《俄国资本主义的发展》，《列宁专题文集·论资本主义》，人民出版社 2009 年版，第 27 页。

③ 《答普·涅日丹诺夫先生》，《列宁专题文集·论资本主义》，人民出版社 2009 年版，第 293 页。

④ 《马克思主义的三个来源和三个组成部分》，《列宁专题文集·论资本主义》，人民出版社 2009 年版，第 295 页。

⑤ 《马克思主义的三个来源和三个组成部分》，《列宁专题文集·论资本主义》，人民出版社 2009 年版，第 295－296 页。

生产，而另一方面则使人民群众无产阶级化，把个人消费的扩大限制在极其狭窄的范围内。[①]

虽然如此，资本主义始终是雇佣奴隶制度，始终是极少数现代奴隶主即地主和资本家奴役千百万工农劳动者的制度。资产阶级民主制度和封建制度相比，改变了经济奴役形式，为这种奴役作了特别漂亮的装饰，但并没有改变也不能改变这种奴役的实质。资本主义和资产阶级民主制就是雇佣奴隶制。[②]

三、资本的历史作用的新形式

资本主义最典型的特点之一，就是工业蓬勃发展，生产集中于愈来愈大的企业的过程进行得非常迅速。[③] //集中发展到一定阶段，可以说就自然而然地走到垄断。因为几十个大型企业彼此之间容易达成协议；另一方面，正是企业的规模巨大造成了竞争的困难，产生了垄断的趋势。[④] //银行基本的和原来的业务是在支付中起中介作用。这样，银行就把不活动的货币资本变为活动的即生利的资本，把各种各样的货币收入汇集起来交给资本家阶级支配。[⑤] //随着银行业的发展及其集中于少数机构，银行就由中介人的普通角色发展成为势力极大的垄断者，它们支配着所有资本家和小业主的几乎全部的货币资本，以及本国和许多国家的大部分生产资料和原料产地。为数众多的普通中介人成为极少数垄断者的这种转变，是资本主义发展成为资本帝国主义的基本过程之一[⑥]。//对自由竞争占完全统治

① 《市场理论问题述评》，《列宁专题文集·论资本主义》，人民出版社 2009 年版，第 292 页。

② 《答美国记者问》，《列宁专题文集·论资本主义》，人民出版社 2009 年版，第 248 页。

③ 《帝国主义是资本主义的最高阶段》，《列宁专题文集·论资本主义》，人民出版社 2009 年版，第 107 页。

④ 《帝国主义是资本主义的最高阶段》，《列宁专题文集·论资本主义》，人民出版社 2009 年版，第 108 页。

⑤ 《帝国主义是资本主义的最高阶段》，《列宁专题文集·论资本主义》，人民出版社 2009 年版，第 120 页。

⑥ 《帝国主义是资本主义的最高阶段》，《列宁专题文集·论资本主义》，人民出版社 2009 年版，第 120 – 121 页。

地位的旧资本主义来说，典型的是商品输出。对垄断占统治地位的最新资本主义来说，典型的则是资本输出。[①] //资本家的垄断同盟卡特尔、辛迪加、托拉斯，首先瓜分国内市场，把本国的生产差不多完全掌握在自己手里。但是在资本主义制度下，国内市场必然是同国外市场相联系的。资本主义早已造成了世界市场。所以随着资本输出的增加，随着最大垄断同盟的国外联系、殖民地联系和“势力范围”的极力扩大，这些垄断同盟就“自然地”走向达成世界性的协议，形成国际卡特尔。[②] //资本家瓜分世界，并不是因为他们的心肠特别狠毒，而是因为集中已达到这样的阶段，使他们不得不走上这条获取利润的道路；而且他们是“按资本”“按实力”来瓜分世界的，在商品生产和资本主义制度下也不可能有其他的瓜分方法。实力则是随经济和政治的发展而变化的[③]。

垄断资本主义的四种主要表现。第一，垄断是从发展到很高阶段的生产集中生长起来的。[④] //第二，垄断导致加紧抢占最主要的原料产地，尤其是资本主义社会的基础工业部门，即卡特尔程度最高的工业部门，如煤炭工业和钢铁工业所需要的原料产地。/第三，垄断是从银行生长起来的。银行已经由普通的中介企业变成了金融资本的垄断者。在任何一个资本主义国家中，为数不过三五家的最大银行实行工业资本同银行资本的“人事结合”，集中支配着占全国资本和货币收入很大部分的几十亿几十亿资金。金融寡头给现代资产阶级社会中所有一切经济机构和政治机构罩上了一层依附关系的密网，……这就是这种垄断的最突出的表现。/第四，垄断是从殖民地政策生长起来的。/垄断，寡头统治，统治趋向代替了自由竞争，极少数最富强的国家剥削愈来愈多的弱小国家，——这一切产生了帝国主义的这样一些特点，这些特点使人必须说帝国主义是寄生的或腐朽的资本主义。帝国主义的趋势之一，即形成“食利国”、高利贷国的趋势愈来愈

① 《帝国主义是资本主义的最高阶段》，《列宁专题文集·论资本主义》，人民出版社2009年版，第150页。

② 《帝国主义是资本主义的最高阶段》，《列宁专题文集·论资本主义》，人民出版社2009年版，第155页。

③ 《帝国主义是资本主义的最高阶段》，《列宁专题文集·论资本主义》，人民出版社2009年版，第163页。

④ 《帝国主义是资本主义的最高阶段》，《列宁专题文集·论资本主义》，人民出版社2009年版，第208页。

显著，这种国家的资产阶级愈来愈依靠资本和“剪息票”为生。如果以为这一趋势排除了资本主义的迅速发展，那就错了。[①]

帝国主义是作为一般资本主义基本特性的发展和直接继续而生长起来的。但是，只有在资本主义发展到一定的、很高的阶段，资本主义的某些基本特性开始转化成自己的对立面，从资本主义到更高级的社会经济结构的过渡时代的特点已经全面形成和暴露出来的时候，资本主义才变成了资本帝国主义。在这一过程中，经济上的基本事实，就是资本主义的自由竞争为资本主义的垄断所代替。自由竞争是资本主义和一般商品生产的基本特性；垄断是自由竞争的直接对立面，但是我们眼看着自由竞争开始转化为垄断：自由竞争造成大生产，排挤小生产，又用更大的生产来代替大生产，使生产和资本的集中达到这样的程度，以致从中产生了并且还在产生着垄断，即卡特尔、辛迪加、托拉斯以及同它们相融合的十来家支配着几十亿资金的银行的资本。同时，从自由竞争中生长起来的垄断并不消除自由竞争，而是凌驾于这种竞争之上，与之并存，因而产生许多特别尖锐特别剧烈的矛盾、摩擦和冲突。垄断是从资本主义到更高级的制度的过渡。[②]

典型的世界“主宰”已经是金融资本。金融资本特别机动灵活，在国内和国际上都特别错综复杂地交织在一起，它特别没有个性而且脱离直接生产，特别容易集中而且已经特别高度地集中，因此整个世界的命运简直就掌握在几百个亿万富翁和百万富翁的手中。[③]

国家垄断资本主义是社会主义的最充分的物质基础，是社会主义的前阶，是历史阶梯上的一级，在这一级和叫做社会主义的那一级之间，没有任何中间级。[④]

---

① 《帝国主义是资本主义的最高阶段》，《列宁专题文集·论资本主义》，人民出版社2009年版，第209页。

② 《帝国主义是资本主义的最高阶段》，《列宁专题文集·论资本主义》，人民出版社2009年版，第175页。

③ 《为布哈林〈世界经济和帝国主义〉一书写的序言》，《列宁专题文集·论资本主义》，人民出版社2009年版，第287页。

④ 《大难临头，出路何在?》，《列宁专题文集·论资本主义》，人民出版社2009年版，第235页。

四、利用资本主义生产方式的历史作用

同社会主义相比，资本主义是祸害。但同中世纪制度、同小生产、同小生产者涣散性引起的官僚资本主义比较，资本主义则是幸福。既然我们还不能实现从小生产到社会主义的直接过渡，所以作为小生产和交换的自发产物的资本主义，在一定程度上是不可避免的，所以我们应该利用资本主义作为小生产和社会主义之间的中间环节，作为提高生产力的手段、途径、方法和方式。[①] //资本主义和封建主义相比，是在“自由”“平等”“民主”“文明”的道路上向前迈进了具有世界历史意义的一步。[②]

① 《论粮食税》，《列宁专题文集·论资本主义》，人民出版社2009年版，第296页。

② 《答美国记者问》，《列宁专题文集·论资本主义》，人民出版社2009年版，第248页。

第三篇

马克思的资本历史作用思想概述

所谓资本的历史作用，马克思主要是就资本作为资本主义生产方式的一般形式——作为商品经济范畴并遵循其价值规律的典型形式来阐述的。马克思不仅在大量的《资本论》手稿里，并且在他生前公开发表的《资本论》第一卷和恩格斯生前编辑出版的《资本论》第二、三卷，考茨基编辑的《资本论》第四卷（剩余价值理论）中针对相关问题或别的论点，对资本所发生的历史作用予以了揭示或阐发。然而，正如恩格斯生前就注意到的，“以往的社会主义固然批判了现存的资本主义生产方式及其后果，但是……它只能简单地把它当做坏东西抛弃掉……以往的批判主要是针对有害的后果”，因而有必要“针对事物的进程本身”“应当揭露这种生产方式的一直还隐蔽着的内在性质”①。当然，马克思关于资本的历史作用思想既包含着对这一生产方式的一般形式之逻辑推定成分，也有史实根据。

---

① 恩格斯：《反杜林论》，《马克思恩格斯文集》第9卷，人民出版社2009年版，第29－30页。

第五章　资本作为资本主义生产方式或独立的生产方式

一、资本主义生产方式概念在学界的多种赋含

马克思在《资本论》手稿中说“资本概念”包含“三个因素”，即资本流通（“以由流通产生并以流通为前提的价值为出发点”）、资本生产（“以作为生产的前提和结果的资本为出发点”）以及“使资本成为生产和流通的一定的统一体”，这实际上把“资本”阐释为“资本主义生产”（全过程）或“资本主义生产方式”的同义词。他在《〈政治经济学批判〉导言》中就把“生产资料和生产关系”或“生产力（生产资料）的概念和生产关系的概念的辩证法”列为他的“政治经济学的对象”① 即后来的《资本论》研究对象的重点；提出“资本的再生产方式”命题，认为生产方式是一个包括生产、分配、交换、消费诸环节的有机系统。十年后，他在《〈资本论〉第一卷序言》中明确把“资本主义生产方式”列为《资本论》的研究对象。从《政治经济学批判（1857—1858 年手稿）》到《资本论》第一卷的写作过程来说，一部《资本论》（及其手稿）应该完整准确地称为一部“资本主义生产方式论”，“资本论”实际上只是其简称。

西方一些学者就“资本”与“资本主义生产方式”之间的异同或怎样理解这个“资本主义生产方式”作了不少议论或研究。帕尔默、科尔顿在《近现代世界史》中提出，“资本主义”一词于 19 世纪 50 年代才在英语世

① 《马克思恩格斯选集》第 2 卷，人民出版社 1995 年版，第 27 页。

界中使用，而在法语中的使用时间则早得多。重田澄男认为，在1850年前后开始得到使用的资本主义（Kapitalismus）概念只是被当作“资本”（Kapital）概念或者“资本家”（Kapitalist）概念的同义词来运用，直到在马克思那里才获得了一种抽象的意义，但是还没有形成最终的术语形式。在表达现代社会中的生产方式的独特历史形态时，马克思阐发了“资本主义生产方式（kapitalistische produktionsweise）”这一术语，马克思凭借这一科学概念能够清楚地阐明“现代社会的经济运动规律”。随后，谢夫莱、霍布森和桑巴特等人以马克思开创的这一术语为基础各自提出了对这一概念的定义，由此，他们深化了“资本主义”这一术语的含义。他们不再把这一术语直接当作某种特定的生产方式的表达，而把“资本主义”理解为现代社会的总体经济制度，这一总体经济制度受到一定的关键原因的制约，而每一个这样的关键原因又都会塑造出另外的一些关键原因①。凡勃伦说：“对马克思而言，‘资本主义’意味着特定的所有权关系，正如后来许多经济学家在定义这个词所说的‘生产性使用’这种含义。”② 波普建议用“无约束的资本主义”的名称去称谓马克思所分析和命名的“资本主义”时期，以干预主义的名称去称谓20世纪30年代实行凯恩斯主义之后的时期；“干预主义”的名称确实能够涵盖我们时代社会工程的三种类型：俄国的集体主义的干预主义；瑞典等一些“小民主国家”和美国新政中的民主的干预主义；军事化经济中的法西斯主义方法③。他认为马克思所说的“资本主义”即“自由资本主义”在20世纪已经彻底“消亡”。经济学家康芒斯在《制度经济学》中提出资本主义不是一种静态的概念而是一种进化的概念，它经历了三个历史阶段即“商业资本主义”“工业资本主义”和“金融资本主义”。丹尼尔·贝尔认为资本主义是这样一个社会经济系统：它同建立在成本核算基础上的商品生产挂钩，依靠资本的持续积累来扩大再投资，它在文化上的特征是自我实现即把个人从传统束缚和归

① ［日］重田澄男：《“资本主义”概念的起源和传播》，卫华译，载《国外理论动态》2011年第2期，第20页。

② ［美］凡勃伦：《科学在现代文明中的地位》，张林、张天龙译，商务印书馆，2008年版，第311页注。

③ ［英］波普尔：《开放社会及其敌人》第2卷，郑一明等译，中国社会科学出版社1999年版，第223页注②。

属纽带（家庭或血统）中解脱出来，以便按照主观意愿“造就”自我[①]。吉登斯提出“资本主义指的是一个商品生产的体系，它以对资本的私人占有和无产者的雇佣劳动之间的关系为中心，这种关系构成了阶级体系的主轴线。”[②] 福山在《历史的终结及最后的人》一书中认为“资本主义”这个词汇被“自由市场经济”称呼所取代，同时，这两个词都可以为“经济自由”接受。学界这些关于“资本主义生产方式”或“资本主义”社会的论点不一定准确，但披露了不少引人深思的信息。

马克思不仅把“资本”作为“资本主义生产方式”的同位语[③]，并且把资本作为一种生产方式所拥有的潜能同资本主义剥削所造成的生产率客观效果区分开来。他认为必须注视资本主义生产过程所直接造成的生产率，因为“资本一旦合并了形成财富的两个原始要素——劳动力和土地，它便获得了一种扩张的能力，这种能力使资本能把它的积累的要素扩展到超出似乎是由它本身的大小所确定的范围，即超出由体现资本存在的、已经生产的生产资料的价值和数量所确定的范围”[④]，资本其货币形式构成资本主义“社会机构中的一个主动轮”。他在《资本论》手稿中明确提出资本“推动和促进生产力向前发展”，同时科学技术为资本添翼，使之具有一种不以它的一定量为转移的“扩张能力”。资本“作为别人辛勤劳动的制造者”在精力、贪婪和效率方面远远超过了历史上以直接强制劳动为基础的一切生产制度。他在《资本论》第 2 卷中认为，劳动者和生产资料在任何社会形态里始终是生产要素，但当二者处于彼此分离的状态下只是可能的或潜在的生产因素，只有通过特定的方式和方法使它们结合起来才能成为现实的生产要素，资本作为一种独立的生产方式就在于履行这么一种职能，就是把它们结合起来进入现实的生产过程，从而使这些生产过程中“结合起来”的“人的因素”与“物的因素”产生出不同形式的“合力”或“集体力”或“社会力量”，尽管资本的这种“生产性”源于资本的直

① ［美］丹尼尔·贝尔：《资本主义文化矛盾》，赵一凡、蒲隆、任晓晋译，重庆出版社 1989 年版，第 25 页。

② 安东尼·吉登斯：《现代性的后果》，译林出版社 2000 年版，第 49 页。

③ 请注意：《马克思恩格斯全集》第 25 卷，人民出版社 1974 年版，第 935 页的翻译比《马克思恩格斯文集》第 7 卷，人民出版社 2009 年版，第 936 页的翻译更为准确。

④ 《马克思恩格斯文集》第 5 卷，人民出版社 2009 年版，第 697 页。

接动机——追求“剩余劳动”或“剩余价值”“使资本家致富”。所以，马克思站在经济史角度把“资产阶级社会”视为人类社会有史以来“最发达的和最多样性的历史的生产组织”。

马克思在“剩余价值学说史”中分析资本的幻象时从反面提出了“资本的生产力和形式”概念：通过资本同工人之间的交换而使活劳动并入资本，这种特殊形式的劳动过程一开始就作为属于资本的活动而出现，这种社会劳动的一切生产力直接呈现为资本生产力即资本物自身的生产力和形式，就像劳动的一般社会形式在货币上表现为货币物自身的属性一样。这种所谓“资本的生产力和形式”即是马克思生前公开发表的《资本论》第1卷所说的“资本主义生产方式”。就资本的历史形成过程而言，当“资本”作为一种生产方式在全社会范围内占统治地位，也就是当“商品形式”“货币形式”成为全社会范围内的统一标准，就构成“资本主义生产方式”自身。

马克思基于不同的角度对这个“资本主义生产方式”有多个称谓，如“以交换价值为基础的资产阶级社会”，“现代资本”，“以货币作为自己的出发点”的生产方式，“以资本为基础的生产方式”，“受资本统治的生产方式”，“典型的名副其实的资本生产方式”，“以劳动能力的出卖为基础的资本关系”，“以雇佣劳动为基础的生产方式”①，“以机器为基础的生产”，“资产阶级生产方式”，“现代生产方式”，等等。其中，“现代生产方式”概念在《资本论》中出现过七次：

《资本论》第一卷占四次。马克思在关于英国工厂立法的论述中有三次提到“现代生产方式”概念②，认为这一新的生产方式的最终确立是工人的阶级斗争与工业技术革命两方面作用的结果；马克思在关于英国关税保护制度在资本原始积累过程中的作用的论述中提到这个概念③，并把这个“现代生产方式”与“旧生产方式”相对举。

《资本论》第三卷占三次。马克思在“商人资本的历史考察”中两次提到这个概念④，在关于“高利贷资本”的论述中提到这个概念⑤。

---

① 《马克思恩格斯文集》第8卷，人民出版社2009年版，第209页。

② 《马克思恩格斯文集》第5卷，人民出版社2009年版，第326、341、345页。

③ 《马克思恩格斯文集》第5卷，人民出版社2009年版，第867页。

④ 《马克思恩格斯文集》第7卷，人民出版社2009年版，第371、375页。

⑤ 《马克思恩格斯文集》第7卷，人民出版社2009年版，第676页。

我认为，马克思所反复提出并论证过的“资本主义生产方式”或“现代生产方式”概念，正是马克思所认定的对人类特定历史阶段的生产方式的规范称谓或科学概念。

二、马克思文本中的“生产方式”“资本主义生产方式”概念

一个不能忽视的现象是，马克思对“生产方式”概念在不同的场合赋予了程度不同的意义。一是多次把生产方式直接归类于人类“怎样生产，用什么劳动资料生产”这一“生产力”范畴，如马克思在《1844 年经济学哲学手稿》中提出“罗马奴隶的踏车又成了英国工人的生产方式和存在方式”，在《资本论》第一卷中提出“他的劳动生产条件，也就是他的生产方式”“使农村居民的生产方式，从而使他们的生活条件和就业手段发生了巨大的、突然的和强烈的革命”“独立的农民或独立的手工业者的生产方式”。他在《资本论》手稿中说“农业是一种特殊生产方式”①、“自动工厂是适应机器体系的完善的生产方式”② 等。二是多次把生产方式内涵与“生产关系”或“社会关系”概念明确划分开来，如他在《哲学的贫困》提出的“随着生产方式即谋生的方式的改变，人们也就会改变自己的一切社会关系”，在《资本论》第 1 卷第一版“序言”中说“我要在本书研究的，是资本主义生产方式以及和它相适应的生产关系和交换关系”“古老的陈旧的生产方式以及伴随着它们的过时的社会关系和政治关系”，在《政治经济学批判（1857—1858 年手稿）》中说“随着相对剩余价值的生产——，生产方式的整个现实形态也在改变，产生出特殊资本主义生产方式；只有在这种生产方式的基础上并随着这种生产方式的发展，与资本主义生产过程相适应的、各生产当事人之间的、特别是资本家与雇佣工人之间的生产关系，也才发展起来”③。三是在一些场合把生产方式等同于“生产关系”，如在《1848 年至 1850 年的法兰西阶级斗争》中说“只有在

① 《马克思恩格斯全集》第 31 卷，人民出版社 1998 年版，第 124 页。

② 《马克思恩格斯全集》第 47 卷，人民出版社 1979 年版，第 518 页。

③ 《马克思恩格斯文集》第 8 卷，人民出版社 2009 年版，第 504 页。

现代生产力和资产阶级生产方式这两个要素互相矛盾的时候，这种革命才有可能”①，在《资本论》第1卷中说“这个历史上一定的社会生产方式即商品生产的生产关系”②。四是在个别场合提出生产方式本身就涵盖“生产力”“生产关系”成分，如《资本论》第1卷中说“必须变革劳动过程的技术条件和社会条件，从而变革生产方式本身”③。

“资本主义生产方式”概念也存在这种情形。就是说，《资本论》及其手稿在不同场合对资本主义生产方式赋予了不同含义或本质特征。正如马克思在《资本论》手稿中所提出的，“以交换价值为基础的资产阶级社会”——揭明资本主义生产方式的生产目的；“以货币作为自己的出发点”的生产方式、“以资本为基础的生产方式”“以资本为前提的生产方式”——表明资本主义生产方式作为一种独立的生产方式必须以一定数量的货币或财富为前提条件；“以劳动能力的出卖为基础的资本关系”“以个人自由为基础的社会生产”——表明资本主义生产方式作为一种独立的生产方式必须以劳动力的所有者与劳动资料的所有者之间的分离以及生产者的人身自由为前提条件；“以机器为基础的生产”——表明资本主义生产方式在生产工具方面的标志；“现代资本”“受资本统治的生产方式”“典型的名副其实的资本生产方式”——指明资本作为一种生产方式不仅在一定的历史阶段取得了其“独立地位”并且居于“统治地位”而非“夹缝”地位或萌芽状态，这即是马克思的“资本主义生产方式”概念的本义；“资产阶级生产方式”属于马克思对资本主义生产方式的另一种叫法；“更加有利于生产的方式”——表明资本主义生产方式相对于历史上其他生产方式的优越性。另外，“资本生产方式”在《资本论》手稿中出现过四次，但在马克思生前出版的《资本论》第一卷和经恩格斯编辑的《资本论》第二卷、第三卷均没有出现过这样的词汇。显然，“资本生产方式”是马克思在对“现代社会”的观察或思考过程中的一个过渡性词汇。只有“资本主义生产方式”或“现代生产方式”才是马克思对人类特定历史阶段的生产方式的规范称谓，是对这个生产方式本质内容的准确揭示的科学称谓。马克思还把“资本主义生产方式”与“以奴隶制为基础的生产”

① 《马克思恩格斯文集》第2卷，人民出版社2009年版，第176页。

② 《马克思恩格斯文集》第5卷，人民出版社2009年版，第93页。

③ 《马克思恩格斯文集》第5卷，人民出版社2009年版，第366页。

(方式)、“直接通过自己的劳动来满足直接的大部分需要的家长制农业手工业生产”（方式）或“拥有劳动工具的独立小私有者的生产方式”相对举，把资本主义生产方式作为“现代生产方式”与“旧的生产方式，即公社的、家长制的、封建的生产方式”相对举，以表明它们之间的时代性差别。同时，马克思进而把“资本主义生产方式”与“以奴隶制为基础的生产”方式、封建生产方式一起都归结为“以阶级对立为基础的生产方式”[①]。

“生产方式”概念及“资本主义生产方式”概念在马克思文本中所存在的这些情形给人们对这些概念作多种理解留下了空间。其中，学界对马克思“生产方式”概念的阐释就存在多种不同的见解。冈本博之把马克思的“生产方式”理解为“由人们在社会的生产中结成的不可分离的社会生产力和生产关系这两个方面形成”[②]；阿尔都塞把它理解为“双重联结，即生产资料的联结和生产关系的联结”，“使生产方式得以构成的则是联结，它使生产力（生产资料、生产者）服从于某总体性的支配，就此总体性而言，生产资料的所有者是占统治地位的。这种联结是本质性的，……一种生产方式就是一种联结”[③]；G. A. 科恩则把它理解为“物质方式”“社会方式”以及它们的“混合方式”[④]，詹姆斯·P. 沃麦克、丹尼尔·T. 琼斯等把“生产方式”具体化为某种产品从生产工艺到销售服务的生产、经营管理模式包括“单件生产方式”“大量生产方式”“精益生产方式”，其中“单件生产方式”指“单件生产厂家使用高度熟练的工人、简单但又是通用的工具来制造顾客所要求的产品，每次一件”，“大量生产方式”指“用精通某一狭隘领域的专业人员设计产品，用非熟练与半熟练的工人，采用昂贵的专用设备生产”“大批量的标准产品”[⑤]，“精益生产方式”指“与

① 《马克思恩格斯文集》第7卷，人民出版社2009年版，第434页。

② ［日］冈本博之：《〈资本论〉与当代》，引自《〈资本论〉与当代——日本学者研究〈资本论〉文集》，李成鼎、尚晶晶译，求实出版社1984年版，第25页。

③ ［法］路易·阿尔都塞：《马克思与相遇的唯物主义》，陈越、赵文译，《国外理论动态》2009年第10期，第74页。

④ ［英］科恩：《卡尔·马克思的历史理论——一种辩护》，段忠桥译，高等教育出版社2008年版，第99页。

⑤ ［美］詹姆斯·P. 沃麦克、［英］丹尼尔·T. 琼斯、［美］丹尼尔·鲁斯：《改变世界的机器》，沈希瑾、李京生、周亿俭、张文杰等译，商务印书馆，2003年版，第13页。

大量生产方式比较，一切投入都大为减少。工厂中的劳动力、生产占用的场地和工装投资都减半，用一半时间就能开发出的新产品，其所用的工程设计工时也是一半。同时，现场所需存货还可以大大少于一半，极少量的废品，且能生产出更多的并不断变型的产品"[①]；里格比认为马克思本人对生产方式术语至少赋予了两种意义即指"执行生产的方式"与劳动过程的组织，而马克思主义者通常不用"生产方式"简单地指谓生产的技术方面而以之广泛地描述生产的"一定的社会性质"[②]；罗荣渠提出生产方式"包括生产力和生产关系两个方面，生产力是生产方式的物质内容，生产关系则是它的社会形式"[③]；袁绪程则提出"含有生产关系规定的生产方式"即"'宽'义的生产方式概念"与"不含生产关系规定的生产方式"即"'窄'义的生产方式概念"[④]，他把"生产力"视为"狭义的生产方式"。由林岗等主编的《〈资本论〉导读》（人民出版社2012年版）提出"生产方式"范畴包含"三种含义"，就是生产方法或劳动方式、社会生产关系和社会经济形态。这些不同的阐释尽管在马克思的文本中有一定的根据，但不能驻足于所谓生产方式"可分为两个方面的内容……物质生产方式……或社会生产方式"[⑤]这类含糊"阐释"或"生产方式是由人们在社会的生产中结成的不可分离的社会生产力和生产关系这两个方面形成的"这样把"生产方式"拆分成"生产力"和"生产关系"间的"二一添作五"式"理解"，必须对马克思的"生产方式"概念的涵义作出精准的断定。

三、马克思的生产方式概念的两个"层级"

我认为，对马克思"生产方式"概念的理解应分两个"层级"：

---

① ［美］詹姆斯·P. 沃麦克、［英］丹尼尔·T. 琼斯、［美］丹尼尔·鲁斯：《改变世界的机器》，沈希瑾、李京生、周亿俭、张文杰等译，商务印书馆，1999年版，第14页。

② 参见［英］里格比：《马克思主义与历史学：一种批判性的研究》，吴英译，译林出版社2012年版，第31－32页。

③ 罗荣渠：《现代化理论与历史研究》，《历史研究》1986年第3期，第31页。

④ 袁绪程：《从方法论看生产方式、生产力、生产关系的含义及区别》，《哲学研究》1984年第5期，第23页。

⑤ 于金富：《生产方式：经典理论与当代现实》，社会科学文献出版社2009年版，第163页。

一个层级是，作为马克思社会历史观基本范式的“生产方式”是指一切社会形式都有一种“典型的”或占统治地位的生产方式，马克思一生集中分析了其中的“资本主义生产方式”，这是马克思之所以在社会科学或历史科学领域取得突破性成就的全部根由。马克思的资本主义生产方式概念包含着两个层次，一个层次是马克思把资本视为一种与别的生产方式并存的独立生产方式；一个层次是资本这种独立生产方式跃升为全社会“占统治地位的生产方式”，马克思把这种“占统治地位的生产方式”称为“资本主义生产方式”即恩格斯在《反杜林论》等著作中所准确规定的“现代资本主义生产方式”，马克思在分析研究这个生产方式的过程中侧重其社会形式或社会性质，用著名学者卫兴华的话说即“《资本论》是要研究资本主义的生产关系及其产生、发展和灭亡的规律”。

另一个层级是在特定历史阶段某种“典型的”或占统治地位的生产方式实际上包括三个基本方面。一是指人类生产的技术条件或生产方法，如马克思在《哲学的贫困》中提到的“手推磨”和“蒸汽磨”就代表着人类历史上两种不同类型的生产方式的“符号”。马克思在《资本论》第一卷所分析的“劳动资料”或“生产资料”或“固定资本”就属于生产方式的载体。用约翰·穆勒的话说，生产方式的这个方面侧重于“财富生产的规律和条件”。

二是指人类生产的社会形式或社会性质，它涉及（1）生产的组织形式，如马克思在《资本论》第一卷中分析的“小生产者独自经营”“行会师傅的作坊”“工场手工业”“大工业”等就代表人类生产历史上先后出现的不同组织形式；（2）生产要素之间的结合形式，如马克思在《资本论》手稿中论述的“奴隶劳动、徭役劳动、雇佣劳动”就是历史上生产的社会形式三种不同的典型；（3）生产目的，如马克思在《资本论》手稿中提出“资本的目的在于扬弃货币的传统的直接现实性，把它变成一种只由资本设定的同时又由资本扬弃的纯观念的东西”，“资本的目的是价值”①。用约翰·穆勒的话说，生产方式的“生产目的”侧重于“财富的分配”制度。

三是指上述出于“抽象”或“分析”需要而被暂时“切割”开的

① 《马克思恩格斯全集》第31卷，人民出版社1998年版，第66、第122页。

“人类生产的技术条件或生产方法”（即人们习惯的“生产力”术语）与“人类生产的社会形式”（即人们习惯的“生产关系”术语）之间的“融合态”或直接存在形式即马克思所命名的“经济的社会形态”或称为“社会生产形态”①。马克思所谓“各种经济时代的区别，不在于生产什么，而在于怎样生产，用什么劳动资料生产”②、“劳动过程的组织和技术的巨大成就，使社会的整个经济结构发生变革”③，就是侧重从“人类生产的技术条件或生产方法”方面去把握占统治地位的“经济的社会形态”即生产方式的本质内容；马克思所谓“使各种经济的社会形态例如奴隶社会和雇佣劳动的社会区别开来的，只是从直接生产者身上，劳动者身上，榨取这种剩余劳动的形式”④“雇佣劳动和土地所有权也是历史规定的社会形式：一个是劳动的社会形式，另一个是被垄断的土地的社会形式。而且二者都是与资本相适应的、属于同一个经济的社会形态的形式”⑤，就是侧重从“人类生产的社会形式”去把握占统治地位的“经济的社会形态”即生产方式的本质内容。就此而言，以往人们偏好于“生产关系”与“生产力”这两个术语之“分”而模糊于前者之合于后者之“体”。其实，生产关系本身也内在于生产活动过程之中、生产关系本身也出“生产力”，《德意志意识形态》所阐明的“社会关系的含义是指许多个人的合作”即意味着生产关系实指人类在生产活动彼此之间相互结合的“机制”或“结构”，并且资本本身就意指生产者之间的“合作”。恩格斯在《致瓦·博尔吉乌斯》中所说的作为社会历史决定性基础的经济关系指一定社会用以生产生活资料和彼此交换产品的方式包括生产和运输的全部技术装备、地理基础和围绕着这一社会形式的外部环境等，同样把“经济关系”即生产关系融入社会生产活动或生产方式之中。马克思在《资本论》第一卷甚至于提出“暴力本身就是一种经济力”，“劳动生产力”包括“生产过程的社会结合”。

那种分别把生产力禁锢于“人与自然之间的关系”、把生产关系归结为“生产资料所有制形式”的“常识”属于一种简单思维或简单意识。换

① 《马克思恩格斯文集》第5卷，人民出版社2009年版，第210、197页。
② 《马克思恩格斯文集》第5卷，人民出版社2009年版，第210页。
③ 《马克思恩格斯文集》第6卷，人民出版社2009年版，第44页。
④ 《马克思恩格斯文集》第5卷，人民出版社2009年版，第251页。
⑤ 《马克思恩格斯文集》第7卷，人民出版社2009年版，第923页。

言之，出于理解的需要或传播的需要，应该在理论上明于“生产关系”与“生产力”这两个术语的意义指向之“分”，但这只是人们认识“生产方式”或“社会经济形态”的必要步骤，必须进一步将“生产关系”回归于“生产活动”之中，进而将“生产关系”“生产力”统合到“生产方式”或“经济的社会形态”之中，这才是对“生产关系”同“生产力”“生产方式”之间层次关系的合理理解，才是对“生产关系”同“生产力”概念之间逻辑层次的“历史还原”。马克思所谓“变革劳动过程的技术条件和社会条件，从而变革生产方式本身，以提高劳动生产力”[①]，其中的劳动过程的“技术条件”“社会条件”“生产方式”即科学揭示了“生产力”“生产关系”与“生产方式”之间的内在层次关系。马克思关于“怎样生产，用什么劳动资料生产”的论断可视为关于“生产方式”的一个标准定义；马克思关于“劳动资料不仅是人类劳动力发展的测量器，而且是劳动借以进行的社会关系的指示器”[②] 论断，则挑明生产方式本身不能简单等同于“生产力和生产关系两个方面”的“平分秋色”，而是断定作为生产方式载体的“劳动资料”本身既体现了人类生产力的发展程度，又体现了人类社会关系或生产关系的文明程度。马克思本人一生“把科学首先看成是历史的有力的杠杆，看成是最高意义上的革命力量”[③] 这一事实本身就表明，马克思生产方式理论关于作为科学技术凝结物——劳动资料即生产工具（变革）对社会历史主要是经济制度的革命性影响力度。

至于资本主义生产方式发展的阶段具体如何，马克思本人没有关于资本主义生产方式发展阶段的系统理论，但他留下了这方面的思想资料。例如，马克思在《哲学的贫困》中提出了“资产阶级的历史”概念，并把“资产阶级的历史”区分为“两个阶段”即“资产阶级在封建主义和专制君主制的统治下形成为阶级”阶段和资产阶级“推翻封建主义和君主制度，把社会改造成资产阶级社会”阶段；在《资本论》第一卷中有处于缝隙中的“古代资本”概念，有“现代资本”概念，有恩格斯的“现代资

① 《马克思恩格斯文集》第5卷，人民出版社2009年版，第366页。

② 《马克思恩格斯文集》第5卷，人民出版社2009年版，第210页。

③ 《马克思恩格斯全集》第19卷，人民出版社1963年版，第372页。

本主义生产方式”概念，有“资本主义发展阶段”[1]或“资本主义发展已经达到的程度”[2]概念，有“资本主义生产方式较发达的国家”与“资本主义生产方式不太发达的国家”[3]或“工业较发达的国家”与“工业较不发达的国家”概念。在这方面创立系统理论的是列宁。他明确阐明了资本主义生产方式发展的阶段理论，这就是把资本主义生产方式分为自由资本主义阶段与垄断资本主义阶段。

① 《马克思恩格斯文集》第 10 卷，人民出版社 2009 年版，第 662 页。
② 《马克思恩格斯文集》第 8 卷，人民出版社 2009 年版，第 561 页。
③ 《马克思恩格斯文集》第 5 卷，人民出版社 2009 年版，第 645 页。

第六章　资本的历史作用

一、资本把各种生产要素凝成一种社会劳动生产力

《共产党宣言》对资本主义社会作了这么个描述：资本只有通过社会许多成员或社会全体成员的共同活动才能运动起来，这种“集体的”或“社会全体成员的”“共同活动”属于“一种社会力量”。那么，为什么这样呢?《资本论》手稿从生产方式的角度予以具体揭明：“资本不是同单个的劳动，而是同结合的劳动打交道”“用资本来进行的生产总是在这样的发展阶段开始的，这时，一定量社会财富在客观上已经积聚在一个人手里，因而表现为资本，它一开始就表现为同许多工人交换，后来表现为靠许多工人，靠工人的结合来生产，它能够推动一定量的活劳动能力同时劳动。由此可见，资本一开始就表现为集体力量，社会力量，表现为分散性的扬弃”①，资本甚至于把劳动的这种社会结合以及与之相应的劳动资料连同活劳动一起并入自身，变成一种社会性力量即统治单个工人的“异己的力量”。

从最终或“根本”意义上看，资本迥异于简单商品生产或小生产方式，它作为一种独立的生产形式问世依存于一种特定的社会生产力，是人类生产的社会化程度或结合力量达到相当高度的结果。马克思在《资本论》“相对剩余价值的生产”篇中以“举例”的形式对此作了通俗的阐

---

① 《马克思恩格斯全集》第46卷下册，人民出版社1980年版，第21、87－88页。

明：整个骑兵连的进攻力量或整个步兵团的抵抗力量同单个骑兵分散展开的进攻力量的总和或单个步兵分散展开的抵抗力量的总和有本质差别。同样，单个劳动者的力量的机械总和同许多人手同时共同完成同一不可分割的操作所发挥的社会力量也有本质差别，一吨重的东西单个人举不起来，10个人竭尽全力才能举起来，但100个人只要每个人用一个指头的力量就能举起来，这种结合劳动的效果之所以是单个人的劳动所根本不能达到的或只能在很小的规模上达到，是因为单个劳动者或劳动力之间的协作不仅提高了个人生产力，而且创造了一种新生产力，这就是“集体力”即有组织的集体所产生的社会性力量。那么，是谁成全了这种“集体力”呢？马克思在《政治经济学批判（1857—1858年手稿）》中提出“工人的联合”是“由资本造成的”，资本本身构成这种社会生产能力的“主体”，工人在工厂形式下所发生的联合力量直接呈现为“资本的生产力”，资本一般要求有一定程度的积聚，包括“客体形式”的积聚即在一个人手中积聚了生活资料、原料和工具与“主体形式”的积聚即在资本指挥下劳动力的积累、劳动力积聚在同一点上，一个资本家必有一定数量的工人，而非每有一个工人就有一个资本家。“资本不仅表现为工人的集体力量，他们的社会力量，而且表现为把工人连结起来，因而把这种力量创造出来的统一体。”[①] 恩格斯在《社会主义从空想到空想的发展》中明确将这种“把这些分散的小的生产资料加以集中和扩大，把它们变成现代的强有力的生产杠杆”过程归结为“资本主义生产方式”或资本家阶级的“历史作用”。

资本作为一种独立的生产形式是“以生产力的一定的现有的历史发展为前提”[②] 的。诚然，人类通过劳动摆脱了动物界。但人类的劳动水平如果仅及维持生存水准还是拉开不其与动物之间的距离而达到真正意义上的人类劳动水准，更产生不了作为独立形态的资本关系。如果劳动生产率处在这样的状况，一个人的劳动时间只够维持他本人的生活，或者只够生产和再生产他本人的生活资料，那就没有任何剩余劳动或任何剩余价值，就根本谈不上劳动力价值与这个劳动能力所创造的价值之间的差额，而超过劳动者个人需要的“生产率”是“资本主义生产的基础”，或者说，出现

① 《马克思恩格斯全集》第46卷下册，人民出版社1980年版，第85页。

② 《马克思恩格斯全集》第46卷下册，人民出版社1980年版，第211页。

剩余劳动这一生产力水准是“资本存在的前提”。剩余劳动和剩余价值的存在意味着人类的劳动生产率达到了能够创造出超过劳动力自身价值的新价值、能够生产超出维持生活过程所必需的生活资料的新阶段。换言之，只有当人类劳动出现了一定程度的社会化、一个人的剩余劳动成为另一个人不劳而能生存的条件时，才会出现具有独立形态的资本关系。“资本只不过是把它找到的大量人手和大量工具结合起来。资本把它们聚集在自己的统治之下。这是资本的实在的积累；就是在各个点上把工人连同他们的工具积累起来。”[①]“社会地控制自然力，从而节约地利用自然力，用人力兴建大规模的工程占有或驯服自然力，——这种必要性在产业史上起着最有决定性的作用”[②]，只是这种作为资本关系的基础和起点的这种劳动生产率不是自然的恩惠而是几十万年历史沉淀的结晶。所以，马克思认为资本作为一种独立的生产方式的形成过程实质上是旧的社会生产方式的解体与一种新的社会生产方式诞生的过程，属于一个新的“历史创始时期”。

马克思不仅发现了“除劳动能力以外一无所有的阶级的存在是资本的必要前提”，还发现“单个的货币所有者或商品所有者要蛹化为资本家”存在一个“门槛”。就资本的价值形态而言，就是货币或财富的所有者在生产上预付的最低限额必须大大超过中世纪的最高限额，否则，就没有真正意义上的“资本主义生产”。这种资本主义生产以商品生产者握有较大量的资本即货币财富为前提，一个资本家即货币财富的所有者所拥有的价值量（财富）是一个普通商品生产者或其家庭所拥有的价值量无法可比的。对于像经营道路修筑的大资本家而言，则必须有“大量资本积聚”，所谓“资本积聚”或“资本积累”的过程实际上是资本越来越成为社会力量的过程。就资本的物质形态而言，资本家必须是具有社会规模的生产资料的拥有者，就是“人数较多的工人在同一时间、同一空间（或者说同一劳动场所），为了生产同种商品，在同一资本家的指挥下工作，这在历史上和概念上都是资本主义生产的起点。”[③] 换言之，在资本的生产组织程度方面，资本开始于大作坊或工场手工业而完成于机器大工业。因为大工业通过不断的生产革新使商品的生产费用不断降低，无情地排挤掉一切旧的

① 《马克思恩格斯文集》第 8 卷，人民出版社 2009 年版，第 161 页。

② 《马克思恩格斯文集》第 5 卷，人民出版社 2009 年版，第 587 – 588 页。

③ 《马克思恩格斯文集》第 5 卷，人民出版社 2009 年版，第 374 页。

生产方式，征服国内市场，使自给自足的农民家庭的小生产和自然经济灭绝，使整个民族为资本服务。

资本这种作为一种独立的生产形式显然并非存在于一切社会形式中的某种超历史现象，像那些“自由的、赚取工资的合约性劳动，可出租的、生产利润的土地，以及流动的、寻求投资的资本，根本不是‘自然的’”①。马克思在《资本论》中还从资本这种生产方式的社会形式方面作了进一步的“寻根”：“只有当生产资料和生活资料的占有者在市场上找到出卖自己劳动力的自由工人的时候，资本才产生；而单是这一历史条件就包含着一部世界史。因此，资本一出现，就标志着社会生产过程的一个新时代”②，资本主义生产具有这样独特的历史内涵，属于“一种特殊的、具有独特历史规定的生产方式”③。因此，资本作为一种独立的生产形式或社会形式问世不仅是一个重大的历史性事件，而且是人类的生产能力作为一种集体力量或社会力量——结合力量迈入人类历史新阶段一个具革命性意义的标志。

当然，资本作为一种社会力量并非一问世就很强势、强大或总是不可一世。相反，“只要资本的力量还薄弱，它本身就还要在以往的或随着资本的出现而正在消逝的生产方式中寻求拐杖。而一旦资本感到自己强大起来，它就抛开这种拐杖，按它自己的规律运动。当资本开始感到并且意识到自身成为发展的限制时，它就在这样一些形式中寻找避难所。”④

二、资本主义生产方式优胜于封建生产方式或小生产

马克思早在《哲学的贫困》中便提出了“封建主为首的社会”“工业资本家为首的社会”命题，在《资本论》关于“资本的原始积累”的论

① ［美］罗伯特·L. 海尔布罗纳、威廉·米尔博格：《经济社会的起源》，李陈华、许敏兰译，格致出版社、上海人民出版社 2010 年版，第 50 页。

② 《马克思恩格斯文集》第 5 卷，人民出版社 2009 年版，第 198 页。

③ 《马克思恩格斯文集》第 7 卷，人民出版社 2009 年版，第 994 页。

④ 《马克思恩格斯全集》第 31 卷，人民出版社 1998 年版，第 43 页。

述过程中明确提出了“从封建生产方式向资本主义生产方式的转化过程”“资本主义社会的经济结构是从封建社会的经济结构中产生的”这些论断，并且揭明了“资本主义生产方式”“封建生产方式”及其前者对后者的相对优势。

他在《资本论》第三卷中以地租为例分析了这两种生产方式的差异：在封建土地所有制条件下，“地租”是剩余价值或剩余劳动唯一占统治地位的表现形式，直接生产者农民被迫而无偿地向其地主即土地所有者提供全部剩余劳动；在资本主义生产方式条件下，则在土地所有者和农民之间出现了“租地农场主”即农业工人的实际支配者、剩余劳动的实际剥削者，土地所有者和租地农场主所发生的直接关系是单纯的货币关系和契约关系，于是，地租从剩余价值和剩余劳动的“正常形式”或“基本形式”降格为资本利润的“余额”，剩余价值的“正常形式”或“基本形式”也由“地租”“传位”于资本的“利润”。

他在《资本论》手稿中还从人同其生活共同体（主要是人与人）之间的关系角度指出了以封建社会为代表的古代社会生产方式（小生产）与以工业社会为代表的现代社会（modern）生产方式即资本主义生产方式之间的差别：后者处于人对物的依赖关系之中，“剥掉了一切政治的、宗教的和其他观念的伪装。这种关系——在双方的意识中——被归结为单纯的买和卖的关系。劳动条件本身以赤裸裸的形式与劳动相对立，它们作为对象化劳动、价值、货币与劳动相对立，作为把自身仅仅理解为劳动本身的形式并且只是为了作为对象化劳动保存和增大自身而与劳动相交换的货币。因此，这种关系纯粹表现为单纯的生产关系——纯粹的经济关系”①，人与人彼此之间存在着独立性与依存性，形成普遍的社会物质变换、大范围的交往、多方面的需求；前者则处于人对人或人所生活的共同体的依赖关系中，人的生产能力在狭窄的范围内和孤立的地点上发展着，人们生活在那种人的出身决定一生的地位那样一种“身份社会”，“表现为主人与奴仆，自由民和奴隶，半仙和凡人等等之间的关系，而且在双方的意识中就是作为这样的关系存在着”②，被束缚于土地的农民仅仅被视为领主的财产，其中在亚洲的东方国家，包括直接生产者在内的所有臣民对国家都处于臣属

①② 《马克思恩格斯全集》第32卷，人民出版社1998年版，第150页。

依附关系状态[①]。在这种古代社会生产方式下，生产力水平低下、广大民众处于“半饥半饱的生活水平”，剩余劳动数量非常有限，统治者为保证能够获得足够的剩余产品而对劳动者施行超经济的强制，带有“以前的一切政治的和社会的附属物和混杂物”，社会处于扩大再生产程度微弱或者说以简单再生产为特征的生产状态。

据《新帕尔格雷夫经济学大辞典》，封建生产方式作为一种独立的生产方式于11世纪初在西欧占统治地位，“无论是领主还是农民，都无需按照社会所要求的比率进行生产以获取最大收益，并且不必降低成本以求自立，也不必通过专业化和积累以及创新而不断改进生产”，农民“为生存而生产，抓住他们的份地不放，繁育大家庭，以及通过遗赠他们份地而为家庭后代提供生计。无论是领主还是农民都企图利用可以获得的剩余基金来开辟新的土地”[②]。马克思在《资本论》第一卷中认为这种小农经济和独立的手工业生产构成这种“封建生产方式的基础”，他干脆称之为“独立的农民或独立的手工业者的生产方式”[③]。其中，领主即封建主对农民剩余劳动即地租的占有不通过交换，而是基于一部分人对另一部分人的暴力统治，“可能有70%～80%的实际劳动人口没有定期货币支付之类的报酬”[④]。马克思在《路易·波拿巴的雾月十八日》一文中具体分析了法国小农经济的特点，每个农户自给自足、没有分工、彼此间没有丰富的社会交往——一袋马铃薯等于一个马铃薯。马克思在分析前资本主义的“高利贷资本”时还揭露了封建生产方式下的小生产者——农民的惨状：对小农来说，只要死一头母牛，他就不能按原有的规模来重新开始他的再生产。这样，他就坠入高利贷者的摆布之中，而一旦落到这种地步，他就永远不能翻身。这不仅表明了封建生产方式的脆弱性，而且意味着这种生产方式的历史局限性即“必然要被资本主义形式所代替”。在英国，随着赋役的现金化和领主出租直营地的进展加快，到15世纪中叶货币地租已经相当普遍，因而村社共同体的封建土地所有关系逐渐解体，农民的地位与城市的

---

① 《马克思恩格斯文集》第7卷，人民出版社2009年版，第894页。

② 《新帕尔格雷夫经济学大辞典》第2卷，经济科学出版社1996年版，第333、334页。

③ 《马克思恩格斯文集》第5卷，人民出版社2009年版，第385页。

④ ［美］罗伯特·L. 海尔布罗纳、威廉·米尔博格：《经济社会的起源》，李陈华、许敏兰译，格致出版社、上海人民出版社2010年版，第33页。

自由土地所有者已经没有多大区别。

资本主义生产方式正是在这种“农民经济和独立的手工业生产方式”即封建生产方式解体的基础上发展起来的，“一方面表现为生产者从农奴地位和行会束缚下解放出来……另一方面，新被解放的人……被剥夺了一切生产资料和旧封建制度给予他们的一切生存保障……成为他们自身的出卖者”[①]。这种生产方式不仅生产使用价值（产品）而且生产商品，不仅生产使用价值而且要生产价值，不仅提供必要劳动而且提供剩余劳动，不仅生产价值而且要生产剩余价值。其基本特征主要是：

从人与人之间的社会关系或社会身份来看，生产者都是商品生产者，他们之间不存在人身依附关系，属于“天生的平等派”，“这种物的联系比单个人之间没有联系要好，或者比只是以自然血缘关系和统治服从关系为基础的地方性联系要好”[②]；从经济形式商品经济的发达程度来看，这种生产方式作为“劳动过程和价值形成过程的统一”是“商品生产过程”，产品的交换价值“占优势”、社会因素或历史因素“占优势”，属于商品生产的标准形式，优胜于那种产品的使用价值“占优势”“自然联系还占优势”即生产经营限于自给自足水准的自然经济形式；从生产的组织形式和技术状态来看，这种生产方式实现了从协作、工场手工业、手工业、家庭劳动到工厂制度的变革，采取的是工厂制度和机器大工业形式，属于社会化程度极高的规模经营而优胜于那种分散的、手工的个体经营，如在有机器作业的工场手工业中，许多“局部工人”结合成“总体工人”，使生来只适应于从事片面的特殊职能的劳动力发展起来，局部工人作为总体工人的一个肢体而使其片面性甚至缺陷转换为专长或专业优势，使他转化为本能地准确地起作用的器官；从生产的社会形式即劳动者与生产资料的结合方式看，“生产过程从属于资本，或者说，这种生产方式以资本和雇佣劳动的关系为基础”，雇佣工人本身在劳动过程中是“资本的一个要素”[③]；从生产的社会规模或资本增值程度来看，以生产剩余价值即赢利或使所投资本增殖为“决定动机”，以扩大再生产为特征，属于“商品生产的资本主义形式”或竞争性经济，优胜于那种“生产过程在原有规模上、原有技术基

① 《马克思恩格斯文集》第5卷，人民出版社2009年版，第822页。

② 《马克思恩格斯文集》第8卷，人民出版社2009年版，第56页。

③ 《马克思恩格斯全集》第47卷，人民出版社1979年版，第151、514页。

础上的重复”的“前资本主义生产方式”，或者说优胜于那种以“提供直接使用价值的简单再生产”为特征的小生产。资本主义生产方式的这些“特质”被早期马克思主义者陈独秀简练地概括为“财产私有，自由竞争和生产集中”[①]。

这里需要澄明这么三对范畴：

（1）封建生产方式概念与小生产或“以自己劳动为基础的生产方式”概念之间的差异。前者是基于人与人之间的关系而言的，如人对人的“依赖性”或人对其生活共同体的“依赖性”就鲜明地表明了这种生产方式的特征，“人们在劳动中的社会关系始终表现为他们本身之间的个人的关系，而没有披上物之间即劳动产品之间的社会关系的外衣”[②]，这种“人身依附关系”构成封建生产方式的“本质内容”[③]；后者是基于生产者与生产资料之间的关系而言的，即生产者拥有生产资料或部分生产资料，“小块土地所有制”属于这种生产方式的“标准形态”。马克思认为劳动者对他的生产资料的私有权是这种小生产或“以自己劳动为基础的生产方式”的基础，这种生产方式虽然在奴隶制度、农奴制度或封建社会中都存在，但只是在劳动者是自己使用的劳动条件的自由私有者、农民是自己耕种的土地的自由私有者、手工业者是自己运用自如的工具的自由私有者的地方才得到了充分发展。这种小生产或“以自己劳动为基础的私有制”生产方式是以土地及其他生产资料的分散为前提的，既排斥生产资料的积聚，也排斥协作，排斥同一生产过程内部的分工，排斥对自然的社会统治和社会调节，排斥社会生产力的自由发展，只是同生产和社会的狭隘的自然产生的界限相容。[④]显然，封建生产方式与小生产或“以自己劳动为基础的生产方式”只是称谓上的差异，实质上是一致的，都属于“旧生产方式”，它们都与资本主义生产方式这一“现代生产方式”在生产率、物质交往方面有着根本性质的差别。

（2）虽然资本主义生产方式概念与简单商品生产或简单商品生产经营活动概念同属“商品生产”范畴，但简单商品生产或简单商品生产经营活

① 《陈独秀文集》第4卷，人民出版社2013年版，第626页。

② 《马克思恩格斯文集》第5卷，人民出版社2009年版，第95页。

③ 马克尧：《如何认识封建生产方式的共同规律》，载《历史研究》1979年第9期，第24页。

④ 《马克思恩格斯文集》第5卷，人民出版社2009年版，第872页。

动不等于“商品生产的资本主义形式”，不属于“剥削”性经营。按照马克思的资本历史作用思想，那种“以自己的劳动为基础的私有制”的确潜伏着“剥削”的可能性，但这种处于潜伏态的“剥削可能性”只有在“简单商品生产”被代之以“资本主义的商品生产”才“发育”为“剥削现实性”即“剥削”本身，二者之间存在着质的差别。尽管资本主义生产在外观上呈现为“标准的、占统治地位的”商品生产，但“资本主义生产过程并不单纯是商品生产”过程，而是“一个吸收无酬劳动的过程，是一个使生产资料（材料和劳动资料）变为吸收无酬劳动的手段的过程”①，这种资本主义生产方式所产生的巨大社会结合力及其经济收益被资本家无偿占有。在这种资本主义生产方式里，不仅作为直接物质形态的劳动材料、劳动资料以及生活资料等出现“反对”工人的现象即作为“资本”同工人相对立，就连作为生产的组织形式的“协作”“工场手工业”“工厂”也表现为资本的发展形式，把在这些劳动形式中发展起来的劳动生产力、科学力量以及自然力形变为“资本的生产力”。正如马克思在《资本论》“相对剩余价值的生产”篇中“协作”章所阐述的，工人作为劳动力的出卖者和资本家进行交易时是自己劳动力的所有者，他所出卖的只是他所占有的东西即他个人的、单个的劳动力，资本家支付的也只是这样的100个独立的劳动力价值而不是100个结合劳动力的价值。工人作为社会工人所发挥的生产力就转化为“资本的生产力”即这一百个单个劳动力所产生的“劳动的社会生产力”不费资本分文而被装入资本家囊中。简单商品生产则实行“等价交换”，根本不存在“直接生产者被剥夺”现象，不存在对别人剩余劳动的无偿占有现象，更不存在由一定规模的“结合劳动力”或“社会工人所发挥的生产力”创造的“剩余价值”被无偿占有现象，因而不属于“剥削”性经营范畴。所以，由恩格斯编辑出版的《资本论》第2卷说“商品生产的每一种经营都同时成为剥削劳动力的经营”实际上“省略”了从简单商品生产经营到资本主义商品生产经营的过渡中间所存在的若干环节或历史条件。一般商品生产经营或简单商品生产经营不等于“剥削性”生产经营、不等于“商品生产的资本主义形式”或者说资本主义商品生产经营，并且也不能把“商品生产的资本主义形式”简化为“剥削”

① 《马克思恩格斯文集》第8卷，人民出版社2009年版，第406页。

过程。因而，既要肯定资本主义商品生产经营的“剥削性”一面，又不能把“剥削”现象泛化或抽象化——把商品生产经营等同于剥削性经营。在这方面，历史上一些社会主义国家有过血的教训。

(3) 资本主义生产方式作为典型的扩大再生产形式属于一种竞争性经济形式，这种“自由竞争”不限于“经济关系”范畴，不等于经济“剥削”行为。虽然独立的商品生产者彼此对立，只承认竞争的权威，而不承认任何别的权威，但“竞争”作为体现人类“自由性”这一人之为人的质的规定性，从一个侧面体现了资本的人格化——资本家的“人性”。马克思说：“资本的本质……就是自相排斥……彼此完全漠不关心”①，“竞争一般说来是资本贯彻自己的生产方式的手段”，“自由竞争是资本的现实发展。它使符合资本本性，符合以资本为基础的生产方式，符合资本概念的东西，表现为单个资本的外在必然性。”② 他认为自由竞争建立在整个资本主义生产的基础上，不仅是对封建生产的否定、对垄断、行会、法律规定等等的否定，还是某种自为存在的东西，属于资本的内在本性或本质规定，“资本作为财富一般形式……是力图超越自己界限的一种无限制的和无止境的欲望”③。显然，“竞争”作为资本的社会性方面包含着“对封建生产的否定”，包含着其“自为存在的东西”如“竞争心”“致富欲”“成就欲”，就像斯密在《道德情操论》中阐述过的，引起“竞争”的原因是“人生的伟大目标”即“引人注目、被人关心、得到同情和博得赞许”，其中，“享有地位和荣誉的人举世瞩目”，“穷人走进走出无人注意，同被关闭在自己的小茅屋一样默默无闻”④。因此，必须看到资本主义生产方式的强烈竞争性具有人性内容而不限于“经济关系”范畴。

与此同时，必须承认资本主义生产方式的竞争性首先源于“经济关系”领域。因为这个生产方式的“根”在“商品经济”。商品经济的基本规律是价值规律，既然商品的价值量由生产该商品的“平均必要劳动时间”或“社会必要劳动时间”规定而不取决于个别商品生产者生产该商品

① 《马克思恩格斯全集》第30卷，人民出版社1995年版，第404页。

② 《马克思恩格斯全集》第31卷，人民出版社1998年版，第128、42页。

③ 《马克思恩格斯全集》第30卷，人民出版社1995年版，第297页。

④ ［英］斯密：《道德情操论》，蒋自强、钦北愚、朱钟棣、沈凯璋译，商务印书馆，1997年版，第61－62页。

的劳动时间，那么，“谁以最便宜的价格出卖同一质量的商品，谁就一定会战胜其他卖者，从而保证自己有最大的销路”①，在竞争中处于优势。相反，若商品生产者生产该商品的个别劳动时间高于社会必要劳动时间则会收益低甚至入不敷出，在竞争中便处于劣势、走向破产。因此，商品生产者们为了获取较多的收益、在竞争中处在有利地位，都力求降低个别劳动时间的耗费与生产成本，由此倒逼他们竞相提高劳动生产率包括革新生产工具、提高劳动熟练程度、改进生产方法、改善经营管理等，这是资本主义生产方式之所以具有强烈竞争性、发展的持久性的“基因”，也是这个生产方式比历史上包括封建生产方式在内的一切生产方式更能促进社会生产力发展的内在根据。

三、资本从不同层次推动资本主义社会生产力的发展

《共产党宣言》从历史的视野以诗一般的话语大赞资本的主人在其一百来年的阶级统治中所创造的生产力比过去一切世代所创造的还多、还大，对自然力的征服、机器的采用、化学在工农业生产中的广泛应用，轮船的行驶、铁路的通行、电报的使用等通讯技术的飞跃性发展，整个整个大陆的垦殖、河川的通航、大量的人口及其流动，人类社会所蕴藏的这么大的生产力或积聚财富的能力是以往任何时代不可想象的。

马克思在《资本论》及其手稿中具体地阐述了资本的这些生产力功能或历史进步作用。

其一，马克思认为资本与高利贷形式相比是以发展社会劳动的生产力为其“存在理由”的。资本“力求全面地发展生产力”，是“别人辛勤劳动的制造者”“生产力的提高者”“以小得多的比例来增加利润。因此，资本的增加对提高生产力的影响无可比拟地大于生产力的提高对资本增长的影响”②，资本“推动和促进生产力向前发展”③，与历史上那种限于分配

① 《马克思恩格斯选集》第1卷，人民出版社1995年版，第338页。

② 《马克思恩格斯全集》第30卷，人民出版社1995年版，第313页。

③ 《马克思恩格斯文集》第8卷，人民出版社2009年版，第188页。

领域把对方挤垮或压倒的高利贷资本有质的区别。他欣赏李嘉图在考察资本主义生产时对“生产力的发展”的关注，说“发展社会劳动的生产力，是资本的历史任务和存在理由。资本正是以此不自觉地创造着一种更高级的生产形式的物质条件。”① 与资本相结合的资本家即资本的人格化有“历史的价值”，其对企业或生产的“管理”执行着社会劳动过程中的“特殊职能”。马克思在《政治经济学批判（1861—1863 年手稿)》中提出“资本关系具有较高的生产效率”，因为在资本关系即资本主义生产方式下，一方面，资本家关心的是劳动时间、交换价值而不是产品、使用价值；另一方面，由于自由的工人只有出卖他的劳动才能满足其生活需要，他出卖劳动力是出于自身的利益而非外界强制。所以，他把资本或资本的人格化资本家的历史进步作用比作资本主义社会的“主动轮”，把作为资本关系的货币之生产力功能比作“社会形式发展的条件和发展一切生产力即物质生产力和精神生产力的主动轮”②。

其二，马克思认为资本为了延长剩余劳动时间即由“绝对剩余价值的生产”转向“相对剩余价值的生产”，必须提高劳动生产力。因为“相对剩余价值的生产使劳动的技术过程和社会组织发生彻底的革命”③，“资本的文明面之一是，它榨取剩余劳动的方式和条件，同以前的奴隶制、农奴制等形式相比，都更有利于生产力的发展，有利于社会关系的发展，有利于更高级的新形态的各种要素的创造。”④ 马克思在《资本论》第一卷中以“协作”为例说明了资本主义生产方式的这种历史优越性：一是降低了“不变资本的价值组成部分”。比如说，建造一座容纳 20 个人的作坊比建造 10 座各容纳两个人的作坊所耗费的劳动少，这样大量积聚且共同使用的生产资料价值就不会同这些生产资料的规模成比例增加，协作在生产规模上相对地缩小生产空间或场地。二是提高了劳动者个人生产效率。这种生产方式通过协作形式不仅提高单个人的生产力，而且创造各单个人之间的“集体力”即社会生产力，“在大多数生产劳动中，单是社会接触就会引起竞争心和特有的精力振奋，从而提高每个人的个人工作效率。”他在“资

① 《马克思恩格斯文集》第 7 卷，人民出版社 2009 年版，第 288 页。

② 《马克思恩格斯全集》第 30 卷，人民出版社 1995 年版，第 176 页。

③ 《马克思恩格斯文集》第 5 卷，人民出版社 2009 年版，第 583 页。

④ 《马克思恩格斯文集》第 7 卷，人民出版社 2009 年版，第 927 - 928 页。

本的积累过程”篇中以“集中”或“股份公司”为例揭明资本主义生产方式这么一个优势：在扩大再生产中，资本家通过集中或股份公司形式而在一夜之间集合起来的资本量比普通资本“积累”的速度更快而成为社会积累的新的强有力的杠杆，“在工业上运用股份公司的形式，标志着现代各国经济生活中的新时代……它显示出过去料想不到的联合的生产能力，并且使工业企业具有单个资本家力所不能及的规模”①。

曼德尔也从“消费社会”角度肯定“靠工资维持生活者的需要（生活标准）的真正扩大……是资本的必要文明功能的必然结果”②。正是在资本这一生产方式的驱动下，商品才第一次真正成为劳动产品的普遍形式，一切劳动产品都表现为商品形式，商品买和卖不仅把剩余产品纳入自己的范围、把生活所必需的东西纳入自己的范围，并且各种不同的生产条件本身也全部作为商品通过买和卖形式进入生产过程本身，资本所生产的产品必然是商品，否则什么也不生产。相反，在其他生产方式下，劳动产品只有部分地采取商品形式。所以，马克思从人类历史的角度准确地断定：“实际上，商品只有在资本、资本主义生产的基础上才成为财富的一般的基本形式。”③

其三，马克思认为资本对生产力的推动不限于“量”的范畴获得更多的剩余劳动或剩余价值，并且产生出“新的消费”和由此而产生“新的需要”即表现为“劳动（从而剩余劳动）的质的差别的范围不断扩大”或“分化”，技术生产部门的不断分化或无限的多样化。所谓“量变引起质变”规律，在社会商品经济领域也有其具体的存在形式。如从前需要100资本的地方在生产力提高一倍的情况下只需要使用50资本，这就必定要为这游离出来的50资本及其相应的必要劳动创造出一个新的生产部门，这个新的产业部门又会满足并引起新的社会需要④，由此带来整个社会产业结构的分化及其变革与升级。

其四，马克思从经济学角度揭明资本在劳动过程中呈现为社会“使用

① 《马克思恩格斯全集》第12卷，人民出版社1962年版，第37页。

② ［比利时］厄尔奈斯特·曼德尔：《晚期资本主义》，马清文译，黑龙江人民出版社1983年版，第459页。

③ 《马克思恩格斯全集》第32卷，人民出版社1998年版，第357页。

④ 《马克思恩格斯全集》第30卷，人民出版社1995年版，第388－389页。

价值”即“财富”的普遍扩张现象。资本在概念上有“生产资料”，出现了劳动过程的客观劳动条件与主观劳动条件之间的“划分”；资本的使用价值在整个劳动过程中表现为生产使用价值的过程，生产资料在这种使用价值的劳动过程中作为与生产资料的特定性质相适应的特殊劳动能力的生产资料执行职能，就是表现为“使用价值”形式或物质形态。资本社会地控制自然力并加以经济的利用，“调动社会结合和社会交往的力量，以便使财富的创造不取决于（相对地）耗费在这种创造上的劳动时间”①。这样，资本作为一种“目的的货币”成为社会“普遍勤劳的手段”，生产一般财富，从而在全社会范围内打开了财富之源。

其五，马克思发现资本的一个“伟大的历史方面”是为社会“创造”剩余劳动。他从“生产工人”概念在现代社会的变化发现，工人单是进行必要劳动的生产已经不够了，必须进行剩余价值范畴的生产。他在《资本论》手稿中认为，在资本时代，那些原来单纯从使用价值或生存意识来看的“多余劳动”即“超过必要劳动的剩余劳动本身成为普遍需要”，这种超过必要劳动的剩余劳动现象成了从个人需要本身产生的一种社会性普遍需要，同时，社会的普遍勤劳由于资本关系下所长期经历的严格纪律而发展成新的一代的普遍财产，社会的普遍勤劳由于资本无止境的致富欲及其实现这种欲望的手段即劳动生产力的不断向前发展而达到这样的程度，即整个社会一方面只需用较少的劳动时间就能占有并保持普遍财富，另一方面科学地对待不断发展、越来越丰富的再生产过程以至于出现这么一种新现象——让物或机器来代替原来由人从事的劳动。概而言之，资本属于“发展社会生产力的重要的关系”。②

其六，马克思认为资本作为一种生产方式“包含着绝对发展生产力的趋势”以至于把生产力提高至“极限”。“资本主义生产的始终不变的目的，是用最小限度的预付资本生产最大限度的剩余价值或剩余产品；在这种结果不是靠工人的过度劳动取得的情况下，这是资本的这样一种趋势：力图用尽可能少的花费——节约人力和费用——来生产一定的产品，也就是说，资本有一种节约的趋势，这种趋势教人类节约地花费自己的力量，

① 《马克思恩格斯全集》第46卷下册，人民出版社1980年版，第219页。

② 《马克思恩格斯全集》第30卷，人民出版社1995年版，第286页。

用最少的资金来达到生产的目的。”[①] 如在流通领域，由于资本流通时间对“价值创造”具有决定性影响，如果它越接近于零，资本的生产效率就越高、资本的自行增殖就越大，资本在生产过程中尽可能缩短产品过程不必要的时间或环节，“节约”生产资料、“免除”一切无用劳动。资本在流通领域发展的一个必然趋向，是追求“没有流通时间的流通”，这便造就了“虚拟资本”现象，使资本的生产效率达到极限。资本不断降低生产成本和流通费用的结果是，使商品的价格缩减到最低限度，从而提高了整个社会商品生产的经济效益，推动了整个社会生产力发展，资本因而是迄今为止生产成本最低的一种生产方式。就此而言，所谓资本是“人与人之间的某种动力学的关系”“驱动社会生产力扩张的强大动力”[②]，的确道破了资本这一生产方式的“特性”。

正是由于资本作为一种独立的生产方式在资本主义社会生产力发展中所起的不可替代的角色与巨大推动作用，恩格斯在《〈资本论〉第一卷书评》中提出人类历史上只有“资本主义的生产才第一次创造出”“社会全体成员的平等的、合乎人的尊严的发展”所必需的“财富和生产力”[③]。

四、资本推动资本主义社会农村生产方式的根本变革

马克思在《共产党宣言》中揭示了这么个事实：资产阶级创立了巨大的城市，使农村屈服于城市的统治，使城市人口比农村人口大大增加起来，使很大一部分居民脱离农村生活的愚昧状态，并且在世界范围内使未开化的和半开化的国家从属于文明的国家、使农民的民族从属于资产阶级的民族，使东方从属于西方。他在《资本论》中从生产方式的角度揭明“农村从属于城市”“农民的民族从属于资产阶级的民族”的具体根据，说“如果说资本主义生产方式是以劳动者被剥夺劳动条件为前提，那么，在

① 《马克思恩格斯全集》第 26 卷第 2 册，人民出版社 1973 年版，第 625 页。

② 张雄、鲁品越：《中国经济哲学评论·2011 财富哲学专辑》（序言），社会科学文献出版社 2012 年版，第 1 页。

③ 《马克思恩格斯文集》第 3 卷，人民出版社 2009 年版，第 87 页。

农业中，它是以农业劳动者被剥夺土地并从属于一个为利润而经营农业的资本家为前提”，并且“从资本主义生产方式的观点来看，土地所有权也是多余而且有害的”“把土地所有权变成荒谬的东西”[①]。相反，“如果资本还没有征服农业，那么一大部分产品还将直接作为生存资料来生产，而不是作为商品来生产，一大部分劳动者人口还不会变为雇佣工人，一大部分劳动条件还不会转化为资本。”[②]

马克思在《资本论》及其手稿中具体阐明了资本作为一种生产方式对农村传统生产方式的变革过程。资本“表现为现代农业的创造者”[③]。资本时代的大工业在农业领域内实现了生产方式的革命，用“雇佣工人”代替了代表旧的生产方式即封建生产方式的堡垒——“农民”，用“科学在工艺上的自觉应用”代替农村“最陈旧和最不合理的经营”即农民个体小生产与家庭作坊，用资本主义生产方式斩断了原始的农业和工场手工业之间的家庭纽带。就单个租地农场主而言，他所需要的生产资料从商品流通中获得，商品流通变成了他的生产前提。这就使自给自足的农民家庭小生产、自然经济绝迹，排挤小生产者之间的直接交换，整个“农业失去了为使用价值而劳动的性质”而转变为为交换价值生产的现代产业，成为按资本主义方式经营的工业部门，并用现代工业生产方式实现了农业与工业的新型联合，使之工业化、商品化。

这种农业与工业的新型联合使“汇集在各大中心的城市人口越来越占优势”，结果资本主义生产方式在国内的扩张过程变成了其对农村的渗透或城市关系对农村的渗透过程，导致整个农村的城市化。同时，马克思指出资本主义生产方式在农村地区扩张过程中存在的负面作用，如破坏了人与土地之间的物质变换，使人以衣食形式消费掉的土地的组成部分不能回归土地，破坏了土地肥力的持续利用的自然条件，破坏了城市工人的身体健康与农村工人的精神生活。但马克思对此又予以了历史的辩证肯定，早期资本主义生产所造成的破坏后果会强制地把人与土地之间的这种物质变换作为调节社会生产的规律而同人的充分发展相适合，“资本主义式的土

---

① 《马克思恩格斯文集》第7卷，人民出版社2009年版，第694、702、697页。

② 《马克思恩格斯文集》第8卷，人民出版社2009年版，第427页。

③ 马克思：《政治经济学批判（1857—1858年手稿）》，《马克思恩格斯全集》第30卷，人民出版社1995年版，第234页。

地耕作，促进生产力的发展”[1]。

总之，资本形式把封建生产方式下的“农民”“农业”“农村”改变成资本主义生产方式下的“农业工人”“现代农业”与“城市”，并且有能力消灭和摧毁以前的一切不再适应资本主义生产方式发展要求的旧社会形态，“资本具有要消除土地所有权和资本主义农业之间的分离的根本趋势：其方法是逐渐把土地所有者转化为企业家，把租地农场主一方面转化为大多数雇用劳动者另一方面转化为少数占有土地的农场主”[2]，用以资本为基础的生产来代替以前的或原始的自然经济形式或小生产，让资本主义生产方式统领全社会范围，甚至于资本作为一种独立的生产方式像空气一样在社会的每个角落无处不在，这样，整个经济的社会形态出现资本主义生产方式普遍化现象。马克思在《资本论》手稿中把这个资本主义生产方式普及化过程的“现代的历史”形象地称为“乡村城市化”[3] 历史。列宁在《俄国资本主义的发展》中指正了这一历史事实，认为俄国大机器工业使城市的工商业生活方式向乡村渗透，使有技术的工业工人进入乡村。我国有学者把资本主义生产方式的这种普及化过程归类为“社会横向发展”[4]范畴，是非常恰当的。资本主义生产方式的这种“横向发展”实质上是这个生产方式在全社会范围内“占统治地位”之横向扩张过程。

当然，资本主义生产方式在资本主义社会的农村区域普及过程并不短暂。直到 19 世纪 30 年代，英国劳动人民中也只有一小部分受雇于工厂[5]。就全球范围而言，这种城市化或资本普及化过程远没有完成，正如华勒斯坦曾经说过的，“一个历史社会体系已经存在了至少 400 年，而直到今天，我们还不能说，资本主义世界经济中完全无产阶级化的劳动力已经达到了百分之五十。”[6] 然而，只要资本作为一种独立的生产方式在历史上由一支

① 《马克思恩格斯全集》第 48 卷，人民出版社 1985 年版，第 505 页。

② ［比利时］欧内斯特·孟德尔：《〈资本论〉新英译本》，仇启华、杜章智译，中共中央党校出版社 1991 年版，第 197 页。

③ 《马克思恩格斯全集》第 30 卷，人民出版社 1995 年版，第 474 页。

④ 参丰子义：《深化对社会横向发展规律的研究》，《哲学研究》2011 年第 11 期。

⑤ ［美］帕尔默、科尔顿：《近现代世界史》中册，孙福生、陈敦全译，商务印书馆，1988 年版，第 574 页。

⑥ ［美］华勒斯坦：《历史资本主义》，路爱国、丁浩金译，社会科学文献出版社 1999 年版，第 8 页。

“独立的力量”发展为一种“站统治地位”的力量即全社会范围的资本主义生产方式时，这个“主动轮”就以不同于以往的“慢速”而飞速行进。

五、资本推动人类从地域性历史向世界历史转变

如果说资本推动资本主义社会中的农村传统生产方式的变革是就一个国家内部而言的，表明了资本主义生产方式在一个国家或民族范围内获得了统治地位，那么，资本推动人类从地域性历史走向世界历史则是针对国际或全球范围而言的，表明了资本主义生产方式在世界各地或全球范围内获得了普遍的统治地位。因为“世界市场不仅是同存在于国内市场以外的一切外国市场相联系的国内市场，而且同时也是作为本国市场的构成部分的一切外国市场的国内市场”①，“资本的必然趋势是在一切地方使生产方式服从自己，使它们受资本的统治……在国外市场方面，资本通过国际竞争来强行传播自己的生产方式”②，“资产阶级社会的真实任务是建立世界市场和以这种市场为基础的生产”③。

马克思在《德意志意识形态》中明确提出“历史向世界历史的转变”命题，说“大工业”或“现代资本”即资本主义生产方式首次洞开了“世界历史”大门，使每个文明国家以及这些国家中的每一个人的需要的满足都依赖于整个世界，消灭了各国以往自然形成的闭关自守，“产生了历史发展的一个新阶段”——各民族的历史成为“世界历史”，其中，“当每一民族的资产阶级还保持着它的特殊的民族利益的时候，大工业却创造了这样一个阶级，这个阶级在所有的民族中都具有同样的利益，在它那里民族独立性已经消灭”④。他在《共产党宣言》中明确肯定资产阶级在历史上所发生过的革命作用，叙述了资本作为一种生产方式在近现代史特别是从地域性历史向世界历史转变过程中的巨大历史作用。他认为资本作为一种独立的生产方式消除了从前一切固定的僵化的关系以及与之相适应的神

① 《马克思恩格斯全集》第30卷，人民出版社1995年版，第339页。

② 《马克思恩格斯全集》第31卷，人民出版社1998年版，第128页。

③ 《马克思恩格斯文集》第10卷，人民出版社2009年版，第166页。

④ 《马克思恩格斯选集》第1卷，人民出版社1995年版，第114－115页。

圣观念和见解，使一切新形成的关系等不到固定下来便变得陈旧，使一切等级的东西和固定的东西烟消云散，把一切神圣的东西都亵渎了，把一切封建的、宗法的和田园诗般的关系都破坏了，按照它自己的面貌创造出一个与以往不同的新世界。

他肯定资本在世界市场建立过程的历史作用：大工业建立了由美洲的发现所准备好的世界市场，这种世界市场使商业、航海业、陆路交通获得巨大发展，而这些商业、交通的巨大发展反过来促进工业进一步发展。与之同时，这些工业、商业、航海业和铁路的巨大发展使资本家阶级得到相应发展，他们的资本增大，把封建时代所遗留下来的一切阶级残余挤出历史舞台。不仅如此，随着资本主义生产方式在本国或本地区的发展与扩张，出现了资本输出乃至于“奔走于全球各地”“到处落户”“到处开发”“到处建立联系”即国际资本网络系统。

马克思在《共产党宣言》中还描述了资本在开拓世界市场过程中所带来的人类历史从地域性历史向世界历史转变的巨大推动作用：资本所开拓的世界市场使一切国家的生产和消费都成为世界性的，从而挖掉了工业脚下各个民族的地域性壁垒，不断地消灭了那些古老的民族工业而被新的工业排挤掉，建立新的工业成为一切文明民族未来发展的大趋势。这些新的工业所加工的原料不是本地的而是来自及极其遥远的地区或国家的，它们所生产的成品不仅在本国消费，而且同时供世界各地消费，结果那种靠本国产品来满足需要的状态被新的、要靠极其遥远的国家和地带的产品来满足需要的状态所代替。于是，以往那种地方的、民族的自给自足和闭关自守状态被各民族多方面的互相往来和互相依赖所代替。不仅物质生产变成这样的世界性，而且精神文化生产也走向世界，各民族的精神产品变成相互之间的公共品，原有的那种各民族的片面性和局限性日益成为“过时”现象。

《资本论》及其手稿则从资本发展的本性或内在趋向具体阐明了资本之所以在人类历史从地域性历史走向世界历史过程中起巨大驱动作用的必然根由。马克思认为，由于商品流通时间相当于“必要劳动时间的增加”或“剩余劳动时间的减少”或“剩余价值的减少”，一句话，商品流通时间对资本家来说等于“资本价值自行增殖过程的障碍或限制”，资本便力求摧毁商品交换的地方限制，把整个地球变成它的商品市场，并且力求

“用时间去消灭空间”，把商品从一个地方转移到另一个地方所需要的流通时间降到最低限度。因而，“资本越发展，从而资本借以流通的市场，构成资本空间流通道路的市场越扩大，资本同时也就越是力求在空间上更加扩大市场，力求用时间去更多地消灭空间”①。这样，“资本主义企业必然超出村社、地方市场、地区以至国家的界限。”② 因而，资本作为一种独立的生产方式“具有创造越来越多的交换地点的补充趋势”，具有不断向外扩张并繁殖自己的生产方式的本性，以至于资本概念本身就意味着“创造世界市场”。因为世界市场是“资本主义生产方式的基础和生活条件”，当资本积累所需要的生产资料或生活资料不能直接在本国获得，就必定向国外购买。例如，英国在19世纪70年代成为“世界工厂”，地球上另外一些地区在满足它的多种多样的需求，如在芝加哥和敖德萨有它的粮仓，在加拿大和波罗的海有它的森林，它的养羊场在澳大利亚，它的金矿和银矿在加利福尼亚和秘鲁，它喝从中国运来的茶叶，喝从东印度种植场弄来的咖啡。③

在资本的无止境“增殖”本性驱动下，人类生活的自然界在资本时代才在全社会范围内构成人的认识对象与实践对象而不再是崇拜的“上天”，人类从此实现了对自然界规律的科学认识或理性认识，自然界“服从于人的需要”而变成“有用物”；在此基础上，资本变革了以往人类对自身的传统意识，克服了“民族界限”“民族偏见”，克服了长期以来习惯形成的、地域性或闭关自守、墨守成规的旧生活方式与旧生活观念并对之实行革命性变革，为发展生产力、扩大需要、使生产多样化、利用与开发自然力量、精神力量排除一切地理障碍或区域限制。

同时，资本之间的竞争也使“劳动资料日益转化为只能共同使用的劳动资料，一切生产资料因作为结合的社会劳动的生产资料使用而日益节省，各国人民日益被卷入世界市场网，从而资本主义制度日益具有国际的性质”④。这种世界市场使这个世界出现一个统一的经济体制，第一次把远

① 《马克思恩格斯全集》第30卷，人民出版社1995年版，第538页。

② 《列宁专题文集·论资本主义》，人民出版社2009年版，第35页。

③ ［美］帕尔默、科尔顿：《近现代世界史》中册，孙福生、陈敦全译，商务印书馆，1988年版，第774页。

④ 《马克思恩格斯文集》第5卷，人民出版社2009年版，第874页。

方地区带进竞争之中，所有生产者包括商人、工厂雇员、农民、咖啡种植者等等对自己的产品是否有出路毫无把握，他们不仅要与街对面或者马路另一头的人竞争，还要与全世界竞争。①

当然，资本之间的这种竞争在历史上首先发于一国内部即把行会强制、国家调节和国内关税以及诸如此类的障碍排除，后来发展到在世界市场上把闭关自守、禁止性关税或保护关税废除，从而对资本主义生产方式之前各生产阶段所固有的种种界限和限制予以否定。

可以说，一部世界近现代史作为一部人类历史从地域性历史向世界历史的转变过程，其“发动机”就是“资本”或资本主义生产方式，正是资本的触角逐渐地伸向世界各地，资本主义生产方式由其中心地带——西欧不断向四围即世界各地辐射这一主线构成了“一部世界史”即世界近现代史的主轴，其间充满着血雨腥风。虽然资本主义生产方式在世界范围内尚未占统治地位之前便出现了许多世界性的历史事件或现象，但这部“世界史”在资本主义生产方式之前并不是一直存在的。必须看到，当今正在进行的、最终有利于世界各国经济发展与繁荣的经济全球化态势实际上渗透着“资本全球化”内容。从这个意义看，所谓“《资本论》不是传统意义的经济学著作，也不是传统意义的哲学著作，而是马克思意义上的真正的‘历史科学’，它通过资本与财富的运动与发展，全方位地揭示人与人之间关系的变化和发展，揭示现代社会的运动发展规律。它的真正的思想核心是马克思的现代史观”② 这一论断是有见地的。就马克思历史观而言，资本全球化过程所带来的人类历史从地域性历史向世界历史的生成过程实际上为“共产主义”奠定了直接“前提”或“历史阶梯”，一个成熟的资本主义生产方式或高度发达的资本主义文明离“共产主义”只“一步之遥”而已，“在发达的资本主义国家，虽然其制度是资本主义的，但其生产力发展水平却离成熟的社会主义最近”③。因为国际间的交往会消灭地域性的共产主义，共产主义作为一种社会形态只有作为占统治地位的各民族带普

① ［美］帕尔默、科尔顿：《近现代世界史》中册，孙福生、陈敦全译，商务印书馆，1988年版，第774－775页。

② 孙承叔：《〈资本论〉哲学思想与马克思的现代史观》，载《学习与探索》2013年第1期，第16页。

③ 洪银兴等：《〈资本论〉》的现代解析，经济科学出版社2005年版，第527－528页。

遍性的行动才有可能建立，而这种各民族之间所谓“同时发生的行动”又以生产力的普遍发展和世界交往为前提。可以说，没有资本或资本主义生产方式这一文明形式所推动的人类历史从地域性历史向世界历史的转向，“共产主义”只能永远地处于“彼岸”。

当然，尽管资本作为一种独立的生产方式推动了人类由地域性历史向世界历史的根本转变，但不能因此而把这个世界现代化或全球化过程简单地归结为“资本全球化”或世界（人类）文明“趋同化”、同质化。若是如此发展，人类历史或人类文明迎来的将不是进步，倒是走向贫乏与抽象化。

六、资本推动自然科学发展

马克思不仅“把科学首先看成是历史的有力的杠杆，看成是最高意义上的革命力量”①，而且同时关注到引起科学发展的动力问题。

资本追求剩余价值（特别是相对剩余价值）的动机而推动资本主义社会生产力的发展，这种生产力的发展同时带来新的产业部门的布展或产业结构的变动、资本主义生产方式在世界范围内的扩张（或世界历史的发展），这就必然要求人类扩大对宇宙、对自然界、对全世界的科学而精准的掌握，“获得利用全球的这种全面的生产的能力”②，“深入研究人们所处的各种自然条件——地质条件、山岳水文地理条件、气候条件以及其他条件”③，“深入研究人们自身的生理特性……探索整个自然界，以便发现物的新的有用属性；普遍地交换各种不同气候条件下的产品和各种不同国家的产品；采用新的方式加工自然物，以便赋予它们以新的使用价值；要从一切方面去探索地球，以便发现新的有用物体和原有物体的新的使用属性，如原有物体作为原料等等的新的属性；因此，要把自然科学发展到它的最高点”，“资本唤起科学和自然界的一切力量……以便财富的创造不取

---

① 《马克思恩格斯全集》第19卷，人民出版社1963年版，第372页。

② 《马克思恩格斯文集》第1卷，人民出版社2009年版，第541－542页。

③ 《马克思恩格斯选集》第1卷，人民出版社2012年版，第146页。

决于耗费在这种创造上的劳动时间。”[①] 这些，正是资本或资本主义生产方式直接赋予人类去发展自然科学的经济动力。

然而，由于资本主义生产方式的一个质的规定性是“以人对自然的支配为前提”的，只有自然科学及其应用而不是传统的生产经验才能满足以机器为劳动资料的资本主义生产方式的发展需要。“自然科学被资本用作致富手段，从而科学本身也成为那些发展科学的人的致富手段，所以，搞科学的人为了探索科学的实际应用而互相竞争。另外，发明成了一种特殊的职业。因此，随着资本主义生产的扩展，科学因素第一次被有意识地和广泛地加以发展、应用并体现在生活中，其规模是以往的时代根本想象不到的。”[②] 同时，资本主义生产的发展必然要求自然科学的发展与生产劳动过程分离，以便自然科学的发展成果走在物质生产的前头而扮演先导角色，自然科学本身成为生产过程中的一个“可变要素”或资本积累过程的一个独立要素。曼德尔也说：资本“寻求剩余利润，寻求高出平均利润之上的利润”的“不断冲动”“会导致不停的努力来改革技术”[③]。作为大工业的科学基础的力学是在18世纪臻于完善，作为农业的科学基础的化学、地质学和生理学是在19世纪才发展起来。所以，马克思以不乏赞颂的口吻说：“只有资本主义生产方式才第一次使自然科学为直接的生产过程服务，同时，生产的发展反过来又为从理论上征服自然提供了手段。科学获得的使命是：成为生产财富的手段，成为致富的手段”，“只有在这种生产方式下，才第一次产生了只有用科学方法才能解决的实际问题。只有现在，实验和观察——以及生产过程本身的迫切需要——才达到使科学的应用成为可能和必要的那样一种规模。”[④] “资本不创造科学，但是它为了生产过程的需要，利用科学，占有科学”，“自然科学本身的发展，也像与生产过程有关的一切知识的发展一样，它本身仍然是在资本主义生产的基础上进行的，这种资本主义生产第一次在相当大的程度上为自然科学创造了进行研究、观察、实验的物质手段”，“只有资本主义生产才把物质生产过程变成科学在生

① 《马克思恩格斯文集》第8卷，人民出版社2009年版，第89-90、197页。

② 《马克思恩格斯文集》第8卷，人民出版社2009年版，第359页。

③ ［比利时］厄尔奈斯特·曼德尔：《晚期资本主义》，马清文译，黑龙江人民出版社1983年版，第19页。

④ 《马克思恩格斯文集》第8卷，人民出版社2009年版，第356-357、357页。

产中的应用——被运用于实践的科学”[①]。而“一切先前的所有制形式都使人类较大部分，奴隶，注定成为纯粹的劳动工具”，只有资本主义生产方式才达到了利用那些包括“知识和经验”“艺术、科学”在内的文明进步成果来直接“为财富服务”[②] 这一历史阶段，其中一个“巨大成果”是“使农业由社会最不发达部分的单纯经验的和刻板沿袭下来的经营方法，在私有制条件下一般能够做到的范围内，转化为农艺学的自觉的科学的应用”[③]。

马克思甚至认为资本具有赋予生产以科学性、将工人的直接劳动降为整个生产过程中的一个要素这么一种趋势。作为近代科技革命产物的机器使工人能够将他们大部分劳动时间用来替资本劳动或者说替别人劳动，反之，直接为他们自己的时间则越来越短，从而把生产某种物品的必要劳动量会缩减到最低限度，这在客观上“使人的劳动，使力量的支出缩减到最低限度。这将有利于解放了的劳动，也是使劳动获得解放的条件。”[④] 华勒斯坦说：“尽管科学和技术变化是人类历史活动的常数，但是，只有在历史资本主义下，那位一直存在的普罗米修斯，用大卫·兰德斯的话说，才‘解脱了束缚’。”[⑤] 可见，资本为了实现其最大限度的增殖而推动了科技的巨大发展，而科技的巨大发展又驱动了社会文明的跃进。当然，资本主义生产方式本身也只是在科学技术的水平发展到直接应用于社会生产力和其他领域的程度才“获得充分发展”，二者处于互相促动的历史过程之中。

作为资本的总代表，近代欧洲一些国家的政府则为那些科学精英创作科学成果提供了直接的社会需要与社会环境，实行保护科学发展的政策。它们允许自由探讨学术问题，允许学术思想自由发展，改革教育制度，创建博物馆、植物园、观象台，英国在 1676 年创建格林威治天文台、法国在 1672 年创建巴黎天文台；它们健全专利制度，奖励和保护科技发明；它们组织科学家成立各种国立科学研究机构，法国在 1635 年创立国家科学院、英国在 1660 年创立皇家学会，这些科研机构构成科研、交流与科学成果推

① 《马克思恩格斯文集》第 8 卷，人民出版社 2009 年版，第 357、358－359、363 页。

② 《马克思恩格斯全集》第 30 卷，人民出版社 1995 年版，第 592－593 页。

③ 《马克思恩格斯文集》第 7 卷，人民出版社 2009 年版，第 696－697 页。

④ 《马克思恩格斯全集》第 31 卷，人民出版社 1998 年版，第 96－97 页。

⑤ ［美］华勒斯坦：《历史资本主义》，路爱国、丁浩金译，社会科学文献出版社 1999 年版，第 43 页。

广的平台，为近代科学的创立与发展直接提供了便利的社会条件。

一句话，近代自然科学创立、发展的社会前提条件是资本或资本主义生产方式。

恩格斯在相关著作中对资本对自然科学的驱动作用问题作了比较系统的阐释。他在《英国状态·十八世纪》一文中认为，除某些自然科学部门之外，对自然采取科学形式的认识只是在18世纪才出现。例如，物理学是在18世纪获得了科学性质，化学刚刚由布莱克、拉瓦锡和普利斯特烈创立，地理学随着地球形状的确定和科学旅行而被提高到科学水平，博物学被布丰和林耐提高到科学水平，地质学开始从荒诞假说的漩涡中挣脱出来。他在《社会主义从空想到科学的发展》中把近代自然科学的历史往上推移，认为“真正的自然科学”始于15世纪下半叶，开始把自然界分解为各个部分，把自然过程、自然对象归属于相关的不同学科门类，并对有机体内部予以解剖学研究。他在《路德维希费尔巴哈和德国古典哲学的终结》中进一步指出自然科学在19世纪开始由前四个世纪的“搜集材料”阶段进入“整理材料”阶段，其中，研究植物机体中的过程的“生理学”，研究单个机体从胚胎到成熟的发育过程的“胚胎学”，研究地壳逐渐形成过程的“地质学”等等，这些自然科学都是资本时代的“产儿”。实际上，“只有到19世纪接近尾声时，科学才真正变成一个有别于人文科学、法律和神学的知识结构。那时，科学发展出了被许多专业人员广泛接受的一种内在知识连贯性和一套因果关系原则。”① 恩格斯在《自然辩证法》中还“挑明”了资本对自然科学发展的驱动作用，认为“资产阶级的现代统治”时代即资本时代是人类以往从来没有经历过的一次最伟大的、进步的变革，是“一个需要巨人而且产生了巨人”的时代，与其说是那些科学巨人给资产阶级的现代统治打下基础，不如说是资本时代的“冒险精神”本身感染了科学巨人，“如果说，在中世纪的黑夜之后，科学以意想不到的力量一下子重新兴起，而且以神奇的速度发展起来，那么，我们要再次把这个奇迹归功于生产”，并且“科学的产生和发展一开始就是由生产决定的”②，“以前人们只夸耀生产应归功于科学，但是科学应归功于生产的事

① ［英］C.A.贝利：《现代世界的诞生》，于展、何美兰译，商务印书馆，2013年版，第346页。

② 《马克思恩格斯文集》第9卷，人民出版社2009年版，第427页。

实却多得不可胜数"[①]。这里所说的"生产"当然不能被理解为一般生产，应具体理解为"资本主义生产方式"。我国学者也从一个侧面强调了科学技术发展与资本之间的直接的历史关系，认为"科学是生产力"不是适用于一切时代的生产的"普遍性命题"而一个只适用于机器大生产的"特殊性命题"[②]。准确地说，这个命题只适用于始于资本时代以来的历史区间。相反，由于资本主义生产方式的"典型"或"经典模式"不产自中国，所以存在一个"李约瑟难题"即"中国人……在3到13世纪之间保持一个西方所望尘莫及的科学知识水平……欧洲在16世纪以后就诞生了近代科学，这种科学已被证明是形成近代世界秩序的基本因素之一，而中国文明却未能在亚洲产生与此相似的近代科学，其阻碍因素又是什么?"[③] 一些学者往往把这个"李约瑟难题"的答案定格于中国古代科学自身的"弱点"即缺乏抽象系统与试验方法[④]。其实，二者"比较"起来，从马克思的资本的历史作用思想来看，其根本性缘故是资本主义生产方式没有在我国获得系统的"发育"，致使中国古代科学失却向近代科学转型这一具决定性意义的社会推力。就是说，科学的发展不能仅仅归"源"于科学家个人的好奇心或科学自身这个单一"规律"，而是一个包含多因素的社会历史过程，科学上的创新归根到底源于社会发展（方式）自身的需要或驱动。

七、资本为近现代社会科学知识的创建提供物质基础与动力

资本主义生产方式不仅推动了近现代自然科学的巨大发展，而且对整个近现代社会科学知识的整体创建发挥了巨大的推动作用。因为资本主义

① 《马克思恩格斯文集》第9卷，人民出版社2009年版，第428页注①。

② 赵家祥:《马克思〈资本论〉及其手稿中的生产力概念》，载《党政干部学学刊》2012年第6期，第10页。

③ ［英］J. 李约瑟:《中国科学技术史》第一卷·导论，科学出版社等1990年版，第1-2页。

④ 吴国盛指出:"中国古代有技术，但没有科学。中国古代的技术是很发达的，但没有科学传统。所以，我认为，如果问中国古代技术很发达，为何近代技术落后了，这是一个好问题。但如果问，中国古代科学很发达，为何近代科学落后了，这是一个假问题。"（吴国盛:《东西方不同的人性理想》，《光明日报》2015年12月24日）

生产方式的发展“同样要发现、创造和满足由社会本身产生的新的需要”，“唤起社会结合和社会交往的一切力量，以便使财富的创造不取决于耗费在这种创造上的劳动时间”[①]，资产阶级也因而成为历史上最早认识到科学的社会功能的阶级[②]。

在资本主义生产方式成为占统治地位的生产方式、交换价值日益成为生产的决定要素的条件下，“剩余劳动一方面是社会的自由时间的基础，从而另一方面是整个社会发展和全部文化的物质基础。正是因为资本强迫社会的相当一部分人从事这种超过他们的直接的必不可少的需要的劳动，所以资本创造文化，执行一定的历史的社会的职能。这样就形成了整个社会的普遍勤劳，劳动超过了为满足工人本身身体上的直接需要所必需的时间界限”[③]，那些专门在“自由时间”里从事创作或发明的人随着社会劳动生产力的增进而“绝对地和相对地增大”，因为“从整个社会来说，创造可以自由支配的时间，也就是创造产生科学、艺术等等的时间。”[④] 同时，“固定资本的发展表明，一般社会知识，已经在多么大的程度上变成了直接的生产力，从而社会生活过程的条件本身在多么大的程度上受到一般智力的控制并按照这种智力得到改造。它表明，社会生产力已经在多么大的程度上，不仅以知识的形式，而且作为社会实践的直接器官，作为实际生活过程的直接器官被生产出来。”[⑤] 如文学上莎士比亚的《哈姆雷特》、歌德的《浮士德》、雨果的《巴黎圣母院》；天文学上哥白尼《天体运行论》、开普勒的《宇宙谐和论》；政治学上洛克《政府论》、孟德斯鸠的《论法的精神》、卢梭的《社会契约论》；经济学上魁奈《经济表》、斯密《国富论》；哲学上弗兰西斯·培根的《新工具》、笛卡尔的《方法谈》、康德“三大理性批判”；生物学上达尔文《物种起源》；历史学上摩尔根《古代社会》、黑格尔《历史哲学》，等等，这些不朽的哲学社会科学巨作均生产于资本主义生产方式兴起并渐居统治地位的时代，正是这个时代为这些文化巨人享有“可以自由支配的时间”（进行精神创作）奠定了“物

① 《马克思恩格斯文集》第 8 卷，人民出版社 2009 年版，第 90、197 页。

② 何承艰：《世界近现代史》，中共中央党校出版社 1989 年版，第 543 页。

③ 《马克思恩格斯全集》第 32 卷，人民出版社 1998 年版，第 220 - 221 页。

④ 《马克思恩格斯文集》第 8 卷，人民出版社 2009 年版，第 86 页。

⑤ 《马克思恩格斯文集》第 8 卷，人民出版社 2009 年版，第 198 页。

质基础”。反之，资本主义生产方式也是通过这些社会科学文化或人文科学知识而广播于世的。

马克思在《资本论》中还具体论述了资本主义生产方式下的“工艺学”相较于传统的“手艺”之革命性进步意义，一是资本主义生产方式使从前处于“神秘”或“哑谜”状态的“手艺”变成简易明了的生产流水线即“把每一个生产过程本身分解成各个构成要素”，二是造成生产工艺不断的变革，新的生产工艺层出不穷，现有的生产工序不断被新的或更有效的生产工序所取代。从归根到底的意义说，就在于基于资本主义生产方式的现代工业的技术基础是革命的，以往的生产方式的技术基础是保守的。

值得注意的是，资本作为一种独立的生产方式对于确立自由平等等文明观念起了基础性作用。诚然，马克思在《资本论》中戳穿了资本主义社会“平等”“自由”“博爱”[①] 等文化观念或价值理念的幻象。但是，马克思只是批判了这些进步观念在资本主义生产方式居于统治地位之后在“形式”与“内容”之间出现了相互背离或“打折扣”现象，并没有因此而笼统否认这些作为资本的人格化的资产阶级在革命时期留下的进步观念，没有否认这些观念的历史进步作用。像《独立宣言》提出的“人人生而平等，他们都从他们的‘造物主’那边被赋予了某些不可转让的权利，其中包括生命权、自由权和追求幸福的权利”，《人权宣言》提出的“在权利方面，人生来是而且始终是自由平等的。因此，公民的荣誉只能建立在公共事业的基础上”“一切政治结合的目的都在于保护人的天赋的不可侵犯的权利；这些权利是：自由、财产、安全及反抗压迫”[②] 等，这些“自由、平等”概念曾经作为资产阶级革命的旗号在反封建专制与宗教神权中起过非常革命的作用，在资产阶级占统治地位的时期也起过非常进步的作用。马克思在《资本论》手稿中从肯定雇佣劳动制在历史上的进步意义的侧面阐明了资本主义生产方式对于确立这些文明观念所起的基础性作用：“如果说经济形式，交换，在所有方面确立了主体之间的平等，那么内容，即促使人们去进行交换的个人材料和物质材料，则确立了自由。可见，平等

① 这一政治口号本身是新兴的资产阶级用于反对或不能容忍作为封建政权的王权对他们的专制和暴虐。

② 王德禄、蒋世和：《人权宣言》，求实出版社 1989 年版，第 9、14 页。

和自由不仅在以交换价值为基础的交换中受到尊重，而且交换价值的交换是一切平等和自由的生产的、现实的基础。作为纯粹观念，平等和自由仅仅是交换价值的交换的一种理想化的表现；作为在法律的、政治的、社会的关系上发展了的东西，平等和自由不过是另一次方上的这种基础而已。而这种情况也已为历史所证实。这种意义上的平等和自由恰好是古代的自由和平等的反面。"① 就是说，历史上自由、平等等人权方面的新观念的确立实际上是资本主义生产方式或资本主人的物质利益在意识形态层面的直接反映。

不过，资本不论是驱动科学技术的发展，还是驱动社会科学知识系统的创建，这些都不是它的直接动机或直接目的本身，而是服从其无限地追求剩余价值的欲望或为了排除实现这一欲望的障碍——驱使"科学为资本服务""使劳动的反叛之手就范"②。马克思说，在存在着劳动的客观条件与工人的活劳动相异化的情况下，"一般社会力，自然力和科学，直接变成了一种武器，这种武器部分是用来把工人抛向街头，把他变成多余的人，部分是用来剥夺工人的专业和消除以专业为基础的各种要求，部分是用来使工人服从工厂中精心建立的资本的君主专制和军事纪律。"③

八、资本作为生产方式构成个人全面（自由）发展的历史阶梯

资本作为一种独立的生产方式所起的诸多进步作用尤其是对创立自然科学知识系统、社会科学知识系统的驱动作用，最终都不能不落脚于这一生产方式的载体或主体——人自身的发展与解放。因为人或者说整个社会的劳动者是资本主义社会一切进步与变革的直接动力，"培养社会的人的一切属性，并且把他作为具有尽可能丰富的属性和联系的人，因而具有尽可能广泛需要的人生产出来——把他作为尽可能完整的和全面的社会产品生产出来（因为要多方面享受，他就必须有享受的能力，因此他必须是具

① 《马克思恩格斯全集》第30卷，人民出版社1995年版，第199页。

② 《马克思恩格斯文集》第8卷，人民出版社2009年版，第359页。

③ 《马克思恩格斯文集》第8卷，人民出版社2009年版，第353页。

有高度文明的人），——这同样是以资本为基础的生产的一个条件。”[①]

马克思早在《1844 年经济学哲学手稿》就提出“已经产生的社会，创造着具有人的本质的这种全部丰富性的人，创造着具有丰富的、全面而深刻的感觉的人”[②] 的论断，在《资本论》及其手稿中具体阐明了资本主义生产方式在全面实现个人发展与解放过程中的历史性作用。他认为全面发展的个人不是自然的产物而是历史的产物即中国人所谓的“百年树人”，实现个人的全面发展又离不开个人能力一定程度的发展与全面性，而这种个人能力一定程度的发展和全面性必须以建立在交换价值为目的的商品生产的全面实现即资本主义生产为前提，因为这种生产虽然产生了个人同自己、同别人之间的普遍异化，但正是这个“异化”过程锻造了个人关系和个人能力的普遍性、全面性。

当然，这些并非资本的“本意”或直接“产品”，但资本“尽量多地创造劳动”“把必要劳动减少到最低限度”的客观效果是为“个人生产力的充分发展”“社会生产力的充分发展”“创造大量可以自由支配的时间”[③]。另外，资本主义生产方式的全球化趋向所造成的人类交往的普遍性或国际性也为人的全面发展与解放直接创设了有利环境或条件，因为“每一个单个人的解放的程度是与历史完全转变为世界历史的程度一致的”，在这种普遍交往的条件下，“单个人才能摆脱种种民族局限和地域局限而同整个世界的生产发生实际联系，才能获得利用全球的这种全面的生产的能力”[④]，“全球一体化过程使人类存在的整体相关性表现出来，个体的人、民族、国家的局限性日益被打破和超越，从而形成了全球范围内的沟通与整合。”[⑤] 马克思在《政治经济学批判（1857—1858 手稿）》中认为，生产力的普遍发展、交往的普遍性或世界市场这些客观条件提供了个人全面发展的可能性，而个人从这个基础出发的实际发展是对这一发展的限制的不断扬弃，通过认识那些发展中的“限制”而越过某种“神圣的界限”，把

---

① 《马克思恩格斯文集》第 8 卷，人民出版社 2009 年版，第 90 页。

② 《马克思恩格斯全集》第 3 卷，人民出版社 2002 年版，第 306 页。

③ 《马克思恩格斯文集》第 8 卷，人民出版社 2009 年版，第 199 页。

④ 《马克思恩格斯选集》第 1 卷，人民出版社 1995 年版，第 89 页。

⑤ 黄慧珍：《信仰与觉醒——生存论视域下的信仰学研究》，人民出版社 2007 年版，第 189 页。

他自己改造自然界的历史活动作为过程来理解，把对自然界的认识当作对他自己“支配自然界的实践力量”的认识。[①] 这样，资本违背自己的意志成了为社会可以自由支配的时间创造条件的工具，使整个社会的劳动时间不断缩减到最低限度，从而为全体社会成员本身的发展腾出了自由发展的时间。马克思在《资本论》第3卷中则明确提出全人类全面发展与解放的“根本条件”是在资本主义生产方式的基础上所实现的“工作日的缩短”。不过，在资本主义生产方式下，人的“全面发展”总有不“全面”之处，往往是以一部分人的“片面”发展来换取另一部分人的全面发展即自由发展，换言之，“人类的才能的这种发展，虽然在开始时要靠牺牲多数的个人，甚至靠牺牲整个阶级，但最终会克服这种对抗，而同每个个人的发展相一致；因此，个性的比较高度的发展，只有以牺牲个人的历史过程为代价。”[②]

马克思还阐明了资本主义生产方式对资本家与雇佣工人双方“全面发展”的历史进步作用。就具体的资本家而言，“他自己是一个讲求实际的人，对于业务范围之外所说的话，虽然并不总是深思熟虑，但对于业务范围之内所做的事，他始终是一清二楚的。”[③] 由于资本家只有作为人格化的资本即履行生产资本的职能才有其历史价值，才有其历史存在权，他自身的暂时必然性才融入整个资本主义生产方式的暂时必然性中，他在追求交换价值和交换价值的增殖过程中肆无忌惮地“驱使劳动超过自己自然需要的界限，来为发展丰富的个性创造出物质要素，这种个性无论在生产上和消费上都是全面的，因而个性的劳动也不再表现为劳动，而表现为活动本身的充分发展”[④]。可以说，资本家作为资本的人格化在贪求剩余价值的过程中也有“功”：不仅直接创造了剩余劳动时间或剩余价值而给人们在艺术、科学等方面发展或个性得到自由发展“腾出了时间和创造了手段”，并且为“每个人的全面而自由的发展”这样一个理想的人性时代或社会境界储备了物质基础。

就具体的工人而言，资本主义生产方式在工场手工业时期通过牺牲整

① 《马克思恩格斯文集》第8卷，人民出版社2009年版，第171－172页。

② 《马克思恩格斯全集》第34卷，人民出版社2008年版，第127页。

③ 《马克思恩格斯文集》第5卷，人民出版社2009年版，第225页。

④ 《马克思恩格斯文集》第8卷，人民出版社2009年版，第69页。

个劳动能力使个人非常片面的专长发展成专门技艺，并使那种“百门师傅”在一定范围有专攻。因为“局部劳动独立化为一个人的专门职能之后，局部劳动的方法也就完善起来。经常重复做同一种有限的动作，并把注意力集中在这种有限的动作上，就能够从经验中学会消耗最少的力量达到预期的效果”①。在机器大工业时期，工人的职能和劳动过程的社会结合通过机器、化学过程及其他方法而不断发生变革，使社会内部分工不断发生革命，由此把大量资本和大批工人由一个生产部门转移到另一个生产部门。这样，大工业生产方式就注定了劳动的不断变换、职能的不断变动与工人的全面流动，“从工厂制度中萌发出了未来教育的幼芽，未来教育对所有已满一定年龄的儿童来说，就是生产劳动同智育和体育相结合，它不仅是提高社会生产的一种方法，而且是造就全面发展的人的唯一方法”，并且“工人尽可能多方面的发展是社会生产的普遍规律……用适应于不断变动的劳动需求而可以随意支配的人员，来代替那些适应于资本的不断变动的剥削需要而处于后备状态的、可供支配的、大量的贫穷工人人口；用那种把不同社会职能当作互相交替的活动方式的全面发展的个人，来代替只是承担一种社会局部职能的局部个人”②，“一国的资本主义生产越发展，就越是要求劳动能力具有可变性，工人就越是对自己劳动的特殊内容同样看待，资本从一个生产部门到另一个生产部门的流动也就越是频繁”③。显然，资本主义社会的工厂制生产或高度社会化生产“逼”着生产者必需具备“把不同社会职能当作互相交替的活动方式的全面发展”这样的能力与素质。

马克思还具体阐明了资本对“培养”资本“掘墓人”即整个工人阶级队伍的历史作用。马克思在《共产党宣言》中提出资本把大批居民变成劳动者，并为他们创造了同等的地位和共同的利害关系而使他们“联合起来”，无意地造就了一个逐渐认识资本并独立掌握自己命运的自为阶级。他在《资本论》手稿中说：“资本不可遏止地追求的普遍性，在资本本身的性质上遇到了限制，这些限制在资本发展到一定阶段时，会使人们认识到资本本身就是这种趋势的最大限制，因而驱使人们利用资本本身来消灭

① 《马克思恩格斯文集》第5卷，人民出版社2009年版，第393－394页。

② 《马克思恩格斯文集》第5卷，人民出版社2009年版，第556－557、561页。

③ 《马克思恩格斯文集》第8卷，人民出版社2009年版，第494页。

资本。”[①] 因为资本本身是一种始终处于矛盾中的生产方式即一方面竭力把劳动时间缩减到最低限度，另一方面工人的劳动时间成为财富的唯一尺度和源泉，这样，资本通过缩减必要劳动时间来增加剩余劳动时间，剩余劳动时间成为必要劳动时间的条件构成资本家在竞争中生死悠关的问题。为此，资本一方面调动科学和自然界的一切力量、调动社会结合和社会交往的力量以使它的财富创造不取决于工人的劳动时间，另一方面用劳动时间去衡量这种社会力量，并把这些社会力量控制在资本的价值增殖限度之内。然而，生产力和社会关系作为资本主义社会个人发展的不同方面既是资本增殖的手段，又实际上构成炸毁这个社会的“物质条件”。换言之，资本的发展过程或积累过程构成了工人觉悟逐渐提高的过程，正如马克思所说的，“物质生产力的发展——同时又是工人阶级力量的发展”[②]，“无产阶级解放所必需的物质条件是在资本主义生产发展过程中自发地产生的”[③]。

由此不难理解，《资本论》之所以成为“工人阶级的圣经”“共产主义的圣经”，马克思之所以将自己“毕生的真正使命”定格于“参加现代无产阶级的解放事业”“使现代无产阶级意识到自身的地位和需要，意识到自身解放的条件”，这些都不是像历史上的空想社会主义者那样出于对无产阶级的“同情”或“人道主义”，而完全是出于对资本主义生产方式及其未来的主人——无产阶级即现代劳动者阶级代表先进生产力发展要求、与人类历史进步趋向吻合的科学分析或历史判断。

综合起来看，资本作为一种独立的生产方式所挥发的这些巨大历史进步作用就是：资本主义生产方式造就了资本主义社会这么一个远远超越于奴隶社会文明、封建社会文明的新文明系统。这个以资本为基础的生产方式一方面创造出一个为社会提供剩余劳动或创造剩余价值的“普遍的产业”，另一方面创造出一个普遍利用自然属性和人的属性的“普遍有用性的体系”，以至于一切东西或现象都被统摄于这个“有用性体系”之下而概莫能外。其中“科学”成为这个普遍有用性体系的一个直接载体，这样，唯有资本这一生产方式才创造出资本主义社会，造成社会成员对自然

① 《马克思恩格斯文集》第8卷，人民出版社2009年版，第91页。

② 《马克思恩格斯全集》第30卷，人民出版社1995年版，第543页。

③ 《马克思恩格斯文集》第10卷，人民出版社2009年版，第438－439页。

界、对社会系统的普遍占有即整个资本主义社会文明成果。资本的这种“伟大的文明作用”是“创造了这样一个社会阶段，与这个社会阶段相比，一切以前的社会阶段都只表现为人类的地方性发展和对自然的崇拜。只有在资本主义制度下自然界才真正是人的对象，真正是有用物；它不再被认为是自为的力量；而对自然界的独立规律的理论认识本身不过表现为狡猾，其目的是使自然界服从于人的需要。资本按照自己的这种趋势，既要克服把自然神化的现象，克服流传下来的、在一定界限内闭关自守地满足于现有需要和重复旧生活方式的状况，又要克服民族界限和民族偏见。资本破坏这一切并使之不断革命化，摧毁一切阻碍发展生产力、扩大需要、使生产多样化、利用和交换自然力量和精神力量的限制。”①

资本或资本主义生产方式所挥发的这些巨大历史进步作用总的根源于资本这么一个“内在本性”：封建生产方式等旧的生产方式具有本质上的保守性，“各个经济单位能存在好几个世纪，无论在性质上或者在规模上都没有变化，不超出地主的世袭领地、农民的村庄或农村手艺人和小工业者（所谓手工业者）的附近小市场的界限”②，而资本主义生产方式“除非对生产工具，从而对生产关系，从而对全部社会关系不断地进行革命，否则就不能生存下去。反之，原封不动地保持旧的生产方式，却是过去的一切工业阶级（指手工业、行会组织。引者注）生存的首要条件。生产的不断变革，一切社会状况不停地动荡，永远的不安定和变动，这就是资产阶级时代不同于过去一切时代的地方。”③ 资本或资本主义生产方式正是由于这个“内因”而在人类社会历史长河中有其存在的历史根由与旺盛的生命力。

从历史的长河看，每个占统治地位的生产方式都经历了相当长的历史时期，如封建生产方式在中国持续了两千多年，在欧洲特别是西欧国家经历了千年。资本主义生产方式在荷兰④、英国、意大利、法国等国家持续迄今才500来年不等，美国作为欧洲的移民国家从其建国算起，其资本主

---

① 《马克思恩格斯文集》第8卷，人民出版社2009年版，第90－91页。

② 《列宁专题文集·论资本主义》，人民出版社2009年版，第35页。

③ 《马克思恩格斯选集》第1卷，人民出版社1995年版，第275页。

④ 在1648年取得胜利的尼德兰革命造就了世界上第一个资产阶级共和国即荷兰共和国（“联省共和国”），并确立了第一个资本主义经济制度。

义生产方式持续时间才 240 多年。就是说，与历史上其他占统治地位的生产方式存续时间相比，资本主义生产方式存续时间最短，尚未到“寿终正寝”期，尽管它一出现就带有严重的历史片面性。就历史上任何一个占统治地位的生产方式在世界范围内的普及程度而言，世界如亚洲、欧洲都经历了封建生产方式，发展得典型的是中国和西欧。而资本主义生产方式则在西欧、美国等区域发展得充分，可称之为资本主义生产方式“原生型”；资本主义生产方式在亚洲的日本等地也发展得典型，可称之为资本主义生产方式“非原生型”①；中国在历史上如宋代也出现了资本主义生产方式的一定程度萌芽。但就全世界而言，这个生产方式的普及程度非常不平衡，还有非常大的发展空间，还要持续一个相当长的历史时期。这里需要突破一个“常识”即西欧是资本主义生产方式的唯一故乡。其实，准确点说，资本主义生产方式的确在西欧相对地发展得充分或典型，世界其他地区如中国也曾经出现过资本主义生产方式一定程度的萌芽或胚胎，不要把资本主义生产方式的“典型”——英美模式与“资本主义生产方式”本身等同起来，这是两个层次不同的概念。

① 可进一步参阅厉以宁：《资本主义的起源》，商务印书馆，2002 年。

第四篇

马克思关于资本历史作用思想的当代影响价值

马克思关于资本历史作用思想与时代同行，仍然具有当代价值。马克思在《资本论》第一卷中基于历史发展的趋向或理想境界对资本主义生产方式在英国这一特定地点所发生的具体情形采取了否定的批判态度，凸显这一特定历史条件下“资本的残酷”面[①]或“资本主义生产的局限性”[②]，发现并批判资本主义生产方式属于一种有限的生产方式而非发展生产力的“绝对形式”“与生产力发展绝对一致的财富形式”。的确，资本主义生产方式不仅在历史上的英国等国家和地区引发过一系列社会问题或负面效应，并且对当代世界各国仍然带来巨大影响或诸多问题。

① 《马克思恩格斯全集》第 35 卷，北京：人民出版社 2013 年版，第 609 页。

② 《马克思恩格斯全集》第 30 卷，北京：人民出版社 1995 年版，第 123 页。

第七章　资本主义生产方式的两个层次与历史地位

一、资本主义生产方式的两个层次

在历史上，资本主义生产方式在英国等地引发过一系列社会问题或历史负效应。

一是资本主义生产方式在特定条件下带来劳动异化现象而造成人的发展片面化、畸形化现象。“资本在具有无限度地提高生产力趋势的同时，又在怎样程度上使主要生产力，即人本身片面化，受到限制”[①]；带来物化现象即资本对人的统治，以至于“工人从属于资本”或“劳动资料扼杀工人”现象，因而，资本主义生产方式在特定历史条件下从促进“生产力的发展形式”变成“限制生产力”或妨碍生产力发展的“桎梏”。

二是资本主义生产方式对剩余价值或剩余劳动的无限追求特别是其内在的“竞争”本性造成“丛林法则”——“整个社会必然分化”[②]，不仅造成资本与劳动之间的严重社会分化，而且造成各个资本之间的强弱分化，带来整个社会的贫富差异并走向贫富（贵贱）之两极分化，以至于地球上“在居民中大体上只剩下两个阶级：工人阶级和资本家阶级”[③]这一全球极端现象，由此不难想象人类成为第二个“恐龙”的可能性（结局）。

三是资本主义生产方式因其无限发展生产力的加速性趋势与人类生存

---

① 《马克思恩格斯全集》第30卷，北京：人民出版社1995年版，第406页。

② 《马克思恩格斯文集》第1卷，北京：人民出版社2009年版，第155页。

③ 《马克思恩格斯文集》第1卷，北京：人民出版社2009年版，第150页。

的地球所拥有的资源有限性、稀缺性之间的不和谐而造成人类社会这种加速发展乃至人类生存的不可持续性。一些地方特别是欠发达国家和地区愈来愈发生能源枯竭、环境污染、生态退化现象，尽管这些现象与资本或资本主义生产方式之间并不存在直接的逻辑关联，但资本主义生产方式在特定条件下的确诱发或放大了人类在这个领域的问题，应当引起包括发达国家在内的全球人士的警觉与防范。

值得注意的是，马克思不仅没有因为资本主义生产方式的历史局限性而对人类历史发展的前景持悲观主义或离开这一历史事实作乌托邦空论，反而依据对资本主义生产方式的辩证分析而对人类历史发展前景持乐观主义，认为这个生产方式似乎受“理性狡计”的捉弄，其结局是“利用资本本身来消灭资本”。马克思在《资本论》第2卷中明确提出资本主义生产方式的逻辑发展是“共产主义社会”这一崭新理念，在《资本论》第3卷中提出这个“共产主义社会”即“联合的生产方式”与“资本主义生产方式”之间的（历史）关系属于“积极地扬弃”[①]或“扬弃资本本身”[②]的关系。这种“扬弃”关系用詹姆斯·劳勒的话说即“共产主义新世界的母体是资本主义自身。成长于资本主义母体中的婴儿是共产主义”[③]；用黑格尔在《历史哲学》《小逻辑》中的“目的手段”范畴来说，就是资本主义生产方式及其所创造的一切成果“莫不相关”地构成共产主义社会赖以实现的“手段”，而共产主义社会“构成”资本主义生产方式的目的，或者说，共产主义社会这一目的“隐藏”于资本主义生产方式之中。因而马克思在《资本论》《哥达纲领批判》中多处直接阐述了资本主义生产方式被（“联合的生产方式”）扬弃的途径。

在世界目前经济、文化全球化背景下，那些正在奔向现代化高阶的欠发达国家或地区要在实践上成功地扬弃资本主义生产方式即冷静地稳定自己的历史位置，汲取世界现代性运动的历史经验，把控世界现代性运动风险，一个绕不过的“坎”是在观念上要充分认识到这一生产方式的两个层次。

一个层次是，把资本主义生产方式与资本主义社会存在的形形色色现

① 《马克思恩格斯文集》第7卷，北京：人民出版社2009年版，第499页。

② 《马克思恩格斯全集》第30卷，北京：人民出版社1995年版，第543页。

③ 段忠桥：《理性的反思与正义的追求》，哈尔滨：黑龙江大学出版社2007年版，第279页。

象或其他生产方式区分开来。作为与封建生产方式相区别的资本主义生产方式即恩格斯所说的“纯资本主义方式”[①] 有其质的规定性，拥有其历史进步性。也就是说，以资本主义生产方式为标准的或占统治地位的资本主义社会是一个“理性社会”即遵循商品经济规律或价值规律的社会，马克思说得好，“只有在资本主义生产的基础上，商品生产才表现为生产的标准的、占统治地位的性质”[②]，而非坑蒙拐骗、掺假使坏的社会；是一个法治有序的社会即所谓“法治社会”而非无法无天的社会或威权社会，是一个富于冒险、进取、革新的社会而非听天由命、得过且过、墨守成规的社会。一些学者所说的“近代资本主义”或“理性资本主义”正是资本主义生产方式或由资本主义生产方式占统治地位的资本主义社会。是的，马克思长年在资本主义世界过着流亡者生活，对这个社会持批判态度、否定态度。然而，他没有因此而简单“抹黑”这个世界，而是科学地、客观地分析了资本主义生产方式，肯定了它在历史上的“革命作用”、比之历史上的生产方式的进步性或优越性。因而，对于“资本主义生产方式”的认识不能再停留于空想社会主义者或批判的共产主义者对早期资本主义社会所作的描述——“任何一个劳动者都由于个人利益而和群众利益处于对立状态，对群众不怀好意。医生希望自己的同胞患寒热病；律师则希望每个家庭都发生诉讼；建筑师希望一场大火把一个城市的四分之一化为灰烬；安装玻璃的工人希望下一场大冰雹把所有的玻璃打碎；裁缝和鞋匠希望公众用容易褪色的衣料做衣服，用坏皮子做鞋子，以便多穿破两套衣服，多穿坏两双鞋子。”[③]

资本主义社会虽然由资本主义生产方式占统治地位或被这个生产方式同质化，但这个社会实际上又是由多种经济形式及其相应的各种政治形态或意识形态并存的社会而非纯而又纯的“资本主义生产方式”，马克思在分析十九世纪上半叶的英国时就这样指出，在同一个社会内部，资本主义生产方式在某一些生产部门中很发达，而在另一些部门如农业中，则是前

---

① 《马克思恩格斯全集》第 50 卷，北京：人民出版社 1985 年版，第 389 页。

② 《马克思恩格斯文集》第 6 卷，北京：人民出版社 2009 年版，第 40 页。

③ 《傅立叶选集》第 1 卷，赵俊欣、吴模信、徐知勉、汪文漪译，商务印书馆，1979 年版，第 122 页。

资本主义生产方式或多或少地占统治地位[①]。列宁明确肯定“世界上没有而且也不可能有‘纯粹的’资本主义，而总是有封建主义的、小市民的或其他的东西掺杂其间”[②]。所以，对于资本主义世界里形形色色的现象甚至种种龌龊行径要予以理性的分辨，应该钉是钉，铆是铆。对“资本主义的腐朽东西”这类判断需予以具体分析，更不应该把社会主义初级阶段出现的一定范围内的不良现象甚至龌龊行径挂在“资本主义生产方式”的名下，以“映像资本主义”或“舆论资本主义”代替对资本主义生产方式的客观分析，其结果是重拾让国人吃尽苦头的旧“逻辑”而无意识地把中国人经过千辛万苦洞开的融入世界文明发展大道之门又给添堵了。

另一个层次是，把资本主义生产方式与世界范围内的资本主义生产方式的具体模式区分开来。

有学者从全球化欧洲一体化角度提出“资本主义多样性”理论，把欧洲资本主义生产方式的具体模式分为英国“市场资本主义”模式、德国“管制资本主义”、法国“国家资本主义”模式[③]。有学者从政府与市场的关系角度把资本主义生产方式的具体模式分为这么三种：一是自由市场模式或政府规制型即盎格鲁萨克逊模式，以英国、美国为典型，其特点是政府维护市场的正常有序，让市场发展最大的作用，企业自由竞争，并通过财政政策和货币政策对宏观经济进行调控；二是计划（社会）市场经济模式或政府引导型即欧洲大陆模式，以法国、德国、瑞典等国家为典型，其特点是以市场为经济运行的基础手段，政府进行一定的干预和引导，企图在传统资本主义和社会主义之间走“第三条道路”；三是追赶型（后发型）经济模式或政府主导型即东亚模式，以日本、韩国、新加坡等为典型，其特点是政府以经济计划和产业政策指导经济运行和企业发展，政府借助强有力的行政体制扶持企业，以实现“跳跃式发展”。[④] 有学者从现代化模式角度涉及资本主义生产方式的具体模式问题即不存在资本主义生产方式的“标准模式”，说“各国现代化道路千差万别，不存在‘标准的’‘唯一正

---

① 《马克思恩格斯全集》第 31 卷，人民出版社 1998 年版，第 128 页。

② 《列宁专题文集·论辩证唯物主义和历史唯物主义》，人民出版社 2009 年版，第 252 页。

③ ［美］薇安·A. 施密特：《欧洲资本主义的未来》·前言，张敏、薛彦平译，社会科学文献出版社 2010 年版，第 6 页。

④ 彭澎：《政府角色论》，中国社会科学出版社 2002 年版，第 108 页。

确的’现代化模式。西方国家一开始就走上不同发展道路，如英国走和平、改革、渐进的道路，法国走革命、暴力、跳跃的道路，德国的特点是旧统治集团主导国家现代化，美国则是通过民族解放战争摆脱殖民统治的典型。严格地说，标准的西方现代化模式实际上并不存在。那种认为某种模式是标准模式的说法没有根据，把某个国家的现代化道路视为标准的现代化道路经不起检验。每个国家实现现代化都需要在实践中摸索，借鉴其他国家的成功经验，走自己的路。世界上搞现代化失败的例子比比皆是，其根本原因大都是不顾本国国情而生搬硬套他国经验。”① 有学者把20世纪30年代经济危机之前的资本主义称作自由市场经济体制下的资本主义，把此后的资本主义称作混合市场经济体制下的资本主义②。

当然，还有资本主义早期的“权贵资本主义”与垄断资本主义时期的“殖民主义”或“军国主义”等。马来西亚前总理马哈蒂尔·穆罕默德在北京的一次会议上针对听众所提的问题“是否担心中国会掌控马来西亚”回答：“在马来西亚，我们与中国做贸易已经有2000多年了。他们从来就没有掌控过我们。不过，有一天，三艘葡萄牙的航船出现在了马六甲海峡沿岸，你们猜接下来会发生什么。三个月后，我们成了一块殖民地。”③ 张维迎指出：“日本、德国发动第二次世界大战，用的什么逻辑？强盗的逻辑。就是他希望通过武力、战争的方式，把别的国家的财富掠夺来，服务于本国的利益，本民族的利益，但是他们失败了。”④ 当年葡萄牙式的资本主义、德日资本主义正是这种“殖民主义”或“军国主义”的生动写照。就是说，历史上的资本主义生产方式的“殖民主义”模式或“军国主义”模式在把资本主义生产方式向外拓展的过程中，不是给他国或东道主国真正创造财富与机会，而是掠夺其财富与机会以至于“你死我活”。

中国特色社会主义道路当然异质于这些资本主义“模式”，更不会重复这种“资本主义道路”或“坏的资本主义的道路”。值得注意的是，至今在国内外学界、舆论界流行的“资本主义”一词所指谓的实际上是指历史上资本主义生产方式的“欧美模式”，并非一般的资本主义生产方式。

① 钱乘旦：《从全球视阈看现代化进程》，《人民日报》2017年11月22日。

② 厉以宁：《怎样看待金融危机以来西方国家的制度调整》，《北京日报》2009年8月3日。

③ 汤敏：《“第三只眼”如何看中国》，《人民日报》2018年1月9日。

④ 张维迎：《什么改变中国：中国改革的全景和路径》，中国中信出版社2012年版，第4页。

我们不能因为那些资本主义模式这样的或那样的负面性而笼统地否定作为一种人类历史文明类型的资本主义生产方式所具有的巨大历史作用。

资本主义生产方式作为商品经济的“发达形式”，不是拒绝了商品经济的各种规律如价值规律、货币流通量规律，而是在其“细胞”的基础上遵循并放大了这些经济规律的作用威力。在资本主义生产方式早期发展中，英国在世界所有国家中是资本主义生产方式发展得最充分的国家[①]。尔后，资本主义生产方式在德国、美国等国家获得了充分发展。

的确，实行资本主义生产方式的英美日等资本主义国家在近代中国进行了海盗式的资本主义经营。如关税管理权完全落在外人掌握之中，中国政府不能自由支配，外货进口税不但甚低，并且只要纳过一点关税便通行全国，外货容易推销。相反，中国货遇卡抽厘，不能畅销于中国，中国自己的工业很难自由发展；天津、上海、汉口这些大商埠不是由中国自己的工业而是由输入外货、输出原料的商业所发达起来的，这种商业越发达使中国越穷困，这种输进外货、输出原料的商人虽然能增加他们的商业资本、运用他们的资本开发工业，而协定关税的抑制使之不能与外货竞争，贱价的原料不能禁止出口，不敢投资工业，这种偏畸的商业发达和中国人的穷困成为正比例；中国的金融操纵在外国人手上，他们随便可以操纵中国的金融，外国银行中存有不少中国人的资本，中国人信服洋老爷；中国的铁路掌控在外国人手中；矿业中规模大一点的煤铁矿都操在英国人、日本人手中[②]。当年的日本“正是不要中国有民族工业，要中国民族永远为日本民族生产工业原料，做他们的农奴；日本民族永远过工业的光荣生活，中国民族永远过农业的屈辱生活……日本不惜消耗大量的飞机大炮，炸毁我们的大城市，炸毁我们的工厂……消灭我们的城市工业”[③] 我们绝不能因为商品经济规律或经济法则被西方少数发达国家予以了成功运作而视为它们的“特产”拒之门外，不能因为中国等国家在历史上深受资本主义列强这种历史欺侮而不分青红皂白地将人类文明的一个历史性成果——资本主义生产方式视为洪水猛兽。

这里需要突破一个“常识”，即似乎以英国为代表的西欧是资本主义

① 《马克思恩格斯文集》第5卷，人民出版社2009年版，第747页。

② 《陈独秀文集》第2卷，人民出版社2013年版，第616－617页。

③ 《陈独秀文集》第4卷，人民出版社2013年版，第609－610页。

生产方式的唯一故乡。其实，准确点说，资本主义生产方式只是在西欧发展得充分或典型，用马克思的话说，即“这种生产关系的典型地点是英国”，“只有在英国，它才具有典型的形式”[①]，世界其他地区如中国也出现过资本主义生产方式的一定程度的萌芽或胚胎。不能把资本主义生产方式的“经典模式”与“资本主义生产方式”本身等同起来，它们在逻辑上是两个层次不同的概念。像中国这样的文明古国很早就有商品经济的历史，资本主义生产方式在我国很早就有了某种萌芽或胚胎，如宋代四大发明标志着启动资本主义文明的技术手段，宋代高度集约化的农业经济和门类齐全、技术成熟的发达手工业，繁荣的商业，尤其纸币如“交子”的发行，工商业者社会地位的提高以及功利主义思想的崛起，等等，是商品经济或资本主义生产方式在我国萌芽的征兆[②]。明代，中国在东南沿海一带出现了一些轻工业和手工业，其产品逐渐商品化。清朝中叶，中国的商品化生产水平则超过了明代[③]。中国在1840年鸦片战争后所处的半殖民地半封建社会性质准确地说，就是半封建半资本主义社会[④]，是“初期资本主义国家”“外国资本主义的殖民地”[⑤]。

的确资本主义生产方式始终没有在中国获得统治地位或者说居“普照的光”位置，“在长期的封建势力的统治下，市场始终是不完善的，商品经济是不发达的。小农经济与家庭手工业相结合的社会生产结构，使中国的封建经济结构具有相当大的稳定性。在这样的经济环境中，对商业是鄙薄的，经商、竞争、盈利都被看成是不道德的行为……历史上的中国，是一个只有从属于封建经济的商业，而没有一种适宜商业发展的市场竞争机制的国家，是一个只有官商和地位卑下的商人，而不可能产生在经济活动中从事创新的企业家的国家。”[⑥] 但是，应该确立这么一个理念：资本主义

---

① 《马克思恩格斯文集》第5卷，人民出版社2009年版，第8、823页。

② 张琢：《九死一生：中国现代化的坎坷历程和中长期预测》，中国社会科学出版社1992年版，第72页。

③ 见吴江：《中国资本主义经济发展中的若干特点》，《经济研究》1955年第5期，第56－57页。

④ 赵家祥：《我的“马列经典原著”情结》，《毛泽东邓小平理论研究》2012年第3期，第111页。

⑤ 《陈独秀文集》第4卷，人民出版社2013年版，第614、615－616页。

⑥ 厉以宁：《厉以宁经济文选》，中国时代经济出版社2010年版，第207页。

生产方式并非西方少数国家的“专利”，实乃包括中国在内的世界各民族共有的文明成果。恩格斯在《资本论》第三卷中推算作为资本的细胞形式的“商品经济”早在公元前6000年便出现了。中国早期马克思主义者陈独秀指出：“在科学的社会主义者看来，资本主义无论为功为罪，而毕竟是人类社会进化所必须的过程。没有它，小有产者的社会便没有发展生产力和生产集中之可能。”① 我们绝不能因为中国特别是它的民间资本在历史上特别是近代史上发展资本主义生产方式的努力或尝试由于多种原因屡试屡败或遭受过资本主义列强与中国封建势力的联合欺侮而沿袭长年以来形成的“恐资”思维定势，习惯地或独断地推定现在或今后中国不能承继资本主义生产方式的文明成果。相反，应该充分地依托中国共产党执政党、中国特色社会主义制度、人民民主专政这一坚强后盾承继或借鉴这个迄今尚有生命力的生产方式，去释放、解放中国人民各个方面、各种形式的生产力。既然“社会主义本质”论的头一条就是“解放生产力，发展生产力”，那就注定中国特色社会主义道路与资本主义生产方式这一人类文明成果之间存在着承继关系或扬弃关系。用中共十九大的话说，就是“中国开放的大门不会关闭，只会越开越大”“中国坚持对外开放的基本国策，坚持打开国门搞建设”，并且要“发展更高层次的开放型经济”②。

一些学者讳言“资本主义生产方式”，提出所谓“资本生产方式”“资本生产方式将是对资本主义生产方式的否定”③，说什么“资本的生产方式”“资本的生产方式时代”④。这些提法模棱两可而指代不清，处于前《资本论》水准。因为马克思通过《资本论》及其手稿对这个问题已经做过科学研究，“资本主义生产方式”在历史上已经获得了其确定的涵义与特定位置，这个概念也为学界所认可。如前述日本学者重田澄男就明确肯定马克思阐发了“资本主义生产方式”这一术语、马克思凭借这一术语能够清楚地阐明“现代社会的经济运动规律”。

---

① 《陈独秀文集》第4卷，人民出版社2013年版，第626页。

② 习近平：《决胜全面建成小康社会，夺取新时代中国特色社会主义伟大胜利》，《人民日报》2017年10月28日。

③ 赵旭亮、王明华：《资本一般论》，经济科学出版社2000年版，第143页。

④ 许永和：《生产分配与资本积累的政治经济学：马克思〈资本论〉的研究》，指南书局2009年版，第42页。

二、资本主义生产方式的历史地位

资本或资本主义生产方式作为一种独立形态的生产方式出现于16世纪，在18世纪初开始在西欧等地占统治地位，迄今仅500来年的历史，仅及西欧封建生产方式持续时间的一半，仅及中国封建生产方式持续时间的四分之一。“根据最近一个世纪的生活实践，再回过头去看19世纪，就发现当时公认为发达的工业社会的典型—英国，它的现代大工业、现代科学技术、工厂制度等等，只不过是处在现代工业主义发展的襁褓阶段；早期工业化带来的深刻社会变革才刚刚开始；维多利亚时代的风尚与习俗长期统治着这个国家。从整个欧洲来说，工业化是19世纪下半叶才迈开大步前进的。至于从全世界范围来说，工业世界还是广大的非工业世界中的小岛。”① 就是说，资本主义生产方式作为一种历史性的生产方式在人类历史的长河中尚未进入“老年”，是目前人类历史进程总体上不可超度的必经阶段。当然，现代世界科学技术发展呈指数增长的趋势，据估算，第二次世界大战后30余年人类所取得的科技成果比过去2000年的总和还要多，现代物理学中90%是1950年以后取得的②，这是否意味着目前的资本主义生产方式也因为这种科技发展的“加速”律而加快它的死亡期呢？不能这么简单类推。相反，正是资本主义生产方式才推动了科学技术与人类文化知识、智慧在近现代的系统构建与迅猛发展。恩格斯所说的“社会一旦有技术上的需要，则这种需要就会比10所大学更能把科学推向前进。整个流体静力学是由于16世纪和17世纪意大利治理山区河流的需要而产生的”③，这里的“社会”具体所指正是“资本主义社会”或“资本主义生产方式”主导下的社会环境。资本主义生产方式驱动科学技术飞速发展的事实正表明这个生产方式还有旺盛的生命力。需要正视现代史这么一个事

① 罗荣渠：《现代化理论与历史研究》，《历史研究》1986年第3期，第30－31页；《建立马克思主义的现代化理论的初步探索》，《历史研究》1988年第1期，第59页。

② 宋健：《现代科学技术基础知识》，科学出版社中共中央党校出版社1995年版，第40页。

③ 《马克思恩格斯文集》第10卷，人民出版社2009年版，第668页。

实：凡是资本主义生产方式发展得充分的国家或地区，往往是历史上或现实中综合国力或国际竞争力强的国家。昔日的“大英帝国”，其女王维多利亚（Alexandrina Victoria，1819—1901）身高仅1.55米，她在位时世界地图上凡是涂着粉红色的地方都是她治下的英国地盘，几乎等于英国本土的100倍。

学界不少学者认定马克思存在一个所谓不通过资本主义制度“卡夫丁峡谷”的“跨越论”或“东方理论”，如俞吾金提出马克思有一个“东方社会形态的演进模式”即“第一个社会形态→第二个社会形态（跨越“资本主义制度的卡夫丁峡谷”的社会主义所有制）→第三个社会形态[①]，张奎良提出马克思重新审视自己的东方社会理论而提出的跨越资本主义卡夫丁峡谷设想“实现了理论上的巨大飞跃”[②]。赵一红提出从“世界体系理论”到“亚细亚生产方式”再到跨越资本主义的“卡夫丁峡谷”形成了“马克思完整的东方理论体系”并“从而揭示出我国社会可以不通过资本主义的‘卡夫丁峡谷’而享用资本主义的一切成果的科学预见，为东方社会开辟出独特的发展道路”[③]。还有学者认为，马克思的“跨越论”既坚持唯物史观一般原理又主张某些国家在特定的历史条件下可以“跨越资本主义阶段”，“当马克思提出跨越资本主义‘卡夫丁峡谷’的设想时，东方社会发展的特殊性道路的问题就已经在理论上得到确定了”。

其实，这些“认定”都是基于马克思这封信的“草稿”，马克思正式发出的《给维·伊·查苏利奇的复信》没有什么系统的“跨越论”，相反，马克思在正式“复信”中给予这种“跨越”的“可能性”以苛刻条件，说“农村公社是俄国社会新生的支点；可是要使它能发挥这种作用，首先必须排除各方面向它袭来的破坏性影响，然后保证它具备自然发展的正常条件。”[④] 当然，尽管马克思在《给〈祖国纪事报〉杂志编辑部的信》中明言“如果俄国继续走它在1861年所开始走的道路，那它将会失去当时

① 俞吾金：《社会形态理论与中国发展道路》，《上海师范大学学报》（哲学社会科学版）2011年第2期。

② 张奎良：《马克思哲学历程的深刻启示》，《学术交流》2010年第7期。

③ 赵一红：《马克思的“亚细亚生产方式”理论与东方社会结构》，《马克思主义研究》2002年第5期。

④ 《马克思恩格斯选集》第3卷，人民出版社1995年版，第775页。

历史所能提供给一个民族的最好的机会，而遭受资本主义制度所带来的一切灾难性的波折”[①] 即存在制度“跨越”的可能性，但是他在同一封信里强调他的《资本论》第一卷“关于原始积累的那一章只不过想描述西欧的资本主义经济制度从封建主义经济制度内部产生出来的途径”或“关于西欧资本主义起源的历史概述”，而非一般的资本主义经济制度或一般的资本主义起源。联系上下文来看，这里所谓“遭受资本主义制度所带来的一切灾难性的波折”中的“资本主义制度”实际上是指资本主义经济制度的“西欧式”，而没有明言可以“不通过资本主义制度”或可以超越资本主义生产方式。同样，当年马克思关于无产阶级贫困化理论也是基于英国的具体“历史背景”，即“在英国产业革命时期，的确存在着工人生活水平低下的问题。在当时英国的工业城市中，因人口增加和移民流入，城市的杂业阶层即依赖于非正规部门的‘下层民众’有所扩大，从而压迫了劳动市场。”[②] 就这些背景材料而言，《资本论》第一卷可以视为“英国资本论”。所以，学界一些学者所持的“跨越论”是“与马克思恩格斯的思想相悖”[③] 的，“马克思的‘跨越论’其弧度是有限的，马克思既没有把跨越作为整个俄国可能出现的状态，更没有把跨越作为整个东方落后国家社会发展的一般道路”，“马克思设想的跨越弧度是特定的范围和较短的时期”[④]。可以肯定，资本主义生产方式及其历史发展成果是人类总体进入“新社会”可以“积极地扬弃”却不可超越的历史阶段，用马克思的话说即“不同的文明国度中的不同的国家，不管它们的形式如何纷繁，却有一个共同点：它们都建立在现代资产阶级社会的基础上”[⑤]。由此不难理解，马克思为什么在《资本论》中有七次把“资本主义生产方式”称作“现代生产方式”、恩格斯在《卡·马克思〈资本论〉第一卷书评》中把“资本主义的生产方式”准确地称做“现代资本主义生产方式”。马克思在社

---

① 《马克思恩格斯选集》第 3 卷，人民出版社 1995 年版，第 340 页。

② ［日］山口重克：《市场经济：历史·思想·现在》，张季风等译，社会科学文献出版社 2007 年版，第 153 页。

③ 赵家祥：《论马克思恩格斯思想的两种转变》，《中国人民大学学报》2007 年第 5 期，第 38 页。

④ 周作翰：《十月革命道路的理论反思》，《当代世界与社会主义》1998 年第 1 期，第 60、61 页。

⑤ 《马克思恩格斯选集》第 3 卷，人民出版社 2012 年版，第 373 页。

会历史发展道路问题上尽管持“多线论”，在关于“亚细亚生产方式”研究成果的基础上留下了许多有关亚洲古代社会的笔记或“东方社会”论述，但他对人类社会演化要经过由低级到高级的纵向发展趋向或“五种社会形态”——即人类社会经过原始社会、奴隶社会、封建社会、资本主义社会、共产主义社会的依次演进这一历史大尺度，则是一贯的。恩格斯说得好，“在商品生产和单个交换以前出现的一切形式的氏族公社同未来的社会主义社会只有一个共同点，就是一定的东西即生产资料由一定的集团共同所有和共同使用。但是单单这一个共同特性不会使较低的社会形式能够从自己本身产生出未来的社会主义社会，后者是资本主义社会的最独特的最后的产物。”①

既然资本主义生产方式即“现代生产方式”在今天的世界上仍居于“普照的光”位置，那么世界各地的诸种经济现象或社会现象均受到它的“辐射”或左右而几乎概莫能外。当中国在经过“文革”挫折之后郑重宣布“商品经济的充分发展，是社会经济发展的不可逾越的阶段”，“发展社会主义商品经济”②，“现在虽说我们也在搞社会主义，但事实上不够格”③，中共十四大报告提出“我国经济体制改革的目标是建立社会主义市场经济体制”，中央财经领导小组办公室编写的《邓小平经济理论学习纲要》提出“在过去长时期内，我们在对待资本主义的问题上，往往只看到或更多看到的是它与社会主义国家对立和斗争的一面，而很少看到社会主义同它还有学习、借鉴、合作和利用的一面。这种认识和态度，是不利于社会主义的”④，中共十八大报告重申“我国仍处于并将长期处于社会主义初级阶段”并把“社会主义初级阶段”提升为建设中国特色社会主义的“总依据”，习近平在中共十八届中央政治局第四十三次集体学习时的讲话提出“我们依然处在马克思主义所指明的历史时代”⑤，“在相当长时期内，初级阶段的社会主义还必须同生产力更发达的资本主义长期合作和斗争，

① 《马克思恩格斯选集》第4卷，人民出版社2012年版，第312－313页。

② 《中共中央关于经济体制改革的决定》，人民出版社1984年版，第17、15页。

③ 《邓小平文选》第3卷，人民出版社1993年版，第225页。

④ 中央财经领导小组办公室：《邓小平经济理论学习纲要》，人民出版社1997年版，第76页。

⑤ 《习近平谈治国理政》第2卷，外文出版社2017年版，第66页。

还必须认真学习和借鉴资本主义创造的有益文明成果”[①]，中共十九大报告强调“全党要牢牢把握社会主义初级阶段这个基本国情，牢牢立足社会主义初级阶段这个最大实际”，这些都向世人发出了这么个信号：中国现在与今后的社会经济发展的总模式总战略是且只能是采取社会主义制度驾驭下的商品经济或市场经济，中国社会经济发展状况及其发展要求在总体上至今并将长时期不会突破目前世界的资本主义生产方式格局。显然，不管“资本主义生产方式”还是“社会主义商品经济”或“社会主义市场经济”，这些概念尽管口径不同、称谓各异，但它们都共一条“根脉”、共一个逻辑“原点”、共一个“基因”即“商品经济”，其中“资本主义生产方式”不过是“商品经济”的“发达形式”或“标准形式”，“社会主义商品经济”或“社会主义市场经济”不过是“商品经济”在我国暂时处于相对于发达资本主义国家的特定情形下实现现代化过程中的一种特殊形式。我赞成这样的观点：从历史的发展看，任何一国的生产方式都必须依次经历“自然经济”“商品经济”“直接社会化经济”三大阶段，这是不可逆的、不可塑的、无可“跳跃”或选择的[②]，其中资本主义商品经济未必就是商品经济的最高阶段或最后阶段，社会主义商品经济会成为更高形态的商品经济[③]。显然，“中国特色社会主义道路”就其国际环境而言不可避免地以目前世界的资本主义生产方式格局为背景、为平台，“要看到，资本主义社会虽然矛盾重重，但仍是当今世界的重要存在；我国是在生产力非常落后的条件下进入社会主义社会的，超越资本主义社会的现代化生产力基础仍不充分具备”[④]。多年以来，一些国家在观念上对此不甚自觉，干了一些“拽着自己的头发离开地球”的事。

当然，肯定资本的历史作用，肯定资本主义生产方式作为一种世界性、历史性文明类型的普遍性、必然性或合理性，并不排除其在具体历史环境、具体历史时间的偶然性、特殊性或复杂性，资本主义生产方式在历

---

① 习近平：《关于坚持和发展中国特色社会主义的几个问题》，《求是》2019 年第 7 期，第 12 页。

② 袁绪程：《从方法论看生产方式、生产力、生产关系的含义及区别》，《哲学研究》1984 年第 5 期，第 22 页。

③ 蒋一苇：《蒋一苇经济文选》，中国时代经济出版社 2010 年版，第 131 页。

④ 刘伟：《今天，我们需要什么样的政治经济学》，载《人民日报》2015 年 1 月 8 日。

史的或具体的实际效果上往往参次不齐，真正成功的仅仅属于少数国家或地区。也就是说，不仅资本或资本主义生产方式来到世间是有条件的，并且其在诞生之后的持续发展或成功运作也是有条件的。换言之，现代市场经济形式虽是个好东西，但真正成功运作并达到理想的国家或地区不是雨后春笋，而是百里挑一。据世界银行研究，1960 年全球 101 个中等收入经济体中，截至 2008 年，只有 13 个进入高收入国家行列，其余的都长期在中等收入阶段徘徊。①

① 林兆木：《关于我国经济高质量发展的几点认识》，《人民日报》2018 年 1 月 17 日。

第八章　中国城乡发展一体化

一、资本发展与中国城乡发展一体化的客观需要

马克思在《资本论》及其手稿中不仅阐述了资本及其作为独立的生产方式的历史进步性，特别是对资本主义社会文明的巨大贡献，批判了资本、资本主义生产方式在特定历史条件下所引起的负效应，并且直接阐述了资本、资本主义生产方式在资本主义国家内部的普及化过程，阐述了资本主义生产方式在全球范围内的扩张过程。资本、资本主义生产方式在母国和国外普及、扩张的趋势表明，它比封建生产方式以及其他旧的生产方式拥有明显的优越性与繁殖力。恩格斯在《共产主义原理》中还挑明，资本主义社会的城市和乡村之间的对立随着其生产力发展到一定水平而消失，从事农业劳动的主体与从事工业劳动的主体“合二为一”而不再是两个不同的阶级，通过消除旧式分工，通过产业教育、变换工种，让所有人共同享受他们创造出来的福利与城乡融合，这样，社会全体成员的才能得到全面发展①。当然，在阐述资本主义生产方式的这种扩张过程时，当年马克思恩格斯主要是把这个生产方式视为一种历史的生产方式，侧重于批判这个资本主义生产方式“英国模式”如何给其母国农村居民主要是流入城市的自由民带来苦难，侧重于批判这个“模式”如何给海外地区（包括印度、美洲、非洲、中国）人民带来灾难性变故与痛苦，侧重于批判早期

① 《马克思恩格斯选集》第1卷，人民出版2012年版，第308页。

资本主义生产如何破坏农村的生态环境与土壤肥力的永续性。十一届三中全会以来，中国共产党通过坚定不移的改革开放国策创造性地实现了马克思主义生产方式理论的中国化，先是1984年在我国经济领域坚定不移地推行“公有制基础上的有计划的商品经济”，八年后进一步在我国确立“社会主义市场经济体制”，这种“商品经济”形式、“市场经济”形式使我国社会本身所蕴藏的资本力量极大地挥发出来了。

我国国内生产总值在1979—2016年间年均增长9.6%，经济总量从1978年居世界第10位到在2008年居世界第三位超过德国、在2009年居世界第二位超过日本，我国经济总量占世界的份额从1978年的1.8%提升为2015年的15.5%。我国“十二五”期间科技创新实现了重大突破，人文社会科学和自然科学先后问鼎诺贝尔奖。我国人均预期寿命由1981年的67.9岁增加到2015年的76.34岁，高于世界平均水平。这些巨大的社会经济成就或文明成果表明，资本作为一种独立的生产方式在中国社会扮演了重要角色。

资本力量目前在中国各个区域或社会阶层中的发展速度、发展规模、发展条件是不平衡的。总体上，东部沿海强于中部，中部则强于西部。在2013年年末的全国企业法人单位中，东部地区占比达55.4%，中部地区占比为19.7%，西部地区占比为18.2%；法人单位从业人员东部地区占比达54%，中部地区占比为20.9%，西部地区占比为18.4%；在2013年年末的全国有证照个体经营户中，东部地区占比达40%，中部地区占比为23.3%，西部地区占比为27.9%；在2013年年末的全国有证照个体经营户从业人员中，东部地区占比达43.6%，中部地区占比为23.3%，西部地区占比为25.6%。[①] 中国目前这种地区之间的经济社会发展差距尤其是城市与乡村之间的经济社会发展差距比改革开放之初更为明显，由此带来人们之间财富差异甚至贫富悬殊等社会问题。如《中国民生发展报告(2014)》指出我国家庭净财产的基尼系数在2012年达到0.73，其中1%的家庭占全国财产1/3强，25%的家庭仅占全国财产约1%。[②] 甚至存在这么一种不可忽视的社会现象：既有鳞次栉比的高楼大厦，也有破败低矮的

① 《第三次全国经济普查主要数据公报（第一号）》，《人民日报》2014年12月17日。

② 冯蕾、邱玥：《基尼系数的警示》，《光明日报》2014年7年31日。

城中村；既有在儿童游乐场快乐玩耍的“中产阶层小花朵”，也有跟随父母卖菜、蹬三轮的孩子。[①] 显然，中国多年来在享受资本带来的甜头中领教到资本发展所引起的社会急遽分化之痛。值得注意是，由社会经济领域存在的这些社会急遽分化所放大的公平问题都莫过于城乡之间在社会经济发展水平上的差距，莫过于中国目前 6.4 亿农村常住人口和 2.7 亿农民工[②]尚未享有名正言顺的市民待遇或名副其实的市民待遇，“我国最大的发展差距、最大的收入分配差距，首先是在城乡之间”[③]，“城乡区域发展和收入分配差距依然较大”[④]。从马克思生产方式理论来看，当前中国社会出现的公民在经济文化方面存在的这种富裕差异乃至贫富悬殊现象总体上植根于我国城乡二元结构事实。

城乡二元结构问题的解决尽管对于世界上的发达国家来说都不是一朝一夕或一帆风顺的事，如英国的城镇化大约用了 100 年，美国则大约用了 80 年，日本则大约用了 40 年，但在历史驶入 21 世纪的第二个 10 年后半段节点，注定了已实行 60 余年社会主义制度的中国政府要迈过这个“坎”。否则，党的十九大所确立的 21 世纪中叶建成富强民主文明和谐美丽社会主义现代化强国目标在 30 多年之后，就可能只是“建成”中国城区的“富强民主文明和谐美丽”，可能只是“建成”中国东部沿海地区或中国少数发达地区的“富强民主文明和谐美丽”，可能只是“建成”少数人的“富强民主文明和谐美丽”，这在客观上将让中国特色社会主义战略目标出现“打折”现象，难以实现真正意义上的“全民共享”或“共同富裕”这一社会主义本质要求。

显然，通过“城乡发展一体化”“城镇化”等具体形式最终在全国范围内实现从社会体制机制到生产方式的城乡一体化，让目前中国（按户籍）7 亿多农民不仅在形式上而且在实质上脱“农”入“市”，让他们与中国其他公民（市民）共享现代文明的果实，这不仅是中国经济社会发展

---

① 冯华：《贫富差距到底有多大?》，《人民日报》2015 年 1 月 23 日。

② 韩长赋：《任何时候都不能忽视农业忘记农民淡漠农村——深入学习习近平同志在吉林调研时的重要讲话》，《人民日报》2015 年 8 月 13 日。

③ 李克强：《关于深化经济体改革的若干问题》，《十八大以来重要文献选编》（上），中央文献出版社 2014 年版，第 803 页。

④ 习近平：《决胜全面建成小康社会，夺取新时代中国特色社会主义伟大胜利》，《人民日报》2017 年 10 月 28 日。

“跨越中等收入陷阱”的必经之道，而且是在社会横向发展层面整体兑现“共同富裕”的社会主义承诺而最终破解目前存在的社会急遽分化现象之直接要求，符合现代世界文明发展的大趋向。若不能在全国范围内实现城乡一体化，那么，以各种“发展”蓝图形式呈现出来的“硬道理”或“大道理”，对于那些不能与城市市民一同享有改革开放成果的传统乡村农民来说等于“无道理”。

二、中国城乡一体化历史性成就

从马克思生产方式理论看，我国实现城乡一体化实践隶属于人类历史由地域性历史向世界历史转变或乡村城市化这一世界现代史进程。

新民民主义革命时期，中国共产党在与以蒋介石为代表的国民党集团的政治较量中之所以能够以弱胜强、以小胜大，就在于顺应了中国社会历史发展要求即中国人民的生产力发展要求，通过土地改革形式把蕴藏在当时中国人口主体——农民的积极性解放出来，通过政治革命形式推翻了那些压抑中国人民生产力发展要求的上层建筑，这是以毛泽东为代表的中国共产党人所开辟的新民主义革命道路取得成功的经济根源。① 而以蒋介石为代表的国民党集团所搞的那套“建制”形式上酷似西方资本主义民主政体。实质上，“中国国会固然不能代表无产阶级的利益，并不能代表资产阶级的利益”②，而在维护那个将“资产阶级、劳动阶级都在他们压迫之

---

① 抗日战争胜利后，蒋介石曾放言短期内要“剿灭”共产党。未曾想到，共产党只用了3年左右的时间，化弱为强，一举实现“大逆转”，从根本上推翻了国民党统治。对国民党失去大陆执政权而败退台湾的原因，国民党内部和学界有各种不同解读。有人认为，一是“经济与财政状况之恶化”，二是“政治与社会之紊乱”，三是“戡乱军事之失败”，其中第一条最重要，而第一条背后的原因又是“美援不至”。甚至还有人将国民党失败归咎于日本发动侵华战争，说什么如果日本不发动侵华战争，国民党早就把共产党消灭了，是抗日战争给了共产党发展机会，等等，不一而足（赵达军：《中国政府效能建设史鉴》，湖南人民出版社2012年版，第35页）。

② 《陈独秀文集》第2卷，人民出版社2013年版，第416页。

下”[①] 的中国封建势力和官僚买办阶级[②]。从马克思生产方式理论看，以蒋介石为代表的国民党集团在中国大陆的最终溃败不能仅仅归结为军事（战略）上的失败，归根到底在于他们没有适应中国近现代经济社会发展的迫切要求。“［国］民党的罪恶，还不是走资本主义的道路，反而正是它是投降帝国主义，镇压农民的土地斗争和军阀官僚之横行……阻塞了资本主义发展的道路。”[③]

新中国成立以后，中国共产党领导中国人民进行社会主义革命，在全国范围内进行土地制度改革，对资本主义工商业进行社会主义公有制方向的改造，实现了新中国在经济、社会等领域的“开门红”，尽管在具体操作上存在着急于求成现象。应该说，这同样体现了世界近现代以来资本的积累与发展所要求的社会化、大规模的生产发展要求。然而，应当看到，那场社会主义革命的当务之急是使代表工农劳苦大众利益的人民民主专政获得确立与巩固，轰轰烈烈的经济建设因而不能不带上政治色彩或附上了直接的政治需要，当年农村大规模的集体经济形式包括人民公社把原先分给农民的土地收归于集体经营，一个根本性原因是使之适应中国重工业建设积累基金的需要，而重工业的发展又主要是服从国家的国防（军事）事业需要，因为“没有重工业就无法保卫国家……无法保持国家的独立”[④]。与之相适应，中国经济重心从乡村向城市转移，我国农村生产要素直接由政府配置，组织生产合作社，对土地和人口的流动予以限制。如 1958 年 1 月颁布的《中华人民共和国户口登记条例》曾经规定，公民从农村迁移到

① 《陈独秀文集》第 2 卷，人民出版社 2013 年版，第 418 页。

② 1949 年 7 月底，美国国务卿艾弗逊在致杜鲁门总统的信中说：“我们在中国的军事观察家曾报告说，国军在具有决定性的 1948 年内，没有一次战役的失败是由于缺乏武器或弹药。事实上，我们的观察家于战争初期在重庆所看到的腐败现象，已经察出国民党的抵抗力量受到致命的削弱，国民党的领袖们对于他们所遭遇的危机是无能为力的。国民党的部队已经丧失了斗志，国民党的政府已经失去了人民的支持。”当时，国民党军队战场上接连失败，党内和政府腐败也越演越烈，利益集团炒卖操纵金融股票，囤积居奇，大发国难财，抬高物价，民不聊生。对此，蒋经国很忧心，认为如果不整治，就会搞垮经济，最后失去民心，提出要在上海“打老虎”（整治腐败）。在蒋介石同意并支持下，蒋经国大张旗鼓到上海“打老虎”。但“打老虎”最后打到蒋、宋、孔、陈四大家族身上，即使蒋经国决心再大，也挡不住宋美龄的阻拦，最后只好草草收场（参阅赵达军：《中国政府效能建设史鉴》，湖南人民出版社 2012 年版，第 37 – 38 页）。

③ 《陈独秀文集》第 4 卷，人民出版社 2013 年版，第 468 – 469 页。

④ 《斯大林选集》下卷，人民出版社 1979 年版，第 496 页。

城市得向常住地户口登记机关申请迁出手续，在办理手续时必须持有城市劳动部门录用证明、学校录取证明或者城市户口登记机关准迁证明[①]。《关于中华人民共和国户口登记条例草案的说明》将那些不经公安机关批准的“由农村迁往城市”的行为归为“盲目外流”而予以“制止”[②]。1964 年 8 月公布的《国务院批转公安部关于处理户口迁移的规定（草案）》进一步规定：“从农村迁往城市、集镇，从集镇迁往城市的，要严加限制”，对“从城市、集镇迁往农村的”“从城市迁往集镇的”“从大城市迁往小城市的”则“一律不要限制”。[③] 这些“规定”有效限制了农村人口向城市的流动，但构成我国城乡二元经济体制赖以确立的带决定意义的制度，由此固化了我国历史上原本存在的城乡二元结构现象。

改革开放时期，中国共产党人侧重于体制机制层面推动了我国城乡二元结构现象的根本性改变。党的十一届三中全会首先决定在我国农村地区实行家庭联产承包责任制、发展乡镇企业，我国农村地区的劳动生产力获得了自 1949 年以来空前的释放与自由。六年之后，党的中央鼓励全国各地农民和集体的资金有组织地自由流动，不受地区限制，让务工、经商、办服务业的农民自理口粮到集镇落户，这从国家制度层面为我国直接打破城乡二元体制洞开了通道。党的十五大以来从提升农村区域生产方式的水平这一高度出发，推出了“把农业和农村经济增长转到依靠科技进步和提高劳动者素质的轨道上来”的思路，推出了“建设小城镇”方针，通过发展小城镇、改革小城镇户籍管理制度以更大的规模转移农业富余劳动力，避免向大中城市盲目流动。

党的十六大以来，我国在社会体制层面加大了城乡一体化改革步骤。党的十六届三中全会明确提出“改变城乡二元经济结构的体制”“统筹城乡发展”，推出了加大我国城镇化进程的新举措，包括取消对农民进城就业的限制性规定，形成城乡劳动者平等就业的制度，允许在城市有稳定职业和住所的农业人口在就业地或居住地按当地规定登记户籍并依法同享当地居民应有的权利与义务。2003 年年底，中国政府把进城务工的“农民

---

① 参见《中华人民共和国户口登记条例》，《中华人民共和国国务院公报》1958 年第 2 期。

② 罗瑞卿：《关于中华人民共和国户口登记条例草案的说明》，《江西政报》1958 年第 2 期。

③ 《江西省人民委员会转发国务院批转公安部“关于处理户口迁移的规定（草案）”》，《江西政报》1964 年第 8 期。

工”身份明确改称为“产业工人”范畴，把从农村进城务工的人员列入“工人阶级”即“无产阶级”的组成部分，从而在政治上肯定他们在我国社会主义市场经济中所拥有的主人地位。2005年10月，党的中央推出建立“以工促农、以城带乡”的长效机制，把实现我国城乡一体化建设置于“社会主义现代化建设全局”之中。接着，我国《农业税条例》在同年年底废止，延续2600多年的农业税历史在我国终结。党的十六届六中全会进一步加大实现我国城乡一体化的力度，第一次提出基本建立“覆盖城乡居民的社会保障体系”，并把它提升到“保障社会公平正义”这一原则高度。党的十七大着眼于构建城乡一体化“长效机制”，提出基本建立覆盖城乡居民的、人人享有基本生活保障的社会保障体系，形成城乡经济社会发展一体化格局。党的十七届三中全会提出尽快促进公共资源在城乡之间均衡配置、生产要素在城乡之间自由流动，推动城乡经济社会发展融合，并确定了我国2020年农村改革发展目标。在这一系列社会经济建设实践中，中国共产党人在中共十六大以来一个历史性的巨大功绩是，以社会体制机制改革为杠杆大力推进了城乡一体化取向的改革步骤，大步骤地使我国传统农业、传统乡村发生了变动，大步骤地使我国传统农民获得新生，值得载入中国现代史史册。据统计，2011年，城镇居民人均可支配收入21810元，比2002年增长1.8倍，扣除价格因素，年均实际增长9.2%；农村居民人均纯收入6977元，比2002年增长1.8倍，扣除价格因素，年均实际增长8.1%，城乡居民收入年均增速超过1979—2011年7.4%的年均增速，是历史上增长最快的时期之一[①]。2002年至2011年，我国城镇化率以平均每年增加1.35个百分点的速度发展，城镇人口平均每年增长2096万人；2011年，城镇人口比重达到51.27%，比2002年上升了12.18个百分点，城镇人口为69079万人，比2002年增加了18867万人，乡村人口65656万人，减少了12585万人。[②]

党的十八大以来，我国集成了以往城乡一体化的实践经验，继续大力度推动了这一进程。党的十八届三中全会赋予农民对集体资产股份占有、

① 国家统计局：《见证十年“中国足迹”——从十六大到十八大经济社会发展成就系列报告之一》，《华夏时报》2012年9月13日。

② 国家统计局：《见证十年“中国足迹”——从十六大到十八大经济社会发展成就系列报告之三》，《华夏时报》2012年10月1日。

收益、有偿退出及抵押、担保、继承权，维护农民生产要素权益，保障农民工同工同酬，保障农民公平分享土地增值收益，把进城务工农民完全纳入城镇住房和社会保障体系，把在农村参加的养老保险和医疗保险规范接入城镇社保体系，推进城镇基本公共服务常住人口全覆盖，实现农业转移人口市民化。李克强总理在省部级主要领导干部学习贯彻党的十八届三中全会精神全面深化改革专题研讨班上的报告中明确提出："改变城乡二元结构，必须建立城乡一体化发展体制机制。"① 党的十八届五中全会对我国城乡一体化建设作了系统的筹划，将它纳入"国民经济和社会发展第十三个五年规划"之中，明确提出"健全城乡发展一体化体制机制，推进城乡要素平等交换、合理配置和基本公共服务均等化"的重大举措，其中包括城乡人口流动方面的进城落户政策、国家财政政策、土地财产政策、社会公共治理政策、劳动力市场政策、公共医疗政策②。党的十八届五中全会一个月之后，党的中央和国务院作出"打赢脱贫攻坚战"决定，力争中国现有农村7000多万贫困人口在2020年全部脱贫。所有这些都侧重在社会体制层面使我国现有农民或农民工不仅名义上"市民化"，而且在生产方式或生活质量上"市民化"，同享社会主义大家庭的幸福与自由。

显然，中国共产党人引领下的我国城乡一体化过程是一个由浅而深、由外围到核心的逐步展开过程。它在改革开放时期主要呈现为"自上而下"形式，越来越直接向社会主义本质目标聚焦，取得了历史性成就，属于中国共产党人对当代中国的一个重大贡献。尽管我国实现城乡一体化的实践过程远未完成，但是对于自己国家实现城乡一体化的信心与意志已经坚定不移，实现城乡一体化目标的实践理念也成竹在胸，正在有序而大踏步地创造实现这一目标的基础性条件。

三、中国城乡一体化的价值目标

我国城乡一体化成就虽然在世界文明史中并非先例，但对于中国这个

① 《十八大以来重要文献选编》（上），中央文献出版社2014年版，第803页。

② 《中共中央关于制定国民经济和社会发展第十三个五年规划的建议》，人民出版社2015年版，第20、35、37页。

后发国家而言，属于中国现代史上一场具有里程碑意义的社会革命。如果说，以毛泽东为代表的第一代中国共产党人领导的政治革命属于中国现代史上“第一次革命”范畴，以邓小平为代表的第二代中国共产党人开启的以经济体制改革为中心环节的改革开放使我国奔向富强民主文明目标而属于中国现代史上的“第二次革命”范畴，那么，目前正在进行的我国“城乡发展一体化”实践是对这个“第二次革命”的强劲推进，因其着力于中国社会中的贫困群体或薄弱地域内实现意义深远的社会革命与文明变革而可以视为中国现代史上的“第三次革命”。换言之，中国城乡一体化实践过程实际上正在有力地生成着社会主义的本质属性，使中国特色社会主义的价值理想发生根本性的“对象化”。

具体地说，我国城乡一体化在体制机制层面的直接目标就是，我国的整个经济、政治、文化、社会治理等领域的具体体制、法律、规定在城市和乡村都同等地获得实施，既不能有什么“国中之国”，更不能有什么“城中村”，作为中国的公民无论在城市区域还是在乡村地区都享有同等的基本权利与义务，我国的具体体制、法律、规定及其所内含的公民权利与义务应不分城乡而有序地得到“一元化”实施，通过这种“制度公平”即规则公平在体制机制层面消除城乡分立或城乡二元现象，所有中国公民在经济、政治、文化、社会等方面不分城乡而同等程度地享有市民待遇，“共享国家经济、政治、文化、社会、生态各方面建设成果，全面保障人民在各方面的合法权益”①。中国共产党作为中国执政党正是要通过这种城乡一体化体制去逐步改变还在相当程度上存在的中国城乡二元结构事实，这不仅是社会主义社会本质目标在社会横向发展层面的兑现过程，属于中国共产党“第一个百年”目标的一个硬任务与实现“第二个百年”目标的基本前提条件之一，并且是马克思主义经济学所阐明的共产主义社会题中应有之义，用恩格斯的话说，即消除“城市和乡村之间的对立……是共产主义联合体的必要条件”②。在马克思生产方式视野下，我国正在进行的城乡一体化所要达到的这种境界属于全面建成中国特色社会主义的价值目标范畴，而现有关于“三农”或“城镇化”的具体政策或措施

① 习近平：《在省部级主要领导干部学习贯彻党的十八届五中全会精神专题研讨班上的讲话》，《人民日报》2016 年 5 月 10 日。

② 《马克思恩格斯选集》第 1 卷，人民出版社 2012 年版，第 308 页。

仅仅属于根本实现城乡一体化这一中国社会发展根本战略的阶段性策略范畴。

我国的城乡一体化过程的最终目标在生产方式上就是，要在进一步提升我国社会生产方式的基础上使我国现有的乡村地区产业方式、劳动生产率达到现代商品化、市场化水准，缩小目前我国农业劳动力与发达国家之间在生产效益或产值水平上的差距，让城市区域的先进生产力、产业方式向乡村地区延伸、渗透——“技术下乡”即“先进生产力下乡”，最终使城乡融为一体。这样，我国生产力、产业方式发展的前景将是在文化特色、产品特色方面有分异而无城乡区域之分。这一前景的实现将构成衡量我国生产力水平、社会经济整体富裕程度或小康社会全面建成程度的“显示器”。就此而言，我国正在实施的侧重于社会经济领域的城乡一体化，是为最终消除我国农村区域或薄弱地域残存的贫困现象、整体实现我国人民的平等要求而扫清体制障碍，也是最终消除我国社会残存的“贫困化”现象、社会腐浊现象的“兜底”行动。不过，这绝不意味着中国返回到那种“抽肥补瘦”时代或“去文明”时代。相反，为了实现我国城乡一体化的最终目标，还有必要继续充分发挥我国现有城市区域先进生产力、产业方式的优势，充分发挥现有城市区域的资本优势、市场优势，以此作为优先在体制上实现城乡一体化的物质基础或“硬实力”。列宁在1921年3月谈到无产阶级怎样对待小业主的问题时就这样说：“只有有了物质基础，只有有了技术，只有在农业中大规模地使用拖拉机和机器，只有大规模电气化，才能解决小农这个问题”。[①] 换言之，“一个社会越是富裕，这个社会里的成员发展其个性的机会就越多；相反，一个社会越是贫困，其成员可以选择的生存方式也就越有限”[②]，“农业革命应当是城市经济日趋繁荣和制造业不断成长所引发的结果，而不应是后者的起因[③]。当年法国巴黎与周围7省组成的巴黎大区、美国的纽约大区，就是由于城市规模和经济发展到一定程度而对周围一定范围的乡村地区形成强大的辐射力的结果。

① 《列宁专题文集·论社会主义》，人民出版社2009年版，第204页。

② 费孝通：《论人类学与文化自觉》，华夏出版社2004年版，第151页。

③ ［英］R. 艾伦：《近代英国工业革命的揭秘：放眼全球的深度透视》，毛立坤译，浙江大学出版社2012年版，第120页。

城乡一体化过程必然伴随着“资本下乡”现象即引发农村区域的社会分化现象。人与人之间发生社会分化或社会财富拥有量上的差异现象[①]是社会文明发展的必然反应，本不可怕。可怕的是“两极分化”这一极端现象，必须予以防范。在社会主义基本经济制度及其上层建筑的驾驭下，资本在特定历史环境下的这种负效应会得到抑制，使之处于合理区间即让这种社会分化现象处于个人富裕程度之量的差异范畴以内，而不至于发生那种极端现象。

我国城乡一体化的最终目标将在社会身份、文化形式上消除传统“农民”这一传统社会角色——“先进文化下乡”，使所有中国公民同为市民、同为同工同酬的劳动者，没有社会身份上的城乡差异现象，在法律规定的基本权利上不存在政治鸿沟，在现代文化教育权利上没有地区差现象，从而最终铲除困难群体特别是传统乡村区域的居民在政治上、精神文化上的“穷根”。不过，他们在社会公平的基础上存在着职业区别、专业技术高下、产业形式不同，存在着财富拥有量的差别、文化层次的分别、文化风格的不同。显然，这种城乡一体化过程除了给中国社会带来经济层面的内容变化之外，还带来政治层面的内容变化和文化层面的内容变化即人的素养变化。

在实现我国城乡一体化的过程中，既不要以“工业文明”去贬抑“农耕文明”，也不要以后者去责备前者，它们在人类文明的具体方式上存在着互补互鉴的扬弃关系。一名美国医生曾经这样说过，“我几乎羡慕中国，因为它仍然处于汽车出现前的走路、骑自行车和呼吸新鲜空气的阶段”[②]。所以人们在享受现代文明成果的同时不要抹灭农耕文明对自然界作保护性开发这一文明长处，在我国城乡一体化发展过程中坚执绿色发展理念。

“历史发展的一般规律，不仅丝毫不排斥个别发展阶段在发展的形式或顺序上表现出特殊性，反而是以此为前提的。”[③] 由于中国拥有960多万平方公里的陆地疆域、5000余年的文明发展史、56个民族，实现这么一个意味着我国现代史“第三次革命”的人间巨变决不是一个简单或短暂的社会过程，更不能在具体的历史细节上确保什么“万无一失”或“十全十

① 在资本主义竞争条件下表现为资本集中或生产资料集约化。

② ［美］萨缪尔森：《经济学》，高鸿业译，商务印书馆1982年版，第170页。

③ 《列宁专题文集·论社会主义》，人民出版社2009年版，第357－358页。

美"，否则必将会遭遇多种意料不到的困难、挑战甚至难以预料的负效应。因而要以大历史尺度的眼光与态度去进行这场城乡一体化实践。

由于任何生产力都是一种既得的力量、人们既往实践能力的结果，而这种能力本身又决定于人们既有的生产力或由前一代人创立的社会形式，我国城乡一体化"善举"要惕防急于求成心理或简单行政现象，在"自上而下"形式的"有为"中给现有农村居民留置顺其自然的"无为"空间，"应当保证他们有经营的自由"①。

当代中国人不能因为中国这种社会生产力积累的历史性即"长期处于社会主义初级阶段""人口多"而不去勇敢迈过这个历史"坎"，听任那种"城市像欧洲、农村像非洲"现象存在，"目前的城乡二元结构，是阻碍中国进入现代化国家行列的主要原因，它对于中国现代化进程的拖累不亚于印度种姓制度对印度现代化的掣肘"②。不难想象，中国若不抓住国家今天资本充裕、国民扬起理性的头颅、整个国家持续的和平崛起这一千载难逢的"战略机遇期"去实现自己国家的城乡一体化，根本改变城乡二元结构现象，就难以在中国社会横向发展层面整体兑现社会主义本质要求或"全面小康"目标。可以这么设想，如果19世纪60年代初以阿伯拉罕·林肯为总统的美利坚合众国政府没有在南北战争中把美利坚联邦军队变成让南方奴隶获得自由平等的"解放军"，没有把保卫美国联邦与废除美国南部奴隶制融为一体，毅然决然地摧毁南方种植园主的奴隶制，便可能让美国拖累于"木桶效应"而不可能实现其后来在国际上的整体强国地位。作为思想家的马克思具有宽广的胸怀和卓越的视野，尽管他是代表无产阶级利益的革命导师，他当年钦佩这个代表美国资产阶级利益的林肯总统，称赞其为"工人阶级忠诚的儿子"，"一位达到了伟大境界而仍然保持自己优良品质的罕有的人物。这位出类拔萃和道德高尚的人竟是那样谦虚，以致只有在他成为殉难者倒下去之后，全世界才发现他是一位英雄"③，并认为那场南北战争是"两种社会制度即奴隶制度与自由劳动制度之间的斗

① 《列宁专题文集·论社会主义》，人民出版社2009年版，第198页。

② 柴野：《全会为中国未来规划宏伟蓝图——访德国波恩大学教授辜学武》，《光明日报》2013年11月15日。

③ 《马克思恩格斯全集》第16卷，人民出版社1964年版，第21、109页。

争”，断定它以“胜利而结束”①。就整个世界城乡一体化实践过程的艰巨性、复杂性而言，林肯这种精神，对于我国城乡一体化过程不无借鉴意义。

从社会横向发展层面来看，我国当前紧锣密鼓地实施的“全面建成小康社会”战略、“脱贫攻坚战”，让中国社会依然残存的传统农村、传统农民同现代城市“一体化”发展，同质地享受社会主义本质所内含的政治经济文化成果。

总之，一方面，我国城乡一体化过程的最终结晶或格局不再是重新建立一个与现代城市有鸿沟、有体制隔层的任何新“农村”形式，而是在社会体制上、文化上使现有的传统乡村城市化，不再是让现有乡村与现代都市二元并立，而是让现代都市覆盖现有乡村，使之融入现代都市范畴；不再是让传统农业驻足于手工“精益生产方式”，而是融入现代生产方式，从而使中国的农业发生专业效应、市场效应而在经济全球化舞台扮演重要角色；不再是驻足于维护中国传统意义上的“农民”利益或小农生产方式下的“农民”角色，而是使现有的传统农民升华为现代生产力即现代产业劳动者或现代农业生产者——从经济上铲除中国社会急遽分化与残存的“贫困化”现象赖以存生的旧生产方式。一句话，应该超越传统“三农”的“框子”而立定实现城乡一体化这一解决中国“三农”问题的治本之道。

另一方面，我国城乡一体化过程要科学借鉴国外“乡村城市化”的经验与教训，遵循乡村城市化历史客观规律，千万不要因为历史上这方面的挫折或挫败而驻足于小生产或小农经济文化视野，不自觉地充当旧生产方式守护神，不要像以往笼统简单地在资本与“两极分化”“生态危机”之间画等号那样在当下的城乡一体化与“资本下乡”（“两极分化”）、乡村“生态危机”之间画等号。同时要充分照顾到中国两千多年农耕文明、小农经济所积淀的传统因素，紧紧结合中国各地区多地理环境、多民族、多文化、多产业样式的特点，汲取历史上操之过急等教训，让拥有56个民族的中华儿女在现代化浪潮中自主、自愿地对他们自己的产业方式予以改善、更新，作出自己的选择，在自己的城乡一体化过程中把现代文明与绿色发展有机结合起来。

① 《马克思恩格斯全集》第15卷，人民出版社1963年版社第365页。

第九章　中国绿色发展

资本作为一种独立的生产方式在中国社会扮演了重要角色，这不仅给中国社会的横向发展层面带来巨大的影响——走向城乡一体化，也给中国社会的纵向发展——社会经济发展质量层面即经济社会发展与生态环境之间的相互关系带来了巨大影响，这就是实现我国生产方式的整体绿色发展已经置于当代中国发展的主题位置。

一、探索中国绿色发展的学术层面

就学界而言，学者们从各个不同的路径或角度对我国生产方式的整体绿色发展作了探索，但他们的探索起初大都以“可持续发展”“生态经济”等话语形式呈现出来。

刘思华在20世纪80年代后期从生态经济学角度探索了我国生产方式的整体绿色发展问题，认为人的消费需要包括生态需要、物质需要、精神需要。前者是作为自然的人对生态系统的需求即生态需要；后两者是作为社会的人对经济系统的需求即经济需要。全体人民的生态经济需要及其满足程度和实现方式是社会主义现代化建设的出发点和归宿，社会主义生产目的是保证满足全体人民生态、物质和文化的需要。[①] 并认为我国社会主义初级阶段生态经济基本矛盾主要表现为“经济增长和环境污染与生态破坏之间的矛盾”“消灭贫困和保护生态环境之间的矛盾”[②]。徐春探索了我

① 刘思华：《论生态经济需求》，载于《经济研究》1988年第4期。

② 刘思华：《社会主义初级阶段生态经济的根本特征与基本矛盾》，载于《广西社会科学》1988年第4期。

国生态建设的层次问题，认为我国生态文明建设已经从“保护自然资源”层次提升到以调整“产业结构、增长方式、消费模式”的方式来实现“生态文明”的层次，这就是生态文化、生态道德意识成为大众意识；以生态技术为基础实现社会物质生产的生态化、生态产业在产业结构中居于主导地位；人类从单向度要求自然满足人的价值需求转变成生态法则制约下的有条件满足。相反，传统市场经济体制和传统计划经济体制，基本上都是把经济增长建立在贪婪地索取自然资源、大量消耗资源与环境的基础上，忽略了生态环境对经济的制约问题[①]。

厉以宁在2004年11月8日“同北京大学光华管理学院研究生谈话”中提出了“可持续发展有双重含义”命题，其中“自然意义上的可持续发展是指：要有适宜于人们生活和工作的自然环境，要有适宜于人们生活和工作的资源供应，以及要有适宜于经济发展的自然环境和资源供应，这样才能保证可持续发展。”[②] 他还就我国生产方式的整体绿色发展提出了需要科学研究的三个问题：一是中国能源结构调整的客观性约束——主要研究中国能源结构的变化趋势与调整策略；二是制度与政策因素对中国碳排放趋势的影响——主要研究节能减排降碳的制度设计与政策措施包括电力和能源资源价格、财税体制；三是导致资源浪费的习惯性行为。[③] 吴敬琏侧重从体制方面探究了我国生产方式的整体绿色发展问题，认为我国在20世纪90年代初以来的20多年一直在努力实现经济增长方式从粗放型转向集约型，但成效不大，其根本原因在于存在体制性障碍，就是政府掌握了太大的权力和太多的资源，总想运用权力和投入资源来达到提高GDP增长速度的政绩目标。我们到现在对技术创新用的办法基本上还是苏联的办法即“行政主导的办法”。他主张要用市场的办法，建立一个新的适合于市场经济的国家创新体系。[④]

徐匡迪在21世纪初从“工程师”侧面提出，工业化的日益发展使不可再生资源大量消耗，环境严重污染，生态受到无情的破坏，人类的生存

① 徐春：《建设生态文明与维护环境正义》，《党政干部学刊》2009年第7期。

② 《厉以宁经济文选》，中国时代经济出版社2010年版，第182页。

③ 厉以宁、朱善利、罗来军、傅帅雄：《构建中国低碳经济学》，《人民日报》2015年4月22日。

④ 吴敬琏：《准确把握新常态的两个特征》，《北京日报》2015年5月4日。

和发展遇到空前威胁，这就要求工程技术在满足人们物质文化生活需求中满足人们对保护生态环境的需要，走绿色化制造和循环经济的道路。21 世纪的工程师应从单纯追求创造丰富的物质财富转向可持续发展，做可持续发展的实践者，他们既要担当起为人类创造丰富的物质财富的历史责任，又要坚持工程科技减量化、再利用、再循环和再制造的发展方向，在高效利用资源、保护生态环境方面发挥积极作用。[①] 钟茂初对“可持续发展”概念作了具体分析，认为它是指人类赖以生存的自然生态系统的可持续性得以保障，是生态可持续所限制的“全球经济规模”不被突破条件下的“发展”。只有将生态可持续性置于既定约束条件的前提下，各个经济主体才可根据各自的目标函数去追求自身发展利益的最大化和资源配置的最优化。人们面对经济发展与生态维护的矛盾时总希望自然资源环境的维持保护与开发利用能够达到相互促进的效果即实现“双赢”，这一理想在局部的区域可能能够实现，但在全球范围内难以实现。[②]

胡鞍钢从世界近现代产业发展史角度直面我国生产方式的整体绿色发展问题，明确提出进21 世纪人类发展的主题是绿色发展，就是强调经济发展与保护环境的统一与协调，即更加积极的、以人为本的可持续发展之路。中国有可能不需要经过许多西方国家曾经经历的高消耗资源、高污染排放的过程，直接进入“绿色发展”阶段，也不必要等到达到较高收入时再来实施“绿色发展”战略。中国今后对人类发展模式所作的新贡献，一是绿色贡献——就是发明绿色的技术，生产绿色的食品，使用绿色的能源，居住绿色的住宅，乘坐绿色的交通等；一是知识贡献——就是在科学和文化领域作出巨大贡献。[③] 王松霈从“绿色发展”与“可持续发展”“科学发展”之间的关系深究了我国生产方式的整体绿色发展的内涵。他认为，绿色发展理念既强调生态与经济在时间轴上的纵向协调，为子孙后代留下天蓝地绿水清的家园；也强调同一时间点上各方面的横向协调，把绿色发展理念融入经济社会发展各个方面。以往的可持续发展观主要探讨可持续发展的方向，着眼于纵向的经济与生态的协调，而绿色发展理念不

---

① 徐匡迪：《工程师——从物质财富的创造者到可持续发展的实践者》，《北京师范大学学报》（社会科学版）2005 年第 1 期。

② 钟茂初：《“可持续发展”的意涵、误区与生态文明之关系》，《学术月刊》2008 年第 7 期。

③ 胡鞍钢：《绿色现代化：中国未来的选择》，《学术月刊》2009 年第 10 期。

仅明确了经济发展的可持续性方向，还指明了同时实现纵向和横向的经济与生态相协调这一途径。绿色发展理念要求经济社会发展同时符合经济规律、社会规律、自然规律，把科学发展、包容性发展与可持续发展有机结合起来，使绿色发展目标融入经济建设、政治建设、文化建设、社会建设全过程及其各方面，真正解决经济与生态之间的矛盾。①

郇庆治从系统介绍、分析西方生态资本主义这一路径探索了我国生产方式的整体绿色发展问题。他认为，“生态资本主义”作为当代西方国家中的主流环境政治流派在促成绿色的或环境友好的政策和社会变革方面发挥着突出的作用，承担着创造后工业时代资本主义的“绿色经济增长”和“绿色政治合法性”的新机遇的使命。与此同时，“生态资本主义”政治理论与实践存在着渐进改善与结构性变革的矛盾，个体环境意识、责任和行动与国家培育、规约之间的矛盾，本土中心与全球视野需要之间的矛盾。②王保忠、何炼成、王进富研究了英国在生产方式的整体绿色发展方面的成果。他们认为，英国是最早将发展低碳经济上升为国家战略高度的国家。英国政府从2005年开始陆续发布了《减碳技术战略》《用于化石燃料的碳减排技术发展战略》《英国政府未来的能源——创建一个低碳经济体（白皮书）》《英国低碳转型战略》《英国可再生能源战略》《英国低碳工业战略》等战略规划，形成了完善的低碳技术创新与发展政策支撑体系。并且，英国善于运用法律资源来解决问题，议会的立法力量在环境治理中起到了决定性作用，积极承担了相应的社会公共责任，将环境问题纳入法律体制内解决。这种议会与政府之间的良性互动，高效务实的合作，是英国环境污染治理取得成效的重要保证。③ 王雨辰从介绍、研究西方生态学马克思主义研究成果角度探索了我国生产方式的整体绿色发展问题。他认为，西方生态理论中的“深绿”派以生态中心主义价值观为基础，排斥经济增长和技术进步，把生态文明理解为人类实践未涉足的“荒野”；“浅绿”则以现代人类中心主义价值观为基础，以技术进步和自然资源市场化为手段，追求资本主义经济的可持续发展；“红绿”派的有机马克思主义

① 王松霈：《以绿色发展理念引领生态文明新时代》，《人民日报》2017年4月27日。

② 郇庆治：《21世纪以来的西方生态资本主义理论》，《马克思主义与现实》2013年第2期。

③ 王保忠、何炼成、王进富：《从“康德拉季耶夫周期理论”看低碳革命首倡于英国的原因及启示》，《经济纵横》2016年第1期。

则把人类文明看作是对自然的疏离，把生态文明理解为排斥技术使用的农庄经济；生态学马克思主义则坚持制度维度、哲学价值观维度和政治维度三者辩证统一的生态文明理论。①

这些探索中国绿色发展的若干成果虽然代表不了学术界的全部，但为我国绿色发展实践提供了宝贵的学术资源与观念参照。如果没有这类学术层面的探索或者撇开这类学术探索，那么，中国绿色发展的实践过程将是缺少深度的甚至会带有很大的盲目性。

二、改革开放以来中国特色社会主义在绿色发展上的重要理论成果

绿色本是大自然的颜色即大自然大部分植物的颜色，代表着自然界那种充满希望、成长意义的和谐或本真状态。这一在20世纪30年代流行的理念源于现实生活中人们对人类的思维习惯所作的反思。绿色发展作为一种新生产方式是相对于工业革命以来的工业文明方式所带来的“黑色发展”或“灰色发展”而言的，以欧美为代表的这个产业模式表现为“高碳排放、高资源消耗、高环境破坏”。改革开放40余年来，中国经济发展在客观效果上基本因袭了这一传统发展模式，结果“中国发展对资源的消耗，已经大大超出其人口占世界的比例和全世界的平均水平。2012年，中国的人口约占全球19%，GDP占全球11.4%，但消耗的煤炭占全球50.2%，生产粗钢占全球44.7%，消耗的铁矿石占全球55.4%，生产水泥占全球58.1%，化肥使用量占全球30.7%，总物质消费量占全球32%。虽然中国由于目前处于经济起飞阶段，GDP的资源消耗强度略高也有其合理性，但显然还是太高了。在碳排放方面，中国当前碳排放已经超过美国居世界首位，人均达到6.2吨，全球人均4.4吨。预计2020年，中国年排放总量将超过全部发达国家的年排放总和”。② 我国农业受污染程度也令人

① 王雨辰：《论西方绿色思潮的生态文明观》，《北京大学学报》（哲学社会科学版）2016年第4期。

② 张永生：《中国经济发展的未来之路——绿色发展方式》，http：//www. drenet. com. cn/DRCNT，channel. Web/gyu/2014/index13. aspx。

担忧，我国农药使用量达 130 万吨，是世界平均水平的 2.5 倍，每年大量使用的农药仅有 0.1% 左右可以作用于目标病虫，99.9% 的农药则进入生态系统，造成大量土壤重金属、激素的有机污染。[①] 我国生态环境质量改善“从量变到质变的拐点还没有到来”[②]。

值得注意的是，改革开放 40 多年来，中国共产党在全力发展中国经济的过程中始终在主观理念上努力争取中国生产方式的绿色化，取得了阶段性的重要理论共识并形成国家行动。

党的十二大报告明确提出“不断提高经济效益”“坚决控制人口增长、坚决保护各种农业资源、保持生态平衡”[③]。与之相适应，《中华人民共和国国民经济和社会发展第六个五年计划》把“大力降低物质消费特别是能源消耗”“加强环境保护，制止环境污染的进一步发展，并使一些重点地区的环境状况有所改善”规定为“六五计划”的“具体要求”，把“每亿元工业总产值消耗的能源，由 1980 年的 8.15 万吨下降到 1985 年的 7.15 万 ~6.82 万吨，平均每年的节能率为 2.6% ~3.5%”确定为“六五计划”所要达到的“经济效益”。两年后通过的《中共中央关于制定国民经济和社会发展第七个五年计划的建议》进一步突出“提高产品质量”的问题，认为“产品质量差，物质消耗高，经济效益低，是我国生产建设中长期普遍存在的痼疾，目前这个问题还远远没有解决”。[④]

中共十三大报告明确指出，我国在 20 世纪末实现建设小康社会目标的“矛盾的焦点是经济活动的效益太低”，解决这个问题的“战略”是“降低物质消耗和劳动消耗，实现生产要素合理配置，提高资金使用效益和资源利用效率，归根到底，就是要从粗放经营为主逐步转上集约经营为主的轨道”，“必须清醒地认识到，技术落后，管理落后，靠消耗大量资源来发展经济，是没有出路的”[⑤]，“产品水平低，质量差，消耗大，成本高，不仅糟踏资源，不能缓解我国社会经济生活中的矛盾，在国际市场的竞争中

① 李慧：《农田污染如何解?》，《光明日报》2013 年 5 月 26 日。

② 黄润秋：《“十四五”要打升级版污染防治攻坚战》，《经济参考报》2020 年 5 月 26 日。

③ 《十二大以来重要文献选编》（上），中央文献出版社 2011 年版，第 11、12 页。

④ 《十二大以来重要文献选编》（中），中央文献出版社 2011 年版，第 254 页。

⑤ 《十三大以来重要文献选编》（上），中央文献出版社 2011 年版，第 15 - 16 页。

也站不住脚。"[①] 陈云在《关于治理环境污染的信》中提出"治理污染、保护环境，是我国一项大的国策，要当作一件非常重要的事情来抓。"[②]

党的十三届七中全会通过的《中共中央关于制定国民经济和社会发展十年规划和"八五"计划的建议》强调我国资源、能源"相对不足"，"各部门、各地区都要制定出今后十年和'八五'期间的节约计划，采取有力的政策包括某些带强制性的措施，以及增加必要的投入，把节约和企业技术改造、加强管理紧密结合起来，注意资源的综合利用和再生资源的利用，使能源、原材料、水资源和运力的节约取得明显成效，力争20世纪90年代国民生产总值增长中有更大的部分靠节约挖潜、降低消耗来实现"[③]，把"环境保护"明确列为我国的"基本国策"。

中共十四大报告重申计划生育和环境保护是我国的"基本国策"，提出"要增强全民族的环境意识，保护和合理利用土地、矿藏、森林、水等自然资源，努力改善生态环境。"[④] 江泽民在1995年的中国科学技术大会上指出，我国"以粗放经营为主的经济增长方式尚未根本改观，产品结构、产业结构不合理等经济发展中的一些深层次问题还有待解决，发展农业、搞好国有大中型企业、提高经济效益等任务十分艰巨。人口、自然资源、生态环境等对经济持续发展的压力在增大"，宣布了中国的"科教兴国战略"[⑤]。他在中共十四届五中全会上把"实现可持续发展"列为我国的"一个重大战略"，提出"必须切实保护资源和环境，不仅要安排好当前的发展，还要为子孙后代着想，决不能吃祖宗饭，断子孙路，走浪费资源和先污染、后治理的路子。要根据我国国情，选择有利于节约资源和保护环境的产业结构和消费方式"[⑥]。他在第四次全国环境保护会议上提出，保护环境本身就是保护生产力，环境意识、环境质量的高低是衡量一个国家和民族文明程度的一个重要标志。

胡锦涛2003年4月15日在广东省考察工作时第一次提出，中国在发

① 《十三大以来重要文献选编》（上），中央文献出版社2011年版，第16页。

② 《十三大以来重要文献选编》（上），中央文献出版社2011年版，第214页。

③ 《十三大以来重要文献选编》（中），中央文献出版社2011年版，第744页。

④ 《江泽民文选》第1卷，人民出版社2006年版，第240页。

⑤ 《江泽民文选》第1卷，人民出版社2006年版，第428页。

⑥ 《江泽民文选》第1卷，人民出版社2006年版，第464页。

展方式这一问题上不仅要坚持发展“硬道理”，而且“发展要有新思路，必须实施科教兴国战略和可持续发展战略，实现速度和结构、质量、效益相统一，经济发展和人口、资源、环境相协调”①。他在中共十六届三中全会上把这一新发展思路提升为“科学发展观”，认为“增长是发展的基础，没有经济数量增长，没有物质财富积累，就谈不上发展。但是，增长并不简单等同于发展，如果单纯扩大数量，单纯追求速度，而不重视质量和效益……不重视人与自然的和谐，就会出现增长失调、从而最终制约发展的局面”②，他明确把中国经济社会的发展方式指向人与自然之间相和谐。他在 2004 年 3 月的中央人口资源环境工作座谈会上便进一步突出了这一问题，认为社会经济发展与生态资源环境维护之间不是根本排斥的，而是可以相互作用、相互促进的。“促进人与自然的和谐，实现经济发展和人口、资源、环境相协调，坚持走生产发展、生活富裕、生态良好的文明发展道路，保证一代接一代地永续发展”③，“在推进发展中充分考虑资源和环境的承受力，统筹考虑当前发展和未来发展的需要，既积极实现当前发展的目标，又为未来的发展创造有利条件，积极发展循环经济，实现自然生态系统和社会经济系统的良性循环，为子孙后代留下充足的发展条件和发展空间”④，“建立资源节约型国民经济体系和资源节约型社会，逐步形成有利于节约资源和保护环境的产业结构和消费方式”⑤，“良好生态环境是社会生产力持续发展和人们生存质量不断提高的重要基础。要彻底改变以牺牲环境、破坏资源为代价的粗放型增长方式，不能以牺牲环境为代价去换取一时的经济增长，不能以眼前发展损害长远利益，不能用局部发展损害全局利益。要在全社会营造爱护环境、保护环境、建设环境的良好风气，增强全民族的环境保护意识。”⑥ 他说：“自然界是包括人类在内的一切生物的摇篮，是人类赖以生存和发展的基本条件。保护自然就是保护人类，建设自然就是造福人类。要倍加爱护和保护自然，尊重自然规律。对自然

---

① 《胡锦涛文选》第 2 卷，人民出版社 2016 年版，第 39 页。

② 《胡锦涛文选》第 2 卷，人民出版社 2016 年版，第 105 页。

③ 《胡锦涛文选》第 2 卷，人民出版社 2016 年版，第 166 – 167 页。

④ 《胡锦涛文选》第 2 卷，人民出版社 2016 年版，第 167 – 168 页。

⑤ 《胡锦涛文选》第 2 卷，人民出版社 2016 年版，第 170 页。

⑥ 《胡锦涛文选》第 2 卷，人民出版社 2016 年版，第 171 页。

界不能只讲索取不讲投入、只讲利用不讲建设。发展经济要充分考虑自然的承载能力和承受能力，坚决禁止过度性放牧、掠夺性采矿、毁灭性砍伐等掠夺自然、破坏自然的做法。要研究绿色国民经济核算方法，探索将发展过程中的资源消耗、环境损失、环境效益纳入经济发展水平的评价体系，建立和维护人与自然相对平衡的关系。"①

在党的十六大之后，不仅在"绿色发展"问题上提出了"科学发展"理念，并且围绕着绿色发展目标制定了一系列战略与措施。胡锦涛在2003年5月5日在江苏省考察工作时强调"坚持走生产发展、生活富裕、生态良好的文明发展道路""各地区在推进发展到过程中必须充分考虑资源和环境承受力，统筹考虑当前发展和未来发展的需要，既重视经济增长指标、又重视资源环境指标，既积极实现当前发展的目标，又为未来发展创造有利条件"②，"良好的生态环境是实现社会生产力持续发展和提高人们生存质量的重要基础……要加大从源头上控制污染力度，严格控制高污染项目，淘汰高污染行业，彻底改变以牺牲环境、破坏资源为代价的粗放型增长方式"③。他在党的十六届五中全会上把"节约能源资源"确立为一个"基本国策"，在党的十七大上提出"建设生态文明"这个重大战略，并在党的十七大精神研讨班上把这个战略阐释为"实质上就是要建设以资源环境承载力为基础、以自然规律为准则、以可持续发展为目标的资源节约型、环境友好型社会"即"两型社会"。他在2009年中央经济工作会上深刻指出，"目前世界经济增长模式确实不可持续"；在2010年2月省部级主要领导干部研讨班上深刻揭明，"国际金融危机是对过度负债消费和过度依赖资源消耗的经济增长模式的冲击"④。他在2012年7月23日的省部级主要领导干部专题研讨班上深刻指出了我国在经济发展方式上存在的严重现象即"经济发展方式没有改变转变，生态文明理念没有牢固树立，生态不文明的做法还很普遍"，明确提出了改变这种严重偏向的根本路径，就是"着力推进绿色发展、循环发展、低碳发展，形成节约资源和保护环

---

① 《胡锦涛文选》第2卷，人民出版社2016年版，第171页。
② 《胡锦涛文选》第2卷，人民出版社2016年版，第183页。
③ 《胡锦涛文选》第2卷，人民出版社2016年版，第184页。
④ 《胡锦涛文选》第3卷，人民出版社2016年版，第334页。

境的空间格局、产业结构、生产方式、生活方式”[①]，并且在中共十八大上把以绿色发展为核心内容的“生态文明建设”纳入我国总体布局之中。

党的十八大以来，以习近平同志为核心的党中央从我国的整体发展和人类未来发展的战略高度、从体制机制层面进一步系统地阐明了绿色发展理念及其战略部署。《中共中央关于全面深化改革若干重大问题的决定》提出：“建设生态文明，必须建立系统完整的生态文明制度体系，实行最严格的源头保护制度、损害赔偿制度、责任追究制度，完善环境治理和生态修复制度，用制度保护生态环境。”[②] 习近平在《关于〈中共中央关于全面深化改革若干重大问题的决定〉的说明》中阐明了生态文明建设的一个重要认识，就是“山水林田湖是一个生命共同体，人的命脉在田，田的命脉在水，水的命脉在山，山的命脉在土，土的命脉在树。用途管制和生态修复必须遵循自然规律，如果种树的只管种树、治水的只管治水、护田的单纯护田，很容易顾此失彼，最终造成生态的系统性破坏”，由此提出中国生态文明建设总思路是“按照所有者和管理者分开和一件事由一个部门管理的原则，落实全民所有自然资源资产所有权，建立统一行使全民所有自然资源资产所有权人职责的体制”。[③] 他在省部级主要领导干部学习贯彻党的十八届五中全会精神专题研讨班上指出：“绿色发展，就其要义来讲，是要解决好人与自然和谐共生问题。人类发展活动必须尊重自然、顺应自然、保护自然，否则就会遭到大自然的报复，这个规律谁也无法抗拒。”“环境就是民生，青山就是美丽，蓝天也是幸福，绿水青山就是金山银山；保护环境就是保护生产力，改善环境就是发展生产力。在生态环境保护上，一定要树立大局观、长远观、整体观，不能因小失大、顾此失彼、寅吃卯粮、急功近利。我们要坚持节约资源和保护环境的基本国策，像保护眼睛一样保护生态环境，像对待生命一样对待生态环境，推动形成绿色发展方式和生活方式。”“坚决摒弃损害甚至破坏生态环境的发展模式和做法，决不能再以牺牲生态环境为代价换取一时一地的经济增长。”[④] 他在第七十届联合国大会一般性辩论时指出：“人类可以利用自然、改造自然，

① 《胡锦涛文选》第 3 卷，人民出版社 2016 年版，第 610 页。

② 《十八大以来重要文献选编》（上），中央文献出版社 2014 年版，第 541 页。

③ 《十八大以来重要文献选编》（上），中央文献出版社 2014 年版，第 507 页。

④ 《习近平谈治国理政》第 2 卷，外文出版社 2017 年版，第 207、第 209－210、第 210 页。

但归根结底是自然的一部分，必须呵护自然，不能凌驾于自然之上。我们要解决好工业文明带来的矛盾，以人与自然和谐相处为目标，实现世界的可持续发展和人的全面发展。”[①] 他在2016年“两院”大会上指出：“绿色发展是生态文明建设的必然要求，代表了当今科技和产业变革方向，是最有前途的发展领域。人类发展活动必须尊重自然、顺应自然、保护自然，否则就会受到大自然的报复。这个规律谁也无法抗拒。要加深对自然规律的认识，自觉以对规律的认识指导行动。不仅要研究生态恢复治理防护的措施，而且要加深对生物多样性等科学规律的认识；不仅要从政策上加强管理和保护，而且要从全球变化、碳循环机理等方面加深认识，依靠科技创新破解绿色发展难题，形成人与自然和谐发展新格局。”[②] 他在2017年的联合国日内瓦总部演讲中指出：“人与自然共生共存，伤害自然最终将伤及人类。空气、水、土壤、蓝天等自然资源用之不觉、失之难续。工业化创造了前所未有的物质财富，也产生了难以弥补的生态创伤。我们不能吃祖宗饭、断子孙路，用破坏性方式搞发展。绿水青山就是金山银山。我们应该遵循天人合一、道法自然的理念，寻求永续发展之路。”[③]

李克强在2016年政府工作报告中阐明了我国“十三五”期间绿色发展的具体目标：“单位国内生产总值用水量、能耗、二氧化碳排放量分别下降23%、15%、18%，森林覆盖率达到23.04%，能源资源开发利用效率大幅提高，生态环境质量总体改善。特别是治理大气雾霾取得明显进展，地级及以上城市空气质量优良天数比率超过80%。我们要持之以恒，建设天蓝、地绿、水清的美丽中国。”[④] 他在2017年政府工作报告中发出了“坚决打好蓝天保卫战”号令。张高丽在《大力推进生态文明，努力建设美丽中国》一文中系统阐明了中国生态文明建设所涉及的许多重要方面。他阐述了生态文明建设的重大意义——生态文明是人类文明发展到一定阶段的产物，是反映人与自然和谐程度的新型文明形态，中国建设生态

① 习近平：《携手构建合作共赢新伙伴，同心打造人类命运共同体》，《人民日报》2015年9月29日。

② 习近平：《为建设世界科技强国而奋斗》，《人民日报》2016年6月1日。

③ 习近平：《共同构建人类命运共同体》，《人民日报》2017年1月20日。

④ 李克强：《政府工作报告——2016年3月5日在第十二届全国人民代表大会第四次会议上》，《人民日报》2016年3月18日。

文明反映了保持我国经济持续健康发展的迫切需要，体现了国家坚持以人为本的基本要求，属于中华民族永续发展的必然选择、应对全球气候变化的必由之路；他肯定了我国生态文明建设取得的成就，就是“初步建立了能源资源节约、生态环境保护的制度框架和政策体系，资金投入力度持续加大，节能减排、循环经济和生态环境保护工作不断加强，取得了明显成效。过去五年全国财政用于节能环保投入累计达 1.14 万亿元；2012 年我国单位国内生产总值能耗比五年前下降 17.2%，化学需氧量、二氧化硫排放总量分别减少 15.7% 和 17.5%；全国万元工业增加值用水量比十年前减少一半以上；全国城市污水处理率提高到 87.3%，火电脱硫比例提高到 90% 以上；森林覆盖率不断提高，牧区草原质量出现好转，沙漠化土地面积持续减少”①；他阐明我国推进生态文明建设的一个认识是，“发展是解决我国所有问题的关键，保护则是实现可持续发展的关键，两者同等重要、不可偏废，要走出一条经济发展与生态保护‘双赢’的道路”②；他提出推进生态文明建设的基本思路和主要任务是，“以主体功能定位为依据，加快优化国土空间开发格局”，“以调整优化产业结构为抓手，有效减轻经济活动对资源环境带来的压力”，“以全面加强资源节约为突破口，推动资源利用方式转变”，“以加强污染治理为着力点，切实提高生态环境质量和水平”，“以健全法律法规、创新体制机制为核心，加快生态文明制度建设”，“以促进绿色、低碳消费为重点，加快形成推进生态文明建设的良好社会氛围”。

总之，改革开放以来，党的历届领导集体及其主要领导人在我国经济发展方式以及经济发展与生态环境之间的关系问题上在不同的时期不同的领域、针对不同的侧重点、不同的层面都取得了重要的科学认识，先后凝结为系统的“可持续发展”“科学发展”“生态文明建设”“绿色发展”范畴，在《中华人民共和国国民经济和社会发展第十三个五年规划纲要》和中共十九大报告中最终确立为作为整个国家战略的“绿色发展”理念及其整套体制机制系统。

---

① 《十八大以来重要文献选编》（上），中央文献出版社 2014 年版，第 629 – 630 页。

② 《十八大以来重要文献选编》（上），中央文献出版社 2014 年版，第 632 页。

三、资本与绿色发展之间关系的逻辑辨析

尽管我国在绿色发展或者说经济发展方式上取得了重要理论成果，并在实践上收获了一个又一个绿色发展果实，但我国在绿色发展的理论与实践上仍然存在一个绕不过的“结”，就是资本（或经济发展）与绿色发展之间是相互统一或相辅相成还是相互排斥？这是关于资本作为生产方式的历史作用问题必须闹清楚的一“环”，是资本对当代影响的一个焦点问题。

一种是在学术界处于“多数派”（影响深广）的“排斥”论。生态社会主义认为，“生态和资本主义是相互对立的两个领域，这种对立不是表现为在某一个事例之中，而是作为一个整体表现在两者之间的相互作用之中”。[①]“现行的生产关系是阶级的关系。阶级关系是经济、社会和政治剥削的根源，而且这些又导致生态掠夺和破坏。”[②]“资本的逻辑由于对不带来利润的环境保护毫不关心而破坏了环境。正是因为如此，在资本主义国家才爆发了各种旨在保护生命健康的环境运动。”[③]“整个资本主义制度的主导功能是生态危机的原动力。换句话说，资本积累的存在使得克服生态危机和恢复具有生命特征的地球生态系统的愿望无法实现。”[④]

“有机马克思主义”提出“资本主义作为一种经济哲学，一直是破坏环境的罪魁祸首”；“正是由于那1%最富有人的自私，正在迅速导致其余99%的人不再适于居住在这个星球上”[⑤]；认为“在这个星球的历史上，还没有哪一个掠夺大军的征服驱动能像跨国公司的利益驱动那样，给地球生态系统造成如此巨大的破坏。富有的个人与企业不断利用其统治地位，不

---

① ［美］福斯特：《生态危机与资本主义》，耿建新、宋兴无译，上海译文出版社2006年版，第1页。

② ［英］佩珀：《生态社会主义：从深生态学到社会正义》，刘颖译，山东大学出版社2005年版，第320页。

③ ［日］岩佐茂：《社会主义在本质上是生态社会主义》，刘荣华、韩立新译，《马克思主义与现实》2005年第4期，第87页。

④ ［美］乔尔·科威尔：《资本主义与生态危机：生态社会主义的视野》，郎廷建译，《国外理论动态》2014年第10期，第16页。

⑤ ［美］克莱顿、海因泽克：《有机马克思主义·中译本序》，孟献丽等译，人民出版社2015年版，第6页。

惜以牺牲地球的长远利益为代价来攫取自身的短期利益”；“气候变化首先是由这些富人而非穷人的消费方式造成的”[①]；“自由放任的资本主义企业，为了达到股东追求短期利润的目标，往往以牺牲他人与环境的长远利益为代价”；“一切有生命之物，一切自然资源，简言之，整个地球，都与阶级斗争紧密相关。资本主义结构及其实践，不仅在蹂躏和掠夺人类，而且也在蹂躏和掠夺整个地球。”[②]

受国外这类“排斥”论影响，我国学界赞同这一思想的不少，不过具体话语形式不同。有的认为，“以前人们往往比较注意在马克思那里有对资本主义‘第一重矛盾’，即资本主义生产无限扩大趋势与劳动人民有支付能力需求相对缩小之间的矛盾的分析，而实际上马克思还有对资本主义‘第二重矛盾’，即资本主义生产无限扩大的趋势与自然界承载能力有限性之间的矛盾的探讨。”“生态矛盾是资本主义社会的内在矛盾。生态危机、生态矛盾，本身就是资本主义社会异化本质的佐证。无论是经济危机还是生态危机都被马克思视为内在于资本主义社会的，即马克思把这些危机都视为‘导致资本主义垮台的其自身的因素’”[③]；有的认为，“资本主义是这样一种社会形态：它在人类开发和利用自然资源方面所建树的历史功勋，已经越来越为它在耗费和破坏自然资源方面的罪过所抵消。……资本主义这只‘老鼠’的破坏，具有全局的、深刻的性质。它是人类和人类生存繁衍的地球的罪人，是把人类和地球导入丧失正常新陈代谢能力的祸首”[④]；“资本价值观所带来的自然环境的破坏，却是不可修复、不可弥补的。其原因在于资本所追求的并不是使用价值，而是价值；并且不仅是价值，还是自我增殖的价值。价值量的不断自我增殖，必然造成自然界和人类自身的不断贬值”；“‘绿色发展’的难点不在于人与自然的对立，而在资本与人、资本与自然的对立。但资本背后其实是积累起来的剩余抽象劳动，因此，所谓‘绿色发展’的关键是资本的自我扬弃。这意味着：只有

① ［美］克莱顿、海因泽克：《有机马克思主义》，孟献丽等译，人民出版社 2015 年版，第 5、226 页。

② ［美］克莱顿、海因泽克：《有机马克思主义》，孟献丽等译，人民出版社 2015 年版，第 74、227 页。

③ 陈学明：《资本逻辑与生态危机》，《中国社会科学》2012 年第 11 期，第 9、10 页。

④ 卫建林：《全球化与第三世界》第 2 卷，清华大学出版社 2009 年版，第 499 页。

扬弃资本的劳动方式才能实现‘绿色发展’”[①]；有的提出绿色和资本主义“不可能相容”，“资本逻辑将人与自然的关系、人与人的关系异化为资本的生产关系，从而伴随人类千百年生产活动的生态问题，激化为无法挽回的生态灾难。生态危机正是资本逻辑第二个环节的必然产物”[②]；有的提出“形式上表现为人和自然关系恶化的生态危机，实质上是资本疯狂占有自然所引起的恶果，是资本同自然关系的危机”，“绿色发展从本质上说是和资本主义不相容的”[③]。

一种是在学界处于“少数派”的“相辅相成”论。布伦特兰夫人提出“环境不能与人类活动、愿望和需求相割裂而独立存在，将其解释为孤立于人类活动之外的企图”，“环境”是我们大家生活的地方；“发展”是在这个环境中为改善我们的命运，我们大家应做的事情。两者不可分割。[④]布伦特兰夫人主编的《我们共同的未来》一书认为，经济与生态问题并不一定就是对立的，例如，保护农田质量和保护森林的政策改善了农业发展的长远前景。提高能源和原料的使用效率既符合生态目的，又能降低成本，但环境与经济目标的协调常常丧失于对个人利益或集团利益的追逐之中。不考虑对别人产生的影响、盲目相信科学解决问题的能力，并不顾今日决策的长远后果，机构的僵化加重了这种目光短浅的做法。[⑤]经济增长总是带来环境破坏的危险性，因为经济增长造成对环境资源的压力的增加。但是以可持续发展思想作为指导的政策，要求决策者必须在制订政策时确保经济增长绝对建立在它的生态基础上，确保这些基础受到保护和发展，以使它可以支持长期的增长。因而环境保护是可持续发展思想所固有

① 赵建军：《人与自然的和解 ：“绿色发展”的价值观审视》，《哲学研究》2012 年第 9 期，第 28、30－31 页。

② 沈斐：《价值观革命：绿色发展何以超越资本逻辑》，《毛泽东邓小平理论研究》2016 年第 9 期，第 66 页。

③ 罗文东等：《绿色发展：开创社会主义生态文明新时代》，《当代世界与社会主义》2016 年第 2 期，第 28 页。

④ 世界环境与发展委员会：《我们共同的未来·前言》（上），王之佳、柯金良等译，吉林人民出版社 2005 年版，第 8 页。

⑤ 世界环境与发展委员会：《我们共同的未来》（上），王之佳、柯金良等译，吉林人民出版社 2005 年版，第 79 页。

的特征[①]。可持续发展寻求满足现代人的需要和欲望，而又不危害后代人满足其需要和欲望的能力。它决不是要求停止经济发展。它认识到，除非我们进入一个发展中国家发挥重大作用并获取重大利益的新的发展时代，世界上的贫穷和落后的问题便不能能得到解决。[②] 吉恩·迈克尔·格罗斯曼和艾伦·班尼特·克鲁格发现，污染在低收入水平上随人均 GDP 增加而上升，高收入水平上随 GDP 增长而下降[③]；厉以宁提出“在现代市场经济中，环境保护不仅受到重视，而且会比在计划经济条件下更容易取得成效，原因在于经济运行机制和企业经营机制转换了”，“市场经济并不是不利于环境保护，而恰恰是有利于环境保护的”，“人们生活水平的提高、人均收入的增长，必然使人们对生活质量的要求越来越高，对环境舒适和清洁的期望值越来越大”[④]。

一种是“环保”论。蕾切尔·卡逊在《寂静的春天》中认为，若没有土壤，陆地植物不能生长；而没有植物，动物就无法生活。土壤也依赖于生命；土壤本身的起源及其所保持的天然特性都与活的动、植物有亲密的关系。[⑤] 生命创造了土壤，而异常丰富多彩的生命物质也生存于土壤之中；否则，土壤就会成为一种死亡和贫瘠的东西了。正是由于土壤中无数有机体的存在和活动，才使土壤能给大地披上绿色的外衣。[⑥] 现在每个人从未出生的胎儿期直到死亡，都必定要和危险的化学药品接触，合成杀虫剂使用才不到 20 年，就已经传遍生物界及非生物界。我们从大部分重要水系甚至地层下肉眼难见的地下水潜流中都已测到了这些药物。早在 10 数年前施用过化学药物的土壤里仍有余毒残存。它们普遍地侵入鱼类、鸟类、爬行类以及家畜和野生动物的躯体内，并潜存下来。科学家进行动物实验要找

① 世界环境与发展委员会：《我们共同的未来》（上），王之佳、柯金良等译，吉林人民出版社 2005 年版，第 51 页。

② 世界环境与发展委员会：《我们共同的未来》（上），王之佳、柯金良等译，吉林人民出版社 2005 年版，第 50 页。

③ Gene M. Gross man，Alan B. Krueger，Economic Growth and the Environment. *the quarterly Journal of Economics*，1995（110），pp353－377.

④ 厉以宁：《经济漫谈录》，北京大学出版社 1998 年版，第 380、381、384 页。

⑤ ［美］蕾切尔·卡逊：《寂静的春天》，吕瑞兰、李长生译，吉林人民出版社 2005 年版，第 46 页。

⑥ ［美］蕾切尔·卡逊：《寂静的春天》，吕瑞兰、李长生译，吉林人民出版社 2005 年版，第 47 页。

个未受污染的实验物也不大可能。[①] 在荒僻的山地湖泊的鱼类体内，在泥土中蠕行钻洞的蚯蚓体内，在鸟蛋里面都发现了这些药物，并且在人体本身中也发现了：现在这些药物贮存于绝大多数人体内，而无论其年龄之长幼。它们还出现在母亲的奶水里，而且可能出现在未出世的婴儿的细胞组织里。[②]这些新的合成杀虫剂的巨大生物学效能不同于它种药物。它们具有巨大的药力：不仅能毒害生物，而且能进入体内最要害的生理过程中，并常常使这些生理过程产生致命的恶变。这样一来，正如我们将会看到的情况一样，它们毁坏了的正好是保护身体免于受害的酶：它们障阻了躯体借以获得能量的氧化作用过程；它们阻滞了各部器官发挥正常作用；还会在一定的细胞内产生缓慢且不可逆的变化，而这种变化就导致了恶性发展之结果。[③] 这些现象之所以会产生，是由于生产具有杀虫性能的人造合成化学药物的工业突然兴起，飞速发展。[④]丹尼斯·米都斯等学者在《罗马俱乐部关于人类困境的报告》中指出，如果在世界人口、工业化、污染、粮食生产和资源消耗方面现在的趋势继续下去，这个行星上增长的极限有朝一日将在今后 100 年中发生。最可能的结果将是人口和工业生产力双方有相当突然的不可控制的衰退。而改变这种增长趋势和建立稳定的生态和经济的条件，则可以实现可持续发展，使地球上每个人的基本物质需要得到满足，而且每个人有实现他个人潜力的平等机会。[⑤]

如何看待绿色发展与资本之间逻辑关系？我认为，笼统地、抽象地在二者之间持“排斥”论或持“相辅相成”论或持孤立的“环保”论，都不是客观的科学态度、全面的历史态度，应该具体历史地、全面而多维度分析二者之间的关系。有学者说得好：“在生态与资本的关系问题上，我们看到：在以大工业资本为主导地位的旧全球化时代，资本逻辑无疑曾经是反生态的，资本疯狂逐利曾经是造就生态破坏的主要原因。然而，以后工业文明为主导的新全球化时代，资本创新以各种节约型、高科技、生态

①②④ ［美］蕾切尔·卡逊：《寂静的春天》，吕瑞兰、李长生译，吉林人民出版社 2005 年版，第 12 页。

③ ［美］蕾切尔·卡逊：《寂静的春天》，吕瑞兰、李长生译，吉林人民出版社 2005 年版，第 13 页。

⑤ ［美］丹尼斯·米都斯等：《增长的极限——罗马俱乐部关于人类困境的报告·英文版序》，李宝恒译，吉林人民出版社 2005 年版，第 17－18 页。

化产业为主导，表现为一种生态资本主义。生态领域决不是阻挡资本逻辑深度进入的天然屏障。只要有利可图，资本必将成为推动生态建设的强大历史力量；生态产业是资本创新逻辑的必然产物。”①

就资本作为一种独立的特别是作为在全社会占统治地位的资本主义生产方式之技术条件本身来看，资本与近现代世界绿色发展在逻辑上不存在“排斥”关系。资本与生态环境恶化并不不存在逻辑上的必然关联，如历史上的古巴比伦城本不存在什么资本主义生产方式，但是，那里的人口发展、商业繁荣增加了对耕地、树木等资源的巨量需求，砍伐森林，开垦荒地，森林、草地变农田。“古巴比伦人对森林的破坏，导致河道和灌溉沟渠淤塞，致使美索不达米亚平原的地下水位不断上升，淤泥和土地的盐渍化终于使古巴比伦生态系统崩溃。”②

由资本所驱动的近现代科学技术是人类利用自然资源、开发自然资源的工具，是使自然界由人类的“自在之物”变为人类的“为我之物”的“船”或“桥”，它们本身本不是破坏自然或生态环境的“罪魁祸首”，而是随着资本的发展而与绿色发展形成“相辅相成”的关系。如 2017 年上半年我国水环境质量呈改善趋势，全国地表水水质优良（Ⅰ—Ⅲ类）水体比例为 70.0%，同比上升 1.2 个百分点，丧失使用功能（劣于Ⅴ类）水体比例为 8.8%，同比下降 1.7 个百分点③；日本近年来在全球垃圾排放量不断攀升的大背景下出现垃圾排放量连年下降的趋势，2015 年日本垃圾排放总量已经从 2000 年峰值的 5483 万吨降至 4398 万吨，人均垃圾排放量同样呈下行趋势，早在 2008 年就已降至每天千克以下。④ 因此，可以“充分发挥资本的创新作用，让资本更多地流向绿色经济、循环经济，让资本在推进公共服务建设、生态文明建设方面发挥积极作用”⑤。相反，如果对这些人类利用自然、开发自然的工具予以“资本主义的应用”即在资本主体本性的驱使下“任性”使用或过度滥用，的确会构成人类绿色发展的障碍或祸害。

---

① 任平：《生态的资本逻辑与资本的生态逻辑——“红绿对话”中的资本创新逻辑批判》，《马克思主义与现实》2015 年第 5 期，第 162 页。

② 刘宁：《文化视野中的中国水资源问题》，《求是》2006 年第 23 期，第 54 页。

③ 《地表水水质优良比例达 70%》，《人民日报》2017 年 8 月 15 日。

④ 张玉来：《日本垃圾排放何以连年下降》，《人民日报》2017 年 9 月 25 日。

⑤ 郭湛、桑明旭：《面向未来的公共主义发展观》，《中国人民大学学报》2016 年第 6 期，第 34 页。

就资本作为一种独立的特别是作为在全社会占统治地位的资本主义生产方式之社会形式方面看，资本即早期资本主义生产方式与近现代世界绿色发展在逻辑上存在“排斥”关系。因为资本（或资本的主体——人）固有的逐利性、资本发展的贪婪性或无止境性，与包括地球在内的人类外部世界所拥有的能源、资源、环境容量等方面的有限性、稀缺性之间存在不可避免的矛盾与对立。马克思在《资本论》第一卷中就分析并揭露了早期资本主义生产方式与自然界之间的“异化”现象。

由于资本主义生产方式是一种以人对自然的支配为前提的生产方式，人的活动场所在不断扩大，“地球的表面、气候、植物界、动物界以及人本身都发生了无限的变化”①，资本发展与自然生态之间发生一定程度或一定范围的排斥现象：劳动生产率与自然条件相联系，这些自然条件丰饶度往往随着社会条件所决定的生产率的提高而相应减低，资本主义生产指望获得直接的眼前的货币利益的全部精神都和供应人类世世代代不断需要的全部生活条件的农业有矛盾，结果对地力的剥削和滥用代替了对土地这个人类世世代代共同的永久的财产的合理的经营。

早期资本主义生产方式使汇集在各大中心的城市人口越来越占优势，于是，具有经济功能的城市一方面聚集着社会的历史动力，另一方面又破坏着人和土地之间的物质交换即使人以衣食形式消费掉的土地的组成部分不能回到土地而破坏土地持久肥力的永恒的自然条件。并同时破坏城市工人的身体健康和农村工人的精神生活。在农业中，早期资本主义生产过程表现为生产者的殉难历史，劳动资料同时表现为奴役工人、剥削工人和使工人贫困的手段，劳动过程的社会结合同时表现为对工人个人的活力、自由和独立的有组织的压制。在现代农业中，劳动生产力的提高和劳动量的增大是以劳动力本身的破坏和衰退为代价的，一定时期内提高土地肥力的任何进步同时变成一种破坏土地肥力持久源泉的进步，生产发展是以牺牲包括土地资源在内的一切财富的源泉为“垫背”，并且这种对自然资源的损害通过商业而推向国外。

由于发展经济、摆脱贫困的内在需要与处于国际产业链价值低端的客观因素，目前一些地方主要是欠发达国家和地区愈来愈发生能源枯竭、环

① 《马克思恩格斯选集》第4卷，人民出版社2012年版，第922页。

境污染、生态退化现象，尽管这些现象与资本所驱动起来的近现代科学技术之间本不存在直接逻辑关联，但资本或资本主义生产方式在诸种利益因素诱发下放大了人类在这个领域的问题，这应当引起包括发达国家在内的全球人士的警觉与防范。在当今国际生态环境日趋严重的背景下，以《寂静的春天》为代表的“环保派”应当居于国际社会的主流意识的范畴，只是不要脱离具体的社会客观情况而把它变成一种偏离世界文明发展之客观实际的“绿色乌托邦”或片面的理想化。

从最抽象的意义上说，资本与绿色发展之间的关系归根结蒂集结于人类与外部世界（自然界）之间的关系。整个人类（包括各个国家、民族）相对于包括地球在内的外部世界而言，人类或人类社会是外部世界即自然界之子，外部世界即自然界是人类或人类社会之母，他们彼此之间本没有根本的利害冲突，不存在解不开的“结”，相反，二者彼此互为手足关系，整个外部世界是人类同胞的家园，是他们共同的根本利益所在或最终利益所在。用系统论范畴来说，人类物质生产系统由自然生态环境系统提供资源环境保障，其中，生态系统是这个人类物质生产系统的基础结构，经济系统是其主体结构，技术系统是联结其经济系统和生态系统的中介环节，“绿色发展”其实是要从这个“经济系统”“技术系统”入手转变以往那种高生产、高消费、高污染的工业文明生产方式，以“生态技术”为基础实现整个社会物质生产系统的生态化，使人类生产劳动形成净化环境、节约和综合利用自然资源这么一种新生产方式①。在这个意义上说，人类同胞有共同的神圣责任，去尊重外部世界，去珍爱外部世界。因为“没有植物就没有人类的未来，植物是人类赖以生存之物。你穿的衣服是用植物纤维制造的；你享用的午餐也是用植物做的，如果你的午餐里有肉类的话，那么那些动物也需要以植物为食；人类的每一口呼吸，都需要植物产生的氧气。如果我们不善待植物，不保护它的多样性，那必然将无法支撑人类未来的发展”。②

当然，由于人类在历史上、在各个国家民族的社会经济发展有时间先后之分、速度急缓之分，拥有的自然资源份额不同，施与外部世界的影响量、损害度不同，他们在绿色发展上所承担的义务或责任应有区别。

---

① 徐春：《生态文明在人类文明中的地位》，《中国人民大学学报》2010年第2期，第42页。

② 严圣禾、李盛明：《不善待植物就等于不善待人类自己——专访爱尔兰都柏林大学自然科学院植物学教授约翰·帕奈》，《光明日报》2017年7月26日。

第十章　核心价值观领域的自由理念

人的自由现象一直是学界研究或关注的焦点之一。改革开放之前，学者们主要从意识形态的角度论述自由观念，重在揭露西方资本主义社会自由观念的虚伪性与欺骗性，这种情况在20世纪和21世纪之交以来出现了转变，学者们开始从学术或文本的角度客观介绍自由观念，看待社会生活中的自由现象。在社会主义核心价值观经中共十八大正式确立以来，学界对这个问题作了聚焦。其一，从社会主义核心价值观这一政治意识形态角度对资本主义社会与社会主义社会的自由现象作了比较；其二，从政治哲学角度阐明自由观念的内涵；其三，从规范意义与常识语境的区别上界定自由概念的基本涵义。但是，现有关于社会主义核心价值观中自由理念之理论基础研究没有聚焦于《资本论》及其手稿有关自由理念的论述，或者说，存在认识上的抽象“预设”。其实，以《资本论》及其手稿为主体的马克思著作为无产阶级自由观即社会主义自由理念奠定了经济学基础。

一、商品经济中的价值规律构成人类自由的逻辑前提

马克思在《德意志意识形态》中断定“自由”属于“资产阶级统治时期占统治地位的概念”，即“自由”构成资本主义社会核心价值观范畴。《资本论》及其手稿从经济学角度具体分析了这个“资产阶级统治时期占统治地位的概念”的逻辑前提。

马克思在《资本论》及其手稿中阐明了商品的价值“质”的规定性，称之为同一的幽灵般的“对象性”，是抛弃了各种具体劳动形式的、无差

别的一般人类劳动的凝结。他认为商品中这一因素代表了生产该商品所耗费了的人类劳动力或积累了的人类劳动，属于商品的价值之“社会实体的结晶”。马克思在1858年4月致恩格斯的信中挑明“价值本身除了劳动本身没有别的任何‘物质’”①，明确断定“价值是商品的社会关系，是商品的经济上的质”，是“纯经济存在”，是“生产关系的单纯符号”②；在《评阿·瓦格纳的“政治经济学教科书”》中认为，商品的“价值”表现为一定的物之中的作为社会劳动力的消耗而存在的“劳动的社会性”。这种“劳动的社会性”或“商品的经济上的质”或“纯经济存在”就是《资本论》第一卷第一章所阐明的“作为相同的或抽象的人类劳动”概念。就是说，人类劳动的这种“相同”或“抽象”性即人类彼此之间的一般性或共同性从劳动“作品”这一载体表明人类同胞间的等价性、同格性，表明人类同胞的劳动或者说真正的劳动均构成价值实体——都是价值的凝结，就像人所特有的理性能力或抽象思维能力表明了所有人类同胞所具有的均为人之质的规定性一样。马克思明确地把经济学上关于“劳动产品作为价值……这一发现”估价为“在人类发展史上划了一个时代”③。所以，马克思所说的商品的一般价值（古典经济学所说的“交换价值”）概念实际上是从人类的劳动“作品”（产品）这一经济学现象揭明了人类个体彼此之间作为人的平等性或同格性，这正是人类之所以有自由（权利）这一价值要求的逻辑前提，用皮埃尔·勒鲁的话说即“如果人们不能平等相处，又怎么能宣布人人自由呢”④。

不过，人类自由的价值理念所赖以实现的这一逻辑前提——平等——在商品经济社会尤其是其发达形式（典型形式）的资本主义社会里“被物的外壳掩盖着”。因为人类在生产商品过程中所耗费的劳动力呈现为劳动产品的价值量形式，商品生产者在生产过程中所发生的人与人之间的关系呈现为他们的劳动产品之间的交换关系，结果“商品形式在人们面前把人们本身劳动的社会性质反映成劳动产品本身的物的性质，反映成这些物的天然的社会属性，从而把生产者同总劳动的社会关系反映成存在于生产者

---

① 《马克思恩格斯文集》第10卷，人民出版社2009年版，第158页。

② 《马克思恩格斯文集》第8卷，人民出版社2009年版，第38页。

③ 《马克思恩格斯文集》第5卷，人民出版社2009年版，第91页。

④ ［法］皮埃尔·勒鲁：《论平等》，王允道译，商务印书馆1988年版，第15页。

之外的物与物之间的社会关系"[1] 这一"商品拜物教"幻象。美国学者海尔布隆纳对此作了这么一个非常恰当的判断："在马克思心中，自由概念最重要的是摆脱经济压力和'拜物教'"[2]。显然，马克思对商品生产劳动的价值性及其"拜物教"现象的批判分析内含着一种对人类自由权利的诉求或追问。

马克思在分析商品价值"量"的过程中揭示了"隐藏在商品相对价值的表面运动后面的秘密"即商品生产的价值（量）规律。其中，价值的实现即作为商品价值的货币表现——价格受供求关系影响，商品的价值与价格之间的关系表现为商品与货币之间的交换比例，并且这种交换比例或者恰好表现商品的价值量，或者大于该商品的价值量，或者小于该商品的价值量，甚至于"没有价值的东西在形式上可以具有价格"，"有些东西本身并不是商品，例如良心、名誉，等等，但是也可以被它们的所有者出卖以换取金钱"[3]。商品生产者生产的商品的价格与价值量之间趋向等价交换的过程所表现出现来的这种不一致或波动，既显示了人类个体的劳动成果彼此平等性质的曲折形式，也从另一个维度反映了人类追求自由的过程所不可避免的艰难性或复杂性。

二、资本成为独立生产方式的"历史条件"是人类走向近代自由的真正基点

普通货币转化为资本，也就是构成一种独立生产方式尤其是作为在全社会占统治地位的资本主义生产方式，需要一定的历史条件，这就是劳动力普遍地成为商品自由流动。但这一历史现象本身就需要"各种条件"。劳动力所有者必须能够自由支配他自身的劳动力，必须独立地支配自己的劳动能力或人身自由，他除了劳动力作为商品本身"具有成为价值源泉的特殊属性"——既再生产劳动力价值又生产剩余价值之外，不包含任何其

---

① 《马克思恩格斯文集》第5卷，人民出版社2009年版，第89页。

② ［美］罗伯特·L. 海尔布隆纳：《马克思主义支持与反对》，马林梅译，东方出版社2014年版，第110页。

③ 《马克思恩格斯文集》第5卷，人民出版社2009年版，第123页。

他从属关系。具体地说，在这个商品经济的市场，“剥掉了一切政治的、宗教的和其他观念的伪装。这种关系——在双方的意识中——被归结为单纯的买和卖的关系。劳动条件本身以赤裸裸的形式与劳动相对立，它们作为对象化劳动、价值、货币与劳动相对立，作为把自身仅仅理解为劳动本身的形式并且只是为了作为对象化劳动保存和增大自身而与劳动相交换的货币。因此，这种关系纯粹表现为单纯的生产关系——纯粹的经济关系”①。劳动力所有者和货币所有者在市场上彼此作为身分平等的商品所有者而独立地、无障碍地发生经济关系，劳动力所有者作为“自由人”可以分时段地把自己的劳动力当作自己的财产、当作自己的商品自由出售或支配，人类的抽象劳动力获得空前的发展，生产者在让渡自己的劳动力时不放弃自己对它的所有权即不会成为别人的奴隶或农奴，从而在特定范围充分体现了作为真正人的自由权或作为一个自由人的本质——不受阻碍地做他所愿意做的事情。这样，资本主义生产方式“建立在工人的人身自由之上”②，“以自由劳动为前提”。③ 相反，前资本主义生产方式下的生产者处于人对人或人对其所生活的共同体的依赖关系之中，人的生产能力局限于狭窄的范围，缺少社会流动，他们生活在那种“出身”决定人的一生命运（地位）的“身份社会”，人与人之间的关系实际上被划分为“主人”与“奴仆”，被划分为“自由民”（平民）和“奴隶”或“半仙”与“凡人”等不同的或不平等的身份关系。从生产方式的历史性变革来看，资本关系下的这些自由包括货币转化为资本所必需的“劳动力商品”即“抽象劳动力”现象，的确属于人类历史上“自由交换的最高阶段”④ 的标志，构成“资本主义和工业主义之间的一个特别重要的连接点”⑤，它们所伴生的一系列社会关系变动标志着社会生产过程一个新时代，构成人类走向近代自由的第一块“起跳点”或真正基点。马克思在《资本论》手稿中明确肯定资本主义生产方式及其雇佣劳动形式“同以前的各种生产形式相比能给生

① 《马克思恩格斯全集》第32卷，人民出版社1998年版，第150页。

② 《马克思恩格斯全集》第36卷，人民出版社2015年版，第322页。

③ 《马克思恩格斯全集》第31卷，人民出版社1998年版，第258页。

④ 《马克思恩格斯全集》第31卷，人民出版社1998年版，第69页。

⑤ ［英］安东尼·吉登斯：《现代性的后果》，田禾译，译林出版社2011年版，第54页。

产力以自由发展的天地"①，甚至提出"商业资本是资本在历史上最初的自由存在方式"②。

在"现代生产方式"即资本主义生产方式下，生产者之间"物的联系比单个人之间没有联系要好，或者比只是以自然血缘关系和统治服从关系为基础的地方性联系要好"③。在商品的物的联系中，商品所有者作为商品的交换者彼此地位平等，这便确立了他们的交换物的自由流动，他们的自由与平等在交换中受到确认与尊重。商品经济社会中统一的货币形式或货币制度还把人们这种自由和平等的权利或要求转化为易于操作的实现。就此而言，哈耶克所谓"钱是人们所发明的最伟大的实践自由的工具之一。在当今社会中，只有钱才向穷人开放了一个惊人的选择范围——这个范围比没有多少代人之前向富人开放的范围还要大"④ 是有一定道理的。相反，在人对人的依赖性社会，他们的劳动产品没有获得形式上的普遍确认与尊重。

显然，在资本时代新出现的这些自由、平等等人权方面的观念在社会意识形式层面的确直接反映了资本关系或资本主义生产方式的根本要求，比封建生产方式更多的展示了自由概念的本质内容，属于近现代人类自由史的进步范畴。恩格斯在《反杜林论》中曾经挑明现代资本主义生产方式在社会政治领域的这种进步性，列宁在《答美国记者问》中明确肯定资本主义生产方式在人类自由、平等、民主、文明的道路上比封建社会的巨大进步意义。

三、辩证看待资本对人类自由的历史作用

资本主义社会的自由竞争从根本上看是资本的自由运动，在其中获得真正自由的并不是个人而是资本。马克思认为古典经济学家将自由竞争绝

① 《马克思恩格斯全集》第35卷，人民出版社2013年版，第56页。

② 《马克思恩格斯全集》第36卷，人民出版社2015年版，第73页。

③ 《马克思恩格斯文集》第8卷，人民出版社2009年版，第56页。

④ ［英］哈耶克：《通往奴役之路》，王明毅等译，中国社会科学出版社1997年版，第109页。

对化了，这种自由竞争实际上“有局限性”，只是“在资本统治的基础上的自由发展。因此，这种个人自由同时也是最彻底地取消任何个人的自由，而使个性完全屈从于这样的社会条件，这些社会条件采取物的权力的形式”[①]，集中表现为资产阶级与无产阶级之间的对立。他明确否定把资本条件下的“自由竞争”等同于“人类自由的终极形式”或“生产力发展的终极形式”这一古典经济学教条。因为“资本本身对政治自由并没有内在的依赖或者二者之间并不存在姻亲关系。资本是以创造利润为导向的过程，而不是以获得自由为导向的过程……资本家对推进自由事业没有什么兴趣。”[②]

但马克思没有由此否认人类历史发展之“自由的终极形式”，他在《政治经济学批判（1861—1863 年手稿）》提出所有的人都会有 6 小时“可以自由支配的时间”用于娱乐和休闲、为自由活动和发展开辟用武之地。[③] 他在 19 世纪 70 年代进一步在《论土地国有化》中提出“自由平等的生产者的联合体”这么一个著名命题。

虽然马克思的自由理念所“取材”的英国当年资本主义社会与中国今天的社会主义时代存在根本性质的区别，但是从人类社会历史进程来看，二者作为长尺度的“社会形态”存在历史的直接承继关系，因而分析前者所拥有的物质方面的遗产以及精神观念方面的遗产对于探索或推进后者的实践进程、丰富后者的实践内容具有不可或缺的历史价值，否则，对后者的研究与探索难免“抽象”或者说缺乏“历史感”。其实，如何既承继人类历史特别是资本主义生产方式下在自由方面所取得的文明成果又避免资本主义生产方式下普遍存在的自由之“资本化”现象在中国特色社会主义中重现，前述马克思关于商品经济尤其是资本主义商品经济所赋予的人类自由的历史作用之经济学分析与商品拜物教批判，都对我们推进社会主义自由理念的深入与实践提供了不可多得的理论资源与思维启示。从历史发展的现实来看，中国社会主义初级阶段与整个资本主义生产方式之间存在时空上的并存关系，如二者在社会经济结构方面同为商品经济或市场经

① 《马克思恩格斯全集》第 31 卷，人民出版社 1998 年版，第 43 页。

② ［美］罗伯特·L. 海尔布隆纳：《资本主义的本质与逻辑》，马林梅译，东方出版社 2013 年版，第 98 页。

③ 《马克思恩格斯全集》第 35 卷，人民出版社 2013 年版，第 229 页。

济，在某些功能特征上存在着交织关系，因而在中国特色社会主义时期如何既勇于“与魔鬼打交道”又善于坚执共产主义方向，真正彰显社会主义自由的丰富内容，马克思这个马克思主义“始祖”关于自由的经济学论述对此有直接的现实意义。正如一些学者的研究成果所警示的，“在20世纪末，新自由主义经济学已经彻底蜕变为大垄断企业的代言人，维护的是大垄断资本特别是美国的垄断企业的利益”①，当前美英新自由主义主流学派是“国际垄断资本主义的理论体系”，“着力强调要推行以超级大国为主导的全球经济、政治、文化一体化，即全球资本主义化”②。但不要因此而驻足于对“自由主义”或“新自由主义”之意识形态层面上的思辨或论驳，无视马克思在关于人类自由问题上所留下的精神资源。否则，“巩固马克思主义在意识形态领域的指导地位”这一战略在“自由”等当代中国价值观领域难免出现“灯下黑”现象。

的确，由于马克思毕竟生活在资本主义生产方式发展的早期，《资本论》第一卷聚焦于“资本的残酷”面，突出资本主义生产方式下对雇佣工人阶级带来日益沉重的剥削与压迫，在政治上专注于雇佣工人阶级对资本家阶级的阶级斗争或政治革命。这种情况导致后来人们把马克思的自由学说窄化为仅仅是对资本主义社会自由现象“批判”，从而在相当程度上削弱了马克思自由学说当代价值。这就需要通过学术研究工作对《资本论》三卷及其手稿关于自由问题的论述予以整体的研究，以获得对它全面的正确把握。换言之，对于产生于革命风暴年代的马列著作也需要进行全面的学术研究。这种全面的学术研究既不是延续那种将理论联系实际的学风简单化的做法而使马列著作被“联系实际”掉，也不是照搬“马列著作”中的定论而使马列著作的研究与传播工作出现“自己与自己过不去”现象，而是基于中国现代性运动的时代要求，全面整理、研究马克思、恩格斯、列宁等马列经典作家这方面的思想，使其当代价值全面地得到激活。

---

① 何秉孟：《新自由主义评析》，社会科学文献出版社2004年版，第58页。

② 何秉孟：《新自由主义评析》，社会科学文献出版社2004年版，第11、5页。

结　语

从资本主义生产方式发展的历史趋势看，人类社会以马克思恩格斯的话语来说是必将趋向共产主义社会或“联合的生产方式”，这当然不是单靠某一国家或某一民族可控的事情，而是由包括中国在内的全世界各国人民共同担当的事业。

从人类历史发展的全球化或城乡一体化发展趋势看，人类社会在横向发展层面将趋向人类同胞或世界各区域之间的“大同”或趋向同一个层次的发展水准，或者说人类社会将从横向发展层面体现出共产主义的共同富裕、协调发展本质属性，这同样不是单靠某一国家或某一民族独自可控的事情，而是由包括中国在内的全世界各国人民共同努力的事业。

从社会经济发展与自然生态环境之间的关系看，人类社会的生产生活方式必将趋向绿色生产方式和绿色生活方式，这也不是单靠某一国家或某一民族独自可控的事情，而是由包括中国在内的全世界各国人民共同合作的事业，用中国领导人的话语来说，就是要“倡导人类命运共同体意识”①，“宇宙只有一个地球，人类共有一个家园。霍金先生提出关于‘平行宇宙’的猜想，希望在地球之外找到第二个人类得以安身立命的星球。这个愿望什么时候才能实现还是个未知数。到目前为止，地球是人类唯一赖以生存的家园，珍爱和呵护地球是人类的唯一选择”②。

从人类同胞即人与人之间的关系看，人类同胞或人类社会用马克思的话语来说是最终将奔向“自由平等的生产者的联合体”，“在那里，每个人的自由发展是一切人的自由发展的条件”。

---

① 《胡锦涛文选》第 3 卷，人民出版社 2016 年版，第 651 页。

② 《习近平谈治国理政》第 2 卷，外文出版社 2017 年版，第 538 页。

附　录

马克思关于资本历史作用思想的研究状况概述

一、马克思关于资本历史作用思想的国外研究状况

马克思关于资本历史作用的思想在世界上特别是国际学术界引起了巨大影响，学者们对它做了直接或间接的研究。

罗莎·卢森堡（Rosa Luxemburg，1871—1919）关注马克思关于资本现象的历史暂时性判断，认为马克思的资本理论独特之处在于发现了“资本主义经济的过渡性”，说“马克思有一把有魔力的钥匙，这把钥匙使他揭开了一切资本主义现象最深奥的秘密，使他能够轻易地解决了连斯密和李嘉图这样的资产阶级古典经济学大师都没有料到其存在的问题，但是，这把钥匙是什么呢？这不是别的，就是把整个资本主义经济当作一个历史现象来理解”①。其次，她在《资本积累论》在中提出“资本的物质形态”是“剩余价值”论断，深入分析了资本积累的实现问题，这就是剩余价值的实现依存于非资本主义的消费者，作为剩余价值（果实）的非资本主义的购买者之存在是资本及其积累的直接的生存条件与决定性力量，非资本主义的社会阶层及社会结构形态是资本积累的依存条件。“根据马克思学说来看，在辩证法的矛盾中，一方面资本主义需要非资本主义的社会结构，才能使资本主义的积累能够继续不断进行；另一方面资本主义又在前

① ［德］卢森堡：《卢森堡文选》，李宗禹、周懋庸编，人民出版社 1984 年版，第 117 页。

进中不断同化那些条件，而正是这些条件才能保证资本主义本身的存在。”①

鲁道夫·希法亭（Rudolf Hilferding，1877—1941）赞同马克思劳动价值论和剩余价值学说。他认为纸币之所以有价值，是以劳动所创造的价值为基础的。当呈现为纸币形式的价值用来生产剩余价值时，它就成了资本，只是这产生于资本主义生产过程或者说以生产资料的资本家垄断与自由雇佣者阶级的存在为前提。他突出了“虚拟资本”在资本主义财富生产中的地位即充分“放大”了货币（资本）“钱能生钱”的本能，认为虚拟资本所获得的数额巨大的利润以分散的、年度收入的形式回流到金融资本家手里，这是资本世界的一种新资本职能所产生的。与此同时，他认为股票交易所淡化了资本主义生产关系色彩，资本主义所有制在证券交易所里不再表现为任何特定的生产关系，而直接呈现为对收益的要求权，任何财产的价值似乎是直接由收益决定的一种纯粹的数量关系；利息似乎也是资本所有权的直接结果，是资本自生的果实。这样，“资本的特殊性质在金融资本中消失了。资本表现为君临社会生活过程的统一力量，表现为直接从生产资料、自然资源、整个积累起来的过去劳动的所有制中产生的力量，表现为对作为由所有制关系中直接产生的结果的或劳动的支配权。”②因而，他估预金融资本对社会生产的控制权日益集中在几个大的资本家集团手里，并使生产经营管理权与所有权相分离，使生产的社会化达到了历史上的最大程度，金融资本将最重要的社会生产行业控制在它的手里，这在客观上为工人阶级的国家掌握金融资本创造了有利条件。

熊彼特（Joseph A. Schurmpeter，1883—1950）提出，资本是企业家可以用于控制所需要的具体商品的一种“杠杆”，是企业家借以把生产要素转用于新用途或引向新的生产方向的一种工具，正是这些职能奠定了资本在资本主义经济机体中的地位。他区分了资本与资本物这两个概念，认为企业的资本不是服务于企业目的的所有商品的简单加总，而是投入于商品的购买和生产的一种独立要素，它在一种经济交换中充当企业家与商品世界之间的桥梁，属于“一笔购买力基金”，既不直接参与生产，也不是

① ［德］卢森堡：《资本积累论》，彭坐舜，吴纪先译，生活·读书·新知三联书店1959年版，第289页。

② ［德］希法亭：《金融资本》，李琼译，华夏出版社2010年版，第265页。

"生产对象"。他说："并非所有支付手段都是资本，只有确实履行那种独特职能的才算是资本。区分的关键就在于其所发挥的作用，如果支付手段没有起到企业家置办产品的作用，并抽调出来，那么它们就不算是资本。因此，如果经济系统没有发展，就没有资本。换言之，如果资本不发挥其特有的职能，它就不能成为一种独立的要素，也不能构成资本。"① 他不认可马克思关于资本的生产关系论。

彼得·德鲁克（Peter Drucker，1909—2005）提出，马克思资本学说处于前工业社会，马克思所挖掘、融合的那一时期的许多伟人或思想家都没有察觉到工业所引起的一系列社会整合与政治力量问题，马克思的资本历史作用思想属于18世纪和前工业时期的正统观点，西欧工业体系实际上直到19世纪30年代的第一次工业危机才被人们视作人类社会一种新的因素。他认为，马克思以古典经济学的一切资源的报酬递减律原理预测资产主义制度即将灭亡，但资本主义的生产率却开始迅速提高，这一方面是由于人类劳动具有能无限地提高生产率的趋势，另一方面是由于产业结构的变革。他说："资本就是将来，它是为风险、不确定性、变化和明天的职业作准备的"，"资本形成需要一个最低限度的概念；资本消耗的补偿。它需要一种理论，旨在获得'令人满意'的而不是最大的利润。"②

保罗·斯维齐（Paul M. Sueezy）肯定马克思关于资本主义生产方式的历史暂时性观点。他认为，马克思把"社会现实"视为一个特定关系的变革过程尤其是生产关系由作为"生产力的发展形式"转变为它的"桎梏"，把这种社会变革过程看作"人类行动的产物"而非纯自然过程，这造成了资本主义生产方式的历史暂时性。"资本主义的真正死敌是它本身的自相矛盾性质——'资本主义生产的真正限制是资本自身'。资本在寻求出路来摆脱它自己套在头上的困难时，把世界扔进了一次又一次的危机之中，最后，它终于给自己所无法继续控制下去的各种力量松开了绳索。"③

① ［美］熊彼特：《经济发展理论》，孔伟艳、朱攀峰、娄季芳译，北京出版社2008年版，第71页。

② 德鲁克：《走向下一种经济学》，引自［美］丹尼尔·贝尔、欧文·克里斯托尔：《经济理论的危机》，陈彪如、唐振彬、许强、宋承先，上海译文出版社1985年版，第20、24页。

③ ［美］斯维齐：《资本主义发展论》，陈观烈、秦亚男译，商务印书馆1997年版，第378页。

罗伯特·索罗（Robert M. Solow）提出19世纪资本理论存在“一种对利润提供一种意识形态上的理由的社会职能”偏好，那个时期的资本理论长期争论的一个问题是“利润率为什么是正的”“资本家为什么赚取收入”。他则主张资本理论必须区分推算资本收益和资本家收入两者之间的差异，资本理论的适当范围是阐述储蓄和投资行为的原因和结果，侧重于投资收益。“如果资本理论集中在收益率上会使思想清晰，而集中在‘时间’、或‘资本’、或‘资本边际生产率’、或‘资本—产出比率’上只会导致思想混乱。”①

厄尔奈斯特·曼德尔分析了资本发展的不平衡性问题。因为资本是以“多种资本”之间的竞争为基础的。资本家“发财致富的不断冲动”具体表现为寻求剩余利润、寻求高出平均利润之上的超额利润，而这种“寻求”会导致资本不停的努力去改革技术，使生产成本低于那些竞争对象以便获得剩余利润以及更大的资本有机组成。作为一种经济形式，资本主义的一切特点都是以这样的方式取得的，这些特点的基础在于资本具有破坏平衡这一先天性。并且资本主义的历史发展始终没有改变追求资本的价值增殖本性。

布罗尼斯瓦夫·明兹揭示了现代资本主义条件下资本之私人性在法律形式或财产权形式上呈现出非私人性的复杂情形：从经济意义上看，生产资料所有制可以是资本家个人所有制，也可以是资本家集团或资本主义国家集体所有制或者说是少数资本家的集体所有制；在法律意义上，现代资本主义公司的生产资料所有制是为数众多的股东所有制。他提出“现代资本主义所有制正日益变成非个人的集体资本主义所有制，即代表集体利益（包括某些经营者集团的利益）的各个集团所有制或整个资本家阶级（包括整个经营者阶层）所有制。”②

鲍德里亚（Baudrillard，1929—2007）提出当代资本主义的基本问题不再是“获得最大的利润”与“生产的理性化”之间的矛盾（在企业的主层次上），而是在潜在的无限生产力（技术结构的层次上）与销售产品的必要性之间的矛盾。在这一阶段，体制必须不仅控制生产机器而且控制

① ［美］索罗：《资本理论及其收益率》，刘勇译，商务印书馆，1992年版，第9页。

② ［波］明兹：《现代资本主义》，陈远志、李惠华译，东方出版社1987年版，第70页。

消费需求；不仅控制价格而且控制这一价格所要求的东西。总的结果是或者通过先于生产行为本身的手段如民意测验、市场研究，或者通过后续手段如广告、市场营销、包装，从购物者那里剥夺决定权并将它转让给企业。于是，作为消费者的个人被这个体制“绑架”。

萨缪尔森（Paul A. Samuelson，1915—2009）认为，马克思对资本发展趋势的预言如“富者愈富，贫者愈贫”等已被证否即资本主义社会现在不再“姓资”而“姓劳”，无论有计划的社会主义制度还是市场起决定作用的资本主义制度都不能单独按照商品所需要的劳动量来决定商品的价格而不考虑爱好和需求的型式以及非劳动的生产要素的稀缺性。他认为，作为现代资本主义的先进国家与维多利亚时期的自由放任资本主义大相径庭，纯粹的资本主义经济已经逐渐演变成保持公私两个方面的主动性和控制权的混合经济，资本主义社会出现的“新事物”使马克思的“共产主义”理想“变成了神话”①。

皮埃尔·罗桑瓦隆（Pierre Rossanvallon，1948 -）认为，“马克思看到资本主义的力量是不可抵御的，它的发展是不可避免的。我们可以长篇累牍地引用《资本论》和其他著作，证明他与资本主义的关系既有激烈反感的一面，又有深感其潜在魅力的一面。他采取直率的方式批评和揭示了工人行动的局限性就是证明，因为他估计到资本主义从历史上讲是理应获胜的。他认为，工人运动只是一些小型武器冲突，无力触动强大的资本权力，甚至会不自觉地加强它。资本只有在它取得绝对胜利之后才能被超越，马克思的这种内向信念到处可见”，“对异化现象的批判和资本主义力量对他的吸引两者结合在一起，帮助他思考作为经济消亡的共产主义。”②

丹尼尔·贝尔（Daniel Bell，1919—2011）提出马克思资本理论存在两个“图式”，第一种是资本集中、两极分化导致整个社会的经济危机，第二种是“企业管理中所有权与控制权的分离”、人数大大多于工业无产阶级的一个“白领管理阶级”兴起、通过银行体系的集中化来取得资本，资本主义后来的发展是按照这后一种“图式”进行的，没有发生两极分化，最重要的事实却是马克思所强调的技术和工业化，社会出现三大重要

---

① ［美］萨缪尔森：《经济学》下册，高鸿业译，商务印书馆 1982 年版，第 332 页。

② ［法］罗桑瓦隆：《乌托邦资本主义——市场观念史》，杨祖功、晓宾、杨齐译，社会科学文献出版社 2004 年版，第 236、237 页。

的结构变化：资本积累依靠全社会的储蓄，所有权同管理权分离并产生了一个新类型的职业经理阶层，办公室人员和白领工作扩大。“过去200年来西方社会的一个惊人事实是人与人之间差距的不断缩小——不是通过分配政策和公平的判断，而是通过技术，技术使产品成本低廉并使更多的人得到更多东西。”①

西奥多·W. 舒尔茨（Theodore W. Schultz，1902—1998）指出，以往的资本概念缺失“人力资本”概念。他提出“技术和知识是资本的一种类型”，“这种资本实际是周密投资的一种产物”②，而那些既无技术又无知识的人才是真正完全无依无靠者。这种人力资本增长在西方社会里要比常规（非人）资本的增长迅速得多。“从历史上看，也有足够的证据显示出，拥有土地已经越来越不再意味着占有了重要经济力量的源泉；相对于人力资本的物质资本之所有权，情况也是这样。我们早已知道，李嘉图的地租理论并不能作为经济价值的支点，物质资本也不像马克思所认为的那样是决定性的历史因素。在李嘉图和马克思的时代支配土地和其他形式的物质资本之所有权的制度，已经远远不适合于大量进行人力资本投资的当代社会。”③

爱德华·内尔认为，《资本论》第一卷前九章所揭示的资本和劳动之间的剥削关系既解释了资本的收益能力，又解释了资本流通的推动力即资本主义体系得以运转的动力，就是说，资本驱动科学为之效力，把科学发现和技术发展的成果直接纳入资本的增殖过程即与资本家攫取利润紧密连结在一起，只是“资本的收益不是立即取得的，而是扩展到一个不确定的和无法预见的长时期内。但是科学家被付给工资，而他们的产品的使用价值——他的思想则被资本所占有”。④

① ［美］丹尼尔·贝尔：《后工业社会的来临——对社会预测的一项探索》，高铦、王宏周、魏章玲译，商务印书馆1984年版，第498页。

② ［美］舒尔茨：《论人力资本投资》，郭忠华、潘华凌译，上海译文出版社1990年版，第1页。

③ ［美］舒尔茨：《论人力资本投资》，郭忠华、潘华凌译，上海译文出版社1990年版，第28页。

④ 内尔：《马克思经济学中的价值与资本》，引自［美］丹尼尔·贝尔、欧文·克里斯托尔：《经济理论的危机》，陈彪如、唐振彬、许强、宋承先，上海译文出版社1985年版，第247页。

伊曼努尔·华勒斯坦（Immanuel Wallerstein，1930－）认为，“资本”在“历史资本主义”时期的一个显著特征即“把万物商品化”。“历史资本主义”是一个普遍的商品化过程，既涉及交换过程，也涉及生产过程、分配过程、投资过程，且这些过程都通过“市场”来进行。他认为资本主义远未完结，“在历史资本主义中，……令人惊异的并不是无产阶级化程度之高，而是无产阶级化程度之低。一个历史社会体系已经存在了至少400年，而直到今天，我们还不能说，资本主义世界经济中完全无产阶级化的劳动力已经达到了百分之五十。”①

弗雷德·布洛克（Fred Block）赞同马克思关于资本在本质上是一种社会关系的理论，认为这一资本本质论适合后工业趋势。相反，“把资本看成可以用美元准确计量的一种东西，是越来越成问题了。这种观点，既使无处不在的资本节约难以理解，又使实物资本得以动用的组织环境与日俱增的重要性变得模糊不清。尤其是，这种观点，转移了人们对下面事实的注意力，即生产的效率和数量，都越来越取决于组织变量，即把人与技术结为一体的具体方法。依据传统的资本概念，很难理解人及其相互关系网络是社会的主要生产力。”②

施韦卡特（David Schweickart）认为，当代经济学几乎不认可马克思关于资本的社会关系论，不能否认资本作为现存的物质生产工具，它包括实物（设备和材料）和用于投资的货币，为生产过程所必须。他认为，只有由所有资本家而且是仅由资本家所从事的一种活动或一系列活动如革新、重组生产和管理等才可称之为生产性活动。资本家的“投资游戏”就是鼓励两种非常特定的对社会有益的行为，其一是培育实业性活动即那些由天才开发的新产品和创造的新生产技术等活动，其二是鼓励那些有钱出借的人准备随时把钱交给那些能更好地利用这些钱的人，而把钱存入银行、购买股票、投资于金融市场基金这些活动构成了资本“投资游戏”的核心。他认为，资本家投资是一种正和游戏，而那些被排除在游戏之外的人是要受到损失的。“投资收入的存在只是因为那些创造社会商品和服务

① ［美］华勒斯坦：《历史资本主义》，路爱国、丁浩金译，社会科学文献出版社1999年版，第3页、第8页。

② ［美］布洛克：《后工业的可能性——经济学话语批判》，王翼龙译，商务印书馆2010年版，第166页。

的人得到的比他们实际贡献的少。如果资本分配确实做到按劳分配，那么资本家们将得不到任何东西。”“利息是对资本的回报，是对一种生产性资产的所有权报酬。利润是在支付了工资、租金和利息之后留给资本家的剩余。这是对他承担风险和革新业绩的报酬。”①

莱博维奇（Michael A. Lebowitz）明确肯定了马克思关于资本存在“文明的一面”思想，说“不像李嘉图所说的那样（他只看到发展的一面，因此只抓住了‘资本的积极本质’），也不像西斯蒙第所说的那样（他只看到了限制，他‘对以资本为基础的生产的局限性，对它的消极的片面性的理解比较深刻’）。马克思对资本本质的理解则包含了上述的这两个方面”②，但马克思意在把它们归之为作为资本主义“危机”之源的资本内部矛盾运动的两个“成分”。

I. 梅扎罗斯揭示资本一个本质特性，即资本是“一种最终无法控制的社会新陈代谢控制方式”，资本以“总体化的”控制框架形式出现，一切其他事物必须适应这种控制框架，获得自身的“生产的有效性”，否则就被毁灭。“资本制度是具有扩张倾向和积累驱动的。这样一种规定既构成一种从前不可想像的动力机制，也构成一种致命的缺陷”，“通过驾驭自给自足的主客观约束本身，资本成了历史上最有动力和最富成效的剩余劳动的榨取者。”③ 他充分肯定马克思《1857—1878 年经济学手稿》关于资本有机体系论，认为马克思的批判针对的是“资本”而不是“资本主义”，马克思对证明“资本主义生产”的缺陷不感兴趣而关注资本有机体系构成及其发展趋势。他认为一切社会主义变革的真实战略目标是彻底超越资本本身以及它的既定的和潜在的历史形态的整体，而不仅仅是那些（包括发达的或不发达的）资本主义具体模式。

伊东光晴（1927－）认为，处于“丰裕社会”状态的当代资本主义社会存在这样的弊病，就是这个社会的广告、宣传不断地制造出人们新的欲

① ［美］施韦卡特：《反对资本主义》，李智、陈志刚等译，中国人民大学出版社 2002 年版，第 42、24 页。

② ［加拿大］A. 莱博维奇：《超越〈资本论〉——马克思的工人阶级政治经济学》，崔秀红译，经济科学出版社 2003 年版，第 17 页。

③ ［英］梅扎罗斯：《超越资本——关于一种过渡理论》（上），郑一明等译，中国人民大学出版社 2003 年版，第 71、73 页。

望，使人处于难以满足的精神上的饥饿感；在欲望水平对生产水平的“依赖效果”的作用下，分期付款的销售方式随着由“依赖效果”而来的精神贫困感的扩大而过度地向社会渗透；“社会的不平等”在扩大，具体表现为资金向以追逐利润为目的的民间企业部门集中而使这些部门很容易得到发展，而社会亟需的公共服务部门如像教育、公害的清除、道路与停车场等公共服务因缺少资金而停滞不前；以物价逐渐上升为特征的新型的通货膨胀取代了过去那种以恐慌、萧条为代表的经济危机和由此而来的生活不安。他认为，当代资本主义的社会性生产与私人所有之间的矛盾扩大到了科学、学问的领域；生产机密的保护造成的投资回收困难使资本主动移向国外；出现了新的“中间阶层”，产生了技术专家集团。

赫尔南多·德·索托不仅把资本定义为一个国家能够产生剩余价值、提高生产力的资产、蕴藏在财产中的一种能够衍生新的生产过程的潜能，而且提出从资本的“潜能”到“潜能释放”之间有“一种固定的、可见的形式”即“正规所有权”，否则，就没法将资产的经济潜能提取出来，把它转化成便于运送和控制的形式，因而那些发展中国家和前共产主义国家的资产就像是安第斯山脉的湖水一样——它们只是一种没有得到开发的潜能。他认为，当今潜在的资本不再属于极少数人特权，西方国家建立起了一种法律框架，给予大多数人获得所有权的途径以及生产工具。“西方国家今天的剩余价值的大部分，并不是来自占用剥削工人的时间，而是所有权制度所创造出的一种机制——这种机制的特征之一，就是能够从商品中提取附加值。”① 所以，他主张资本主义生产方式是实现自由、同情穷人，尊重社会契约和机会均等的“唯一可行的解决方案”或“唯一一种可供选择的制度”。

大卫·哈维（David Harvey，1935 - ）放大了马克思关于资本的空间意义的思想，认为资本家利用空间战略来创造和保护他们的垄断权力，控制关键战略位置或资源丰富的地区是他们一件重要的武器。整个资本的其中一部分在一个相对较长的时期内以某种物理形式被完全固定在国土之中和国土之上，并且某些社会支出也通过国家投入而变得地域化或本土化，

① ［秘鲁］赫尔南多·德·索托：《资本的秘密》，于海生译，华夏出版社 2012 年版，第 182 页。

但对别处的空间修复造成障碍。他肯定马克思的原始积累理论在资本主义历史地理学中仍然有效。马克思所着重指出的某些原始积累的机制经过调整比过去发挥了更为强大的作用，那些信贷体系和金融资本如今已经成为掠夺、诈骗和盗窃的重要手段，“剥夺性积累的全部机制已经开启。在世贸组织谈判中强调知识产权表明，遗传物质、物种血浆，以及其他形形色色产品的专利权和许可权现在可以被用来对付大众，而那些大众本来在研发这些物质的过程中发挥了关键性的作用”，“剥夺性积累所做的是以极低的价格释放一系列资产，过度积累的资本能够抓住这些资产，并迅速利用这些资产进行赢利活动。”①

山口重克（1932 - ）肯定19世纪的资本主义造成的贫富差距非常大。进入20世纪以后，福利国家路线的出现使平等化有所进展。然而，资本主义从20世纪末到21世纪初再次引发了极度的不平等化。

吉登斯（Anthony Giddens，1938 - ）认为“资本主义”属于“现代性的制度性维度”，是一个商品生产的体系，以对资本的私人占有和无产者的雇佣劳动之间的关系为中心。资本主义企业强烈的竞争与扩张本质意味着技术创新总是持续性的和普遍性的，国家的自主性受制于资本积累。生态威胁是社会地组织起来的知识的结果，是通过工业主义对物质世界的影响而得以构筑起来的，是由于现代性的到来而引入的一种新的风险景象。现代性的根本性后果之一是全球化，不仅是西方制度向全世界的蔓延，并且在这种蔓延过程中使其他文化遭到毁灭性破坏。人类并没有迈入后现代性时期，而在经历着现代性激烈化阶段。②

维克托·D. 利皮特（Victor D. lippit）认为资源给定（地球）、吸收污染能力有限的环境与要求不断增加生产和消费能力的资本制度之间存在着难以调和的矛盾，所以资本主义最终无法持久支撑我们已知的人类生活方式。另一方面，资本主义制度具有很强的自我更新能力，“社会积累结构”概念为深入理解这个制度的本质提供了基本视角，就是每个社会积累结构代表着资本主义发展的一个新阶段，资本主义国家具有蓬勃发展与相对停滞不断交替出现的特点，制度结构不同的国家社会积累结构也不一样，给

① ［美］哈维：《新帝国主义》，初立忠、沈晓雷译，社会科学文献出版社2009年版，第120、120 - 121页。

② ［英］吉登斯：《现代性的后果》，田禾译，译林出版社2011年版，第45页。

定的任何一个国家在不同时期形成的社会积累结构也各不相同，因而资本主义在不断更新和重塑自身而保持自己的活力。资本主义制度所引发的未来人类生活可持续性问题、世界上大多数人口还没有从资本主义制度承诺的物质繁荣中获益，这使得资本主义的现有形态必定为后资本主义社会所取代。他认为“马克思低估了资本主义制度提高人民生活水平的能力以及遭遇危机时的自我更新能力”①。

中谷岩分析了“全球化资本”这一新现象，认为资本主义的力量源泉来自“高低差”或“差异化”，因为金钱在资本主义经济中有价格即“利息”，并且金钱在经济向上发展的国家和地区具有的价格相应增大，利率也增高，资本因而流向利息高的国家。相反，利息在景气不好的国家和地区基本上都偏低，利润也相应减少。所以，全球化资本会从利率低的国家筹集资金，到利率高、景气好的国家去投资。“全球化资本主义争相寻找环境限制宽松的地方去投资，或者，依靠资本的巨大力量，通过对各国政治施加影响来抵制对环境规制的强化”，“总是寻找、制造价格差，并维持之。这样，全球化资本主义就不断地在世界范围内扩大差距，制造出贫困阶层。”②

理查德·波斯纳（Richard A. Posner）认为，发自于2008年的世界金融危机实质上是“资本”的本性或资本制度的“自作孽”。他提出，那次发源于美国的世界金融危机实际上是“资本主义的危机”而非政府危机，但政府在这次危机中所扮演的角色是“放任”，长期以来对银行信贷业疏于监管，放任银行家、抵押贷款经纪人、房地产销售商、房主等做出自利性决策，引发了金融危机并恶化为经济萧条。他认为，这场金融危机是“某一种资本主义的失败”即“自由放任”的资本主义或者说“美国式”资本主义的失败。

戈尔德纳提出，资本主义生产方式在1914年第一次世界大战以后在世界范围内不再是一种进步的生产方式。从第一次世界大战到20世纪70年代，再没有一个国家能够像第一次世界大战前的美国和德国那样发展成为

① ［美］利皮特：《资本主义》，刘小雪、王玉主等译，中国社会科学出版社2012年版，第22页。

② ［日］中谷岩：《资本主义为什么会崩溃?：新自由主义者的忏悔》，郑萍译，社会科学文献出版社2010年版，第225、58页。

发达资本主义国家。从70年代开始，尤其是在80年代，韩国和中国台湾省确实真正成为了世界上发达经济体，但它们是非常特殊的，是美国所准许的。与1914年之前那个时期相比，亚洲新兴国家和地区的崛起并不是世界整体范围内的发展与升级，而是此地的发展和彼处的后退并存的局面。[①]

阿纳托莱·卡列茨基肯定了资本主义社会制度的内在功能，认为资本主义属于一种“适应性体系”，其形成与改良是通过技术进步之箭与重复性的金融循环之间的相互作用来实现的，资本主义的经济与政治格局总是处于不断演变的动态之中。这一体系尽管总会受到金融危机侵袭，但它却可以对抗有关它的各种“灭亡”预言。因而他认为，马克思关于资本主义及其创造的“资产阶级民主”的各种形式都存在内在矛盾的判断是“正确的”，但他认为，马克思关于“此类矛盾将会成为资本主义的致命缺陷”的结论“误读了历史，误解了经济学”。资本主义体系最大的优势在于，能成功应对内在矛盾的能力，这一体系总是处于自我破坏与自我修复的过程之中，就像一个物种通过自然选择不断进化一样，资本主义体系的每一变体都比上一变体更加有力。他说：“构成资本主义的两种人类特性却具有普适性……一种基本特性是人类的竞争精神（野心），另一种就是人类的肉欲和对物质世界的控制欲（说得难听点就是贪得无厌）。但资本主义并不仅仅具有这些特性。马克思·韦伯在他的经典著作《新教伦理学与资本主义精神》中阐明了资本主义的另外两个特征：一是追求利润和资本积累成为具有道德合法性的动机，而不再是可悲且根深蒂固的人类恶行；二是经济生活的主要组织原则是自愿交换和互助合作，而不是世袭传承和遏制打压。”[②]

福山（Francis Fukuyama，1952－）提出，社会资本是一个群体的成员共同遵守的、例示的一套非正式价值观和行为规范，他们按照这一套价值观和规范而彼此合作。如果这个群体的成员能期待其他成员的行为可靠和诚实，他们能彼此信任对方，这种信任的作用像一种润滑剂使一个群体或组织的运作更有效率。由于社会资本反映合作准则的存在，社会偏差便反

① ［美］戈尔德纳：《当前金融危机与资本主义生产方式的历史性衰落》（上），曹浩瀚译，《国外理论动态》2009年第9期，第10－11页。

② ［英］卡列茨基：《资本主义4.0——一种新经济的诞生》，胡晓姣、杨欣、贾西贝译，中信出版社2011年版，第17、25页。

映了社会资本的不足。[①] 他提出，马克思主义者倾向于认为经济变化促使个人主义和核心小家庭的兴起，而韦伯则把基督新教当作主要动力。让马克思暴跳如雷的“纯粹的金钱关系”似乎不是18世纪资产阶级的发明，其在英国的出现比资产阶级的兴起早了好多世纪。将父母寄放在疗养院在西欧有很深的历史根源，资本主义只是社会关系和习俗的变化的后果而不是原因。[②]

沃尔夫认为，资本主义奇迹在于利用人们自利动机为一般民众提供好的物品，因为为自己利益服务的最好方式是向他人提供满足其利益的商品，“私人恶习”产生了“公共道德”。相反，共产主义使得所有激励机制失效。[③] 市场是一个奇妙的信息交易所。在寻找实现利润最大化的过程中，资本主义市场能激励人们对这些信号做出及时回应。计划者的技能不管有多么熟练，对于消费者的需求甚至是一个小市场自发产生的不断变化的市场条件也不可能获得大量细微的信息。[④] 他认为，资本主义制度下的经理努力工作的主要成果将会变成股东红利，而不是个人利益。因此，资本主义企业和共产主义经济的主要区别，在于共产主义体制下每个人实际上将是平等的股东。资本主义正在演变出类似共产主义的经济体制。[⑤] 一些资本主义内部生长的东西很容易转变为共产主义的有利条件。[⑥]

托马斯·皮凯蒂认为，资本所有权的高度集中造成全球社会不平等，资本主义社会存在两个基本定律，即资本主义第一基本定律为 $\alpha = r \times \beta$，就是存在一个“资本所创造的收入在国民收入中的比重”关系；资本主义第二基本定律为 $\beta = s/g$，就是资本收入比 β 与储蓄率 s 及增长率 g 之间存

① ［美］亨廷顿、哈里森：《文化的重要作用：价值观如何影响人类的进步》，程克雄译，新华出版社2012年版，第143、148页。

② ［美］福山：《政治秩序的起源》，毛俊杰译，广西大学出版社2012年版，第228、230页。

③ ［英］沃尔夫：《21世纪，重读马克思》，范元伟译，清华大学出版社2015年版，第114页。

④ ［英］沃尔夫：《21世纪，重读马克思》，范元伟译，清华大学出版社2015年版，第115页。

⑤ ［英］沃尔夫：《21世纪，重读马克思》，范元伟译，清华大学出版社2015年版，第84页。

⑥ ［英］沃尔夫：《21世纪，重读马克思》，范元伟译，清华大学出版社2015年版，第85页。

在着比例关系。他说："资本主义第二基本定律的公式反映了一个浅显但重要的事实：储蓄较多而增长缓慢的国家将在长期中积累起更大数量的资本，而巨额资本反过来会对社会结构和财富分配产生重大影响"，即"私人资本的收益率 r 可以在长期显著高于收入和产出增长率 g。不等式 $r>g$ 意味着过去的财富积累比产出和工资增长得要快。这个不等式表达了一个基本的逻辑矛盾。企业家不可避免地渐渐变为食利者，越来越强势地支配那些除了劳动能力以外一无所有的人。资本一旦形成，其收益率将高于产出的增长率。这样一来，过去积累的财富要远比未来的收入所得重要得多。"①

菲利普·克莱顿、贾思旺·海因泽克认为，资本主义结构及其实践不仅在蹂躏和掠夺人类，而且也在蹂躏和掠夺整个地球。而他们的有机马克思主义就是以对有机体、生态系统和地球的生物圈的这种新的整体性理解为基础的。有机马克思主义断定：资本主义"正义"不正义；（资本主义）"自由市场"不自由；穷人将为全球气候遭到破坏付出最为沉重的代价。②有机马克思主义呼吁这样一种教育体系，即教育的功能在于教给学生与所有生命共生共荣及公正分配资源和机会的知识和价值观。③将会做出最大成就的人是那些能够智慧、灵活和克己地工作和生活，且把整个星球的福祉放在第一位的人。④

二、马克思关于资本历史作用思想的国内研究状况

改革开放以来，党的十二届三中全会决定建立"公有制基础上的有计划的社会主义商品经济体制"，党的十四大和十四届三中全会决定建立社会主义市场经济体制。同时，经济全球化和世界科技进步加快了世界经济

① ［法］托马斯·皮凯蒂：《21 世纪资本论》，巴曙松等译，中信出版社 2014 年版，第 169、589－590 页。

② ［美］菲利普·克莱顿、贾思旺·海因泽克：《有机马克思主义》，孟献丽、于桂凤、张丽霞译，人民出版社 2015 年版，第 216－217 页。

③ ［美］菲利普·克莱顿、贾思旺·海因泽克：《有机马克思主义》，孟献丽、于桂凤、张丽霞译，人民出版社 2015 年版，第 257 页。

④ ［美］菲利普·克莱顿、贾思旺·海因泽克：《有机马克思主义》，孟献丽、于桂凤、张丽霞译，人民出版社 2015 年版，第 262 页。

发展，2008 年全球金融危机对世界和中国产生巨大的影响，我国学者适时地加强了马克思关于资本历史作用思想的研究。

骆耕漠认为，在资本主义社会，私人办工厂的老本（生产资料），我们叫它为"资本"，资本是剥削工人的手段。我们对社会主义工厂的老本，已用一个新的概念称它为"资金"，不叫资本，因为它不是用来剥削工人的。这就更有助于人们去区分它们。①

蒋一苇认为，资本有广义与狭义之分，其中马克思在《资本论》中所说的"产业资本"属于广义的资本。狭义的资本，从生产力角度来看，是指企业承担风险的保证金，是衡量企业承担风险能力大小的指标，在一定程度上也可以反映出该企业规模的大小，它在不同社会中都是存在的，属于一个中性的概念。从生产关系角度来看，资本在资本主义社会中反映了资本主义的生产关系，指私人占有资本，享有支配权和占有利润；资本在社会主义社会中反映了社会主义的生产关系，指国家等公共主体占有资本，享有支配权和占有利润。②

蒋学模提出："资本作为一般范畴，它是各种资本的共同点的抽象。它能给它的所有者带来一个价值增殖额，这个价值增殖额是由生产工作者的剩余劳动所创造的剩余价值构成的。……当然，仅仅停留在一般范畴的阶段，它并不能告诉你它究竟反映了什么样的具体经济关系。但是只要把资本的所有者标明出来，例如私人资本或社会主义国家资本，它就成为反映特殊经济关系的特殊范畴了。"③

厉以宁肯定了发展资本对环境保护的积极意义："在现代市场经济中，环境保护不仅受到重视，而且会比在计划经济条件下更容易取得成效，原因在于经济运行机制和企业经营机制转换了。"④ 他把资本分为三种即"物质资本""人力资本""社会资本"。他认为"社会资本"主要是指人际关系包括"人脉""人缘""诚信"（或"诚信资本"）等，也就是体现在人身上的文化、教育、技术和智慧等；物质资本和人力资本共同创造了财

① 骆耕漠：《列宁关于十月革命后四种交换关系的分析》，《中国社会科学》1980 年第 1 期。

② 蒋一苇：《蒋一苇经济文选》，中国时代经济出版社 2010 年版，第 225、228 页。

③ 蒋学模：《社会主义经济中的资本范畴和剩余价值范畴》，《经济研究》1994 年第 10 期，第 57 页。

④ 厉以宁：《经济漫谈录》，北京大学出版社 1998 年版，第 380 页。

富，其中人力资本比物质资本更重要。

刘诗白认为，企业进行生产需要购置机器设备、原材料、雇佣工人和聘用经理人员、购买专利权、技术诀窍和各种信息，因而资本是始发的生产要素，拥有取得和黏合各个生产要素的重要功能，构成实现要素组合的枢纽①。

林炎志认为，资本不仅起过剥削、压迫人民的作用，并且使商品、竞争、分工等社会生产的一般形式普遍化，直接创造出银行、信用、股份制等现代经济的具体形式，极大地推动了生产力的发展。② 马克思的“国家资本”范畴对今天也有借鉴意义。

周其仁认为，“剩余价值理论解释资本的增值不完全”，并对所谓“资本增值是因为剥削，是因为工人创造了剩余价值”予以质疑：“到底应该工人生产什么，生产多少？如果产品卖不出去，就一文不值，哪里来工人的剩余价值?”“企业家的能力是更重要的因素。不是所有人都能面对市场作出正确决定的。这种能力是市场上最稀缺的一种资源”③。

洪银兴把马克思的资本概念归纳为“生产关系的规定”和“功能的规定”。而资本的“功能的规定”就是能实现价值增殖，资本的回流和回报、增殖和增值是资本的一般规定。他认为社会主义条件下的私人资本可分为两类：一是执行雇佣劳动职能的资本，其资本收入属于剥削收入；二是不执行雇佣劳动职能的资本，其资本收入不属于剥削收入。“一定量的资本有多大的增殖额，主要应该由资本家的企业家素质和知识来说明，因此利润（剩余价值）与其说是资本的自行增殖，不如说是资本家（企业家）的人力资本的增殖，或者说是资本和企业家要素合作的结果。”“执行雇佣劳动职能的资本收入显然具有剥削性质，但居民将其闲置的暂时不消费的收入作为生息资本交给银行使用，其本身没有执行资本职能，因而不具有剥削性质。”④

董辅礽认为，资本在法治条件下构成促进经济和社会发展的强大力

---

① 刘诗白：《主体产权论》，经济科学出版社 1998 年版，第 159 页。

② 林炎志：《国有资本人格化》，河南人民出版社 1999 年版，第 142－143 页。

③ 周其仁：《真实世界的经济学》，中国发展出版社 2002 年版，第 97、98 页。

④ 洪银兴：《社会主义条件下的私人资本及其收入的属性——马克思资本理论的现代应用》，载《中国社会科学》2002 年第 4 期，第 15、18 页。

量。资本本身在参与财富和价值创造中特有的贡献在于：将潜在的生产要素转化为现实的生产要素；将各种生产要素粘合在一起，使这些生产要素从潜在的生产力转化为现实的生产力；能提高生产要素的效率；它有一种特殊的贡献即开拓市场，使产品得以在市场上销售出去；它能承担市场风险。①

孙承叔认为，资本作为主体、指挥者具有生产性、创造价值。从劳动从属于资本的角度看，劳动创造价值必然表现为资本创造价值；从资本管理的特质来看，资本参与价值的创造，因为一切生产要素只有被资本整合进生产才能进行创造价值的生产，这种整合和管理是一种特殊的劳动，是产生社会生产力、创造价值的源泉。与此同时，资本家作为食利者又是剥削者，其劳动具有剥削性。他认为，资本从经济上看是成功的，没有一种生产方式能达到资本这样的经济效率和经济成就，但从社会效益、人类的生活目的和生活质量上看，是不成功的，"资本的本质就是蔑视人，资本在其创造人类历史最大财富的同时，却使人类最主要的生产力——劳动者受到了极大的伤害。"②

郎咸平认为现代资本主义精神包括"一部分财富增加而其他人财富不能减少""通过严刑峻法阻断官商勾结和内部交易，保证社会基本公平""藏富于民"。美国的股票市场就肩负着财富的重新分配的功能，美国的宪法赋予了美国证监会的严刑峻法的执法功能，因而美国公民愿意将自己一生的积蓄都有放在美国的股票市场，通过美国的股票市场让他们的财富不断的成长。

梁小民提出"资本创造历史"，说"只有在近代市场经济社会中，钱才变为创造社会财富的资本。一部近代经济史就是资本去冒险、开拓、创造巨大财富的历史"，"只有在近代市场经济社会中，资本的冒险才成为普遍的，并改变了整个社会的面貌。这就在于制度的改变。市场经济建立了保护私人财产的制度，这使冒险者可以获得冒险而来的财富。同时，作为资本主义精神支柱的新教也鼓励对财富的无限追求。这些成为资本冒险的

---

① 董辅礽：《发展非公有制经济的几个认识问题》，《宏观经济研究》2003 年第 4 期，第 6－7 页。

② 孙承叔：《关于资本的哲学思考——读〈1857—1858 年经济学手稿〉》，载《东南学术》2005 年第 2 期，第 92 页。

动力。股份制使冒险者不必承担无限风险，成为冒险的制度保证。”①

汪丁丁认为，资本在纯粹的“物的维度”内构成“经济物品”范畴；资本在社会关系的维度内是既得利益结构与权力结构的累积效应的载体，可称为社会关系“存量”，通过把自身转化为资本在某一时空点的净收益，总是反映着当时当地社会成员之间的利益关系。资本作为社会关系具有双重性，就是资本所承载的累积效应一方面可能强化社会成员之间的合作，另一方面可能强化既得利益格局，导致权力结构的两极化甚至社会秩序的崩溃。而在“精神生活的维度”内，资本的首要特征是对利润的追求转化为“意识形态”即对净收益或利润的崇拜②。

章海山明确提出，“马克思从积极方面肯定资本是一种社会的力量，是社会财富的增加者，起着史无前例的伟大的历史作用”，是“人类的一种高度文明”，并且“在道德上也应给以高度评价，是一种至善”。③ 同时，他认为资本存在对人类道德的负面影响，具有善恶双重性。

陈先达认为，资本主义社会的本质是资本与劳动的关系，明确否定资本有“自我增值”的魔法。他认为，市场中的机会均等适用于进入市场的资本拥有者和投资者，而资本与劳动之间由于各自的经济地位的差别而没有真正的机会均等。尽管社会阶层具有一定的流动性，这是指其中的成员而不是指阶层本身。只要雇佣关系中的资本与劳动的区分存在，资本就比劳动强势。他强调，要预防资本在社会主义条件下仍然不可避免的负面性。他说：“在社会主义条件下，资本运行的条件发生了变化。社会主义的经济制度和政治制度，会按照法律限制资本对劳动的优势权利，保护劳动者的权利，使两者得到适当的平衡。要防止资本对政治权力的入侵和用金钱制造的话语霸权。”④

鲁品越强调，资本的内在本质是社会关系，生产要素则是资本的外在表现，这些生产要素只有纳入到社会关系中才成为资本；资本的本质特征是支配资源投入社会物质生产体系中进行扩大再生产以追求自身增值。他

---

① 梁小民：《经济学内外》，中国社会科学出版社 2006 年版，第 217 页。

② 汪丁丁：《资本概念的三个基本维度——及资本人格的个性化演变路径》，《哲学研究》2006 年第 10 期。

③ 章海山：《市场经济伦理范畴论》，中山大学出版社 2007 年版，第 121 页。

④ 陈先达：《马克思主义哲学关注现实的方式》，《中国社会科学》2008 年第 6 期，第51 页。

提出，资本具有“两重性”，一是物质生产属性即配置生产要素以组织扩大再生产，二是利益分配属性即分配剩余劳动，以最大限度地实现资本经营者的利益，这“两重性”最终导致资本主义经济的过剩性危机、生态危机和人的发展危机，最终阻碍生产力的发展。①

张雄认为，“主体性资本”曾推进了西方现代化历史进程，创造了巨大的物质财富，但它又构成了从多样性生存世界中实现统一的精神活动的本质，在生活世界的深处成为当代社会各种弊端的罪魁祸首，既激活了人的天性又剥夺了人类的天性和权力，把人类变成了疯狂的财富追逐者，“以资本为轴心的社会制度，总逃避不了如此事实：资本的秉性是占有剩余，社会财富的动力是少数人对多数人的剥夺”。②

章莉指出了资本与剥削之间的同质性，“资本剥削劳动”是说资本家凭借财产权利的强势地位不公平地利用处于弱势地位的劳动者为自己谋求经济利益的行为，其实质是资本家利用财产权利侵犯劳动者的权利，“马克思把劳动要素拥有最终产品的权利界定最大化了，即把各种要素共同生产出来的最终产品中的新增部分的权利全部界定给劳动者。”③ 这种绝对劳动权利论是马克思论证资本权利剥削性质的前提。她断定所有资本收入形式（如利息、利润）的剥削性质，同时肯定资本的生产力性质的绝对性即资本作为消费品或资本品（一定的物）对满足人的需要有所增益。

卫建林认为：“资本主义是这样一种社会形态：它在人类开发和利用自然资源方面所建树的历史功勋，已经越来越为它在耗费和破坏自然资源方面的罪过所抵消。……资本主义这只‘老鼠’的破坏，具有全局的、深刻的性质。它是人类和人类生存繁衍的地球的罪人，是把人类和地球导入丧失正常新陈代谢能力的祸首。”④

张维闵认为“人力资本理论”把劳动纳入资本的范畴来解释巨大的经

① 鲁品越：《社会主义：在驾驭资本中走向强大—社会主义对资本的辩证否定》，载《中国特色社会主义理论与实践：上海市社会科学界第六届学术年会文集（2008 年）》，上海人民出版社 2008 年版，第 142 页。

② 张雄：《财富幻象：金融危机的精神现象学解读》，《中国社会科学》2010 年第 5 期，第 31 页。

③ 章莉：《资本性质新论》，南京大学出版社 2008 年版，第 178 页。

④ 卫建林：《全球化与第三世界》第 2 卷，清华大学出版社 2009 年版，第 499 页。

济增长“余额”，给理论和实践提出了一个更大的挑战：既然劳动是一种特殊的资本形式即“人力资本”且对经济增长作出了巨大的贡献，那么，根据资本所有权的必然要求就必须承认劳动对剩余的索取权。这样一来，以前只是作为生产成本的劳动要素就可以理直气壮地以资本的“身份”要求承认其占有剩余的合法地位，劳动要素和资本要素合二为一，“劳动—资本”二元结构崩塌，经典的“按要素分配”的内涵发生了根本质变。但是，这种“资本同化劳动”的形式抹杀不了劳动和资本之间的区别，也无法掩盖资本的历史意义和社会意义在不断弱化、资本范畴的作用范围在日益缩小、资本关系日益成为社会经济发展“赘生物”的本质。

林振淦认为，我们的经济学界和我们的宣传舆论过去一谈到资本主义经济危机，就谈它的破坏作用特别是它对生产力的巨大破坏，它给工人阶级和广大人民群众带来失业、贫困、痛苦等无穷无尽的灾难。但是，对于经济危机对资本主义经济的强制平衡作用、对于经济危机带来的有利于工业和生产力发展的积极作用的一面，似乎认识不足，甚至视而不见。①

王南湜认为，资本主义无论是对工人的剥夺还是对失败同类的剥夺都只能借助于各种差别性优势，这种差别性优势分为四个层次：全体资本家对工人的优势，在某一国内资本主义生产方式对非资本主义生产方式的优势，某一国家内那些采用了更先进技术的资本家或企业对其他资本家或企业的差别性优势，采取资本主义生产方式的国家对于那些非资本主义生产方式国家的差别性优势。资本主义全球化，从经济层面看意味着资本主义殖民化的全面完成，对落后国家和地区的重度剥夺；另一方面意味着获取剩余价值的差别性优势种类的减少和强度的逐步减弱。这意味着资本家能够获取剩余价值的差别性优势最终趋于两类即资本家对工人的优势与资本家之间的比较优势，这一总体趋势发展的结果是改变资本主义生产方式，对作为剥夺者的资本家的剥夺。②

颜鹏飞、刘会闯认为，探讨社会经济形态的“经济运动规律”即“生产力（生产资料）的概念和生产关系的概念的辩证法”是马克思政治经济

① 林振淦：《马克思恩格斯论述金融危机与经济危机·序言》，社会科学出版社 2011 年版，第 7 - 8 页。

② 王南湜：《剩余价值、全球化与资本主义——基于改进卢森堡“资本积累论”的视角》，《中国社会科学》2012 年第 12 期，第 24 页。

学革命的一个重要内容。马克思在《〈政治经济学批判〉序言》中推出了以生产力—生产关系运动为主线的新发展观，提出社会经济形态、生产力与生产关系、经济基础与上层建筑、社会存在与社会意识等原创性的学术话语，阐释了它们之间的矛盾运动以及“两个决不会”的经典论断。政治经济学的研究对象和任务之一是构建关于反映“生产力的概念和生产关系的概念的辩证法”运动的经济学逻辑体系。①

秦慧源认为，马克思的资本观既包括对资本野蛮性的批判，也包括对资本文明化功能的肯定。任何只偏重其中一个的观点都是片面的。然而，在长期的研究中，我们更多地偏重马克思对资本野蛮性的批判，而忽视了马克思对资本文明化功能的肯定②。她明确提出“资本促进生产力的发展”“资本促进生产关系的调整”。

王庆丰认为，金融资本成为“当代资本主义的本质性特征”，资本主义经济形态实现了由实体经济到虚拟经济的转变，资本主义运行方式从过去的工业资本运作转变到现在的金融资本运作，资本主义社会的剥削方式则从工业剩余价值剥削转变到虚拟剩余价值剥削。

孙杭生认为，资本主义的经济剥削是凭借生产资料私人占有，而且原则上只剥削剩余价值，因而对推动经济发展有积极作用。③ 社会主义初级阶段需要大力防范和消除的不是资本主义的经济剥削而是超经济剥削和违法性剥削。④ 剩余价值率和剥削率是两个既有联系又有区别的经济范畴，前者是生产范畴，反映生产力已经到达的水平，是劳动生产力的另一表达方式。后者是分配范畴，反映特定的生产关系和劳动成果如何分配。⑤ 消灭剥削不是要消灭剩余价值，而是要消灭无偿占有剩余价值的条件及生产资料私有制。⑥

赵家祥认为，人们长期以来只重视马克思对资本主义制度的罪恶与消极作用的揭露和批判，有意或无意地忽视了马克思对资本的伟大文明作用

① 颜鹏飞等：《〈资本论〉方法论研究的现实价值》，《光明日报》2013 年 8 月 27 日。
② 秦慧源：《论马克思的资本观》，《理论界》2013 第 1 期，第 4 页。
③ 参见孙杭生：《深入理解马克思劳动价值论研究》，气象出版社 2014 年版，第 139 页。
④ 孙杭生：《深入理解马克思劳动价值论研究》，气象出版社 2014 年版，第 139 页。
⑤ 孙杭生：《深入理解马克思劳动价值论研究》，气象出版社 2014 年版，第 145 页。
⑥ 孙杭生：《深入理解马克思劳动价值论研究》，气象出版社 2014 年版，第 146 页。

的肯定。从价值尺度来看，马克思既无情地批判了资本摧残人的罪行，又肯定了资本对人的发展所起的积极作用；从历史尺度来看，马克思既批判了资本阻碍历史进步的消极作用，又肯定了资本促进历史进步与发展的积极作用。如果只看到资本摧残人的发展的罪行和阻碍历史进步的消极作用，而看不到资本对人的发展和历史进步所起的积极作用；或者只看到资本对人的发展和历史进步所起的积极作用，而看不到资本摧残人的发展的罪行和阻碍历史进步的消极作用，都是对历史评价的两种尺度及其相互关系的片面理解。①

韩震认为，资本主义曾对人类历史发展起到了巨大推动作用。然而，随着时间的推移，资本主义制度自身固有的弊端不断显现和加重，周期性经济危机频现，并演化为时下的系统性、制度性危机，许多资本主义国家市场混乱、经济增长乏力、社会不公平现象加剧。西方发达资本主义国家内部矛盾难以解决，就打着反对恐怖主义的旗号，试图通过对外干预转移国内民众视线，造成阿富汗、中东等地的混乱。由西方这些干预而引发的愤怒转化为仇视性的极端主义和恐怖主义。近年来，西方国家民粹主义高涨、贸易保护主义抬头、右翼极端主义思潮沉渣泛起，西方精英多年来精心描述的价值观和所谓“政治正确”遭到底层民众的质疑、嘲弄和挑战。②

张宇认为，目前世界的经济全球化从生产关系的角度看总体上属于资本主义主导下的经济全球化，主要体现资本主义生产关系的要求。资本主义主导的经济全球化是以资本主义私有制为基础、以资本获取最大限度利润为动力的，奉行弱肉强食的丛林法则，包含着深刻矛盾和严重弊端即不平等、不平衡、不可持续。如何克服资本主义主导的经济全球化的深刻矛盾和严重弊端，引导和推动经济全球化健康发展，是人类社会发展进步面临的重大课题。③

---

① 赵家祥：《全面认识资本的作用——〈资本论〉及其手稿中一个被忽视的重要观点》，《中国高校社会科学》2015 年第 1 期。

② 韩震：《资本主义制度劣质化的必然结果》，《人民日报》2017 年 1 月 22 日。

③ 张宇：《引导和推动经济全球化健康发展》，《人民日报》2017 年 3 月 7 日。

三、马克思关于资本历史作用思想国内外研究的特点与存在的问题

就国外学者而言，他们在马克思关于资本历史作用思想问题上的研究状况可归纳为以下四种情形：

情形一：即侧重马克思对资本历史作用论述的“否定”（即“否定的理解”）方面并在某些观点上顺向推进：如卢森堡说马克思资本理论以至他的整个经济学说体系的“秘密”是发现了资本主义生产方式的“过渡性”，对马克思的资本积累（实现）理论予以了展开研究并预示了资本发展趋向的全球化；希法亭坚持马克思资本理论，将其中的虚拟资本、金融资本理论进一步展开，并且具体提出了资本的发展趋势构想；斯维齐肯定马克思资本理论渗透着马克思历史观，坚信马克思关于资本发展的灭亡趋向理论；布·明兹揭明了现代资本主义条件下资本特别是作为资本的“果实”在经济内容上的私人性与作为法律形式或财产权形式上的非私人性之间的混合态或重叠态，在一定程度上揭示了资本家与雇佣工人、与全体国民分享资本“成果”——剩余价值这一资本发展的新趋向；厄尔奈斯特·曼德尔认为，晚期资本主义仍然没有改变资本追求价值增殖的本性；爱德华·内尔完全肯定马克思资本理论，认为马克思资本理论对资本主义社会有很强的解释力；华勒斯坦结合《资本论》之后资本的发达状态揭明了“资本”的三个特征；布洛克肯定马克思关于资本在本质上作为一种社会关系的理论；I. 梅扎罗斯认为马克思的批判所针对的是“资本”而不是“资本主义”、感兴趣的是资本有机体系构成及其发展趋势而不是证明“资本主义生产”的缺陷，提出资本发展的趋势是“超越资本”；伊东光晴在坚持马克思资本理论的基础上阐述了当代资本主义社会的新特征；中谷岩揭明了“全球化资本”的特征是“制造价格差”“到利率高、景气好的国家投资”；赫尔南多·德·索托通过对发达资本主义国家资本的成功运作事实与马克思资本理论之间的比照进一步充实了马克思资本概念之“生产力”属性，改进了马克思“剩余价值”概念；哈维坚持马克思资本理论，突出其中两点，即马克思关于资本的空间意义的思想和马克思的资本原始积累理论；波斯纳认为，2008 年以来世界金融危机实质上是“资本”的

"自作孽"；山口重克肯定当代资本主义的不平等化现象；戈尔德纳认为资本主义生产方式在1914年第一次世界大战以后在世界范围内不再是一种进步的生产方式；菲利普·克莱顿、贾思旺·海因泽克认为资本主义结构及其实践不仅在蹂躏和掠夺人类，而且也在蹂躏和掠夺整个地球；托马斯·皮凯蒂通过对全球社会不平等现象的分析而肯定马克思资本批判理论，断定资本及其所有权的存在是世界不平等的根源。

情形二：即涉及马克思对资本历史作用论述的"肯定"（即"肯定的理解"）方面而在某些观点上逆向否定或者说看不到马克思对资本历史作用的肯定：如鲍德里亚认为，当代资本主义的基本问题是在潜在的无限生产力与销售产品的必要性之间的矛盾或者说由生产领域转向消费领域；萨缪·鲍尔斯、赫伯特·金迪斯把社会资本所涉及的资本之社会关系属性归于"共同体"内部的"合作"关系而非资本与劳动之间的对立关系；索罗指责马克思那个时代的资本理论"偏好""意识形态"而主张"资本理论的中心概念应为投资收益"，H. D. 库茨提出"资本的理论最重要意义在于，它事实上掌握了解释利润这把钥匙"[①]；施韦卡特不"认可"马克思的资本之生产关系论，说资本的（投资）活动"最基本的目标是培育实业性活动"——沿袭古典经济学逻辑；舒尔茨推出"人力资本"概念；利皮特虽然从人类与自然界之间的关系肯定资本内在局限性，但责备马克思资本批判理论低估了资本主义制度提高人民生活水平的能力以及我更新能力；沃尔夫认为资本主义奇迹在于利用人们自利动机为一般民众提供好的物品，"私人恶习"产生了"公共道德"，一些资本主义内部生长的东西很容易转变为共产主义的有利条件；卡列茨基提出"资本主义是一种适应性体系"，认为马克思资本学说低估了这一体系的自组织能力而"误读了历史，误解了经济学"。

情形三：即侧重于《资本论》之后的新情况而否定马克思关于资本历史作用的具体论述或整体否定之：如熊彼特肯定资本作为企业家可以用于控制所需要的具体商品的一种"杠杆"等职能奠定了资本家在资本主义经济机体中的强者地位，不"接纳"马克思的资本之生产关系论；丹尼尔·贝尔认为马克思的资本学说在"后工业社会"属"过时文化"；吉登斯认

① 《新帕尔格雷夫经济学大辞典》第1卷，经济科学出版社1996年版，第387页。

为“资本主义”属于“现代性的制度性维度”，资本主义企业强烈的竞争与扩张本质意味着技术创新总是持续性的和普遍性的，国家的自主性受制于资本积累，生态威胁、全球化等属于现代性新的风险景象；福山认为马克思关于“纯粹的金钱关系”是资本主义社会的产物这个判断不符合史实，在资本主义生产方式出现之前就存在；乔纳森·斯珀伯认为马克思没有证据证明资本主义社会利润率下降的趋势，没有看到服务业在19世纪经济中的应有地位，更没有预见到其后来的前景。

情形四：即触及马克思对资本历史作用的论述“肯定”方面与“否定”方面而重在否定马克思资本学说：如萨缪尔森断言“马克思著作的核心内容是剖析资本主义的优势和缺陷”，但重点在对马克思资本批判理论的“反思”并由“反思”走向“反对”，如否定马克思的“价值关系”理论；莱博维奇关注到马克思对资本“文明面”的肯定以及马克思的资本学说的否定与肯定这“两个方面”，但他意在把它们归之为作为资本主义“危机”之源的资本内部矛盾运动的“必要成分”；罗桑瓦隆肯定马克思对资本作用的论述，认为马克思对资本主义既有激烈反感的一面，又有深感其潜在魅力的一面。

就国内学者而言，他们在马克思的资本历史作用思想问题上的研究状况可归纳为以下五种情形：

一是正视资本的历史正效应：如蒋一苇在国内较早地明确从生产力角度把资本视为“企业承担风险的保证金”“衡量企业承担风险能力大小的指标”；蒋学模把“资本”“剩余价值”范畴从作为反映资本主义经济关系的“特有范畴”抽象升级为资本主义商品经济、社会主义商品经济都“共有”的范畴；周其仁肯定资本家作为企业家的经营能力属于“稀缺”资源；洪银兴把马克思对资本一般的界定归纳为“两个层次的规定”，区分社会主义条件下私人资本的两种“职能”及其收入的两种“性质”，从而肯定资本在社会主义历史条件下的作用；董辅礽具体阐明了资本在法治条件下所具有的促进经济和社会发展的强大力量；郎咸平把现代资本功能阐释为“藏富于民”“保证社会基本公平”；章海山主要从伦理学侧面肯定资本的积极作用或“善”的一面；孙杭生肯定资本主义的经济剥削对推动经济发展的积极作用，主张把“剩余价值率”和“剥削率”区分开来；秦慧源明确提出马克思的资本的历史作用思想“既包括对资本野蛮性的批判，也包括对资本文明化功能的肯定”，并指出了学界在这一领域的“片面”之处。

二是侧重马克思关于资本历史作用的论述“否定的理解”方面：如张雄提出“主体性资本”构成当代社会各种弊端的“罪魁祸首”；鲁品越认为资本的“两重性”最终导致资本主义社会的普遍危机，只是其所持的资本“两重性”观点并非马克思本人说的资本的“两重性”；卫建林从总体上强调资本的历史作用负面性或破坏性；王南湜通过分析资本主义全球化影响证实马克思资本批判理论的正确性和预见性；王庆丰认为当代资本主义经济形态出现了从实体经济到虚拟经济、从工业资本运作到金融资本运作的转向，资本主义剥削方式由工业剩余价值剥削转向虚拟剩余价值剥削；韩震认为西方发达资本主义随着时间的推移而越来越表现出系统性、制度性危机，以反对恐怖主义的旗号对外干预以转移国内民众视线，结果造成欠发达地区对西方干预的愤怒并转化为仇视性的极端主义和恐怖主义；张宇认为，经济全球化总体上属于资本主义主导下的经济全球化，体现了资本主义生产关系的本质要求，包含着“不平等”“不平衡”“不可持续”的矛盾。

三是基于西方经济理论触及马克思关于资本历史作用的论述“肯定的理解”方面：如张维闵认为西方“人力资本理论”使以前只是作为生产成本的劳动要素可以理直气壮地以资本的“身份”要求承认其占有剩余的合法地位；厉以宁把资本分三种即“物质资本”“人力资本”“社会资本”，其中人力资本比物质资本更重要，并从“现代市场经济”侧面肯定了发展资本对环境保护的积极意义；梁小民提出“资本创造历史”，一部近代经济史乃是资本冒险、开拓、创造巨大财富的历史。

四是侧重从方法论理解马克思关于资本历史作用的论述：如汪丁丁从“物的维度”“社会关系的维度”“精神生活的维度”分析资本的属性；颜鹏飞实际上从方法论角度提出加强马克思资本概念的生产力属性研究。

五是侧重从文本解读马克思的资本历史作用思想：如赵家祥认为马克思对资本历史进步作用的肯定与对其消极作用的批判同等重要；孙承叔肯定资本家的“劳动”也“创造价值”，同时强调资本在“社会效益、人类的生活目的”方面的残缺。

总之，国内外学者大多都正确而深刻地看到马克思对资本所作的“生产关系”这一基本视角及其丰富内容，正如一些学者所指出的，“把资本理解为生产关系乃是马克思资本诠释学的根本性的理论预设”[①]，“马克思主义政治经济学是研究生产关系并揭示经济运动规律的科学。《资本论》是要研究资本主义的生产关系及其产生、发展和灭亡的规律。由于生产关系是由生产力决定的，所以研究生产关系时不能离开生产力，而是要联系生产力，要研究生产力决定生产关系和生产关系反作用于生产力的情况”[②]，这是他们之间的共同特点，是目前国内外学者在这一领域所取得的宝贵学说成果。其次，他们在马克思的资本历史作用思想上的研究存在各自不同的特殊点。就国外学者而言，他们大都忽略马克思对资本“肯定的理解”向度，并由此进而责备马克思“低估”资本自我修复功能；就国内学者而言，他们都注重马克思对资本的历史作用“否定的理解”方面即资本“批判理论”[③]。其三，虽然国内外不少学者程度不同地认识到马克思对资本的历史作用“肯定的理解”向度，但那些关于马克思对资本的历史作用“肯定的理解”向度的研究成果或者居于对马克思资本批判理论的“夹缝”之中即模糊于这两个向度之分，用一位学者的话说，就是“马克思对于资本主义社会和文化的批判，只是在同资本主义社会以前的社会和文化相比较的时候，才肯定现代性的积极面，而马克思的重点始终是放在对于现代性的消极面的批判之上”[④]，或者出于所谓意识形态“顾虑”而限于马克思对资本的历史作用“否定中包含着肯定”“肯定中包含着否定”这类抽象的思辨层面或对资本的历史作用“各打五十大板”的折衷主义评述之中，结果在学界及社会舆论界长期以来形成这么一个印象：马克思的资本历史作用思想就是对资本的否定批判，由此给人们带来马克思资本学说在现代性运动中或和平发展年代里“用场不大”的表象。在改革开放或市场

① 俞吾金：《传统重估与思想位移》，黑龙江大学出版社 2007 年版，第 463 页。

② 卫兴华：《〈资本论〉究竟研究什么？—与胡钧同志商榷》，《中国经济问题》1983 年第 4 期，第 41 页。

③ 其典型观点，正如有学者所说的，“生态危机是资本主义社会的内在的危机，生态矛盾是资本主义社会的内在矛盾。生态危机、生态矛盾，本身就是资本主义社会异化本质的佐证。无论是经济危机还是生态危机都被马克思视为内在于资本主义社会的，即马克思把这些危机都视为‘导致资本主义垮台的其自身的因素’”（陈学明：《资本逻辑与生态危机》，《中国社会科学》2012 年第 11 期，第 10 页）。

④ 高宣扬：《德国哲学概观》，北京大学出版社 2011 年版，第 231 页。

经济条件下，学界关于资本问题研究的这些情形及其在宣传舆论界长期而广泛的传播与影响难免使马克思的资本学说以及整个（经典）马克思主义被“打扮”成一种在当代社会“自己与自己过不去”的“怪物”形象。

从学术研究史来看，马克思的资本历史作用思想研究之所以存在这种状况，一个重要因素是因为国内外学界迄今为止缺乏对马克思以及马克思学派关于资本的历史作用论述的系统整理与研究。所以，对马克思关于资本的历史作用论述及其马克思学派关于资本的历史作用论述予以系统的整理和分类，是非常必要的，也是非常重要的。

主要参考文献

一、国外主要相关著作及论文

[1] 马克思恩格斯生平事业年表 [M]. 北京：人民出版社，1976.

[2] 马克思恩格斯全集（50 卷）[M]. 北京：人民出版社，1956 - 1985.

[3] 马克思恩格斯全集（第 1、3、30 - 36、47 卷）[M]. 北京：人民出版社，1995 - 2015.

[4] 马克思恩格斯文集（10 卷）[M]. 北京：人民出版社，2009.

[5] 马克思恩格斯选集（4 卷）[M]. 北京：人民出版社，2012.

[6] 列宁专题文集（5 卷）[M]. 北京：人民出版社，2009.

[7] 斯大林选集（上下卷）[M]. 北京：人民出版社，1979.

[8] [美] 帕尔默，科尔顿. 近现代世界史（上中下册）[M]. 孙福生、陈敦全译，北京：商务印书馆，1988.

[9] [德] 卢森堡. 卢森堡文选 [M]. 李宗禹，周懋庸编，北京：人民出版社，1984.

[10] [德] 希法亭. 金融资本 [M]. 李琼译，北京：华夏出版社，2010.

[11] [美] 萨缪尔森. 经济学（上中下册）[M]. 高鸿业译，北京：商务印书馆，1979—1982.

[12] [美] 布洛克. 后工业的可能性——经济学话语批判 [M]. 王翼龙译，北京：商务印书馆，2010.

[13] [英] 吉登斯. 现代性的后果 [M]. 田禾译，南京：译林出版社，2011.

[14] [美] 亨廷顿，哈里森. 文化的重要作用：价值观如何影响人类的进步 [M]. 程克雄译，北京：新华出版社，2012.

[15] [美] 福山. 政治秩序的起源 [M]. 毛俊杰译，南宁：广西大学出版社，2012.

[16] [英] 沃尔夫. 21 世纪，重读马克思 [M]. 范元伟译，北京：清华大学出版社，2015.

[17] [美] 菲利普·克莱顿，贾思旺·海因泽克. 有机马克思主义 [M]. 孟献丽，于桂凤，张丽霞译，北京：人民出版社，2015.

[18] [英] 约翰·伊特韦尔、[美] 默里·米尔盖特，[美] 彼得·纽曼. 新帕尔格雷夫经济学大辞典（四卷） [M]. 北京：经济科学出版社，1996.

[19] [美] 凡勃伦. 科学在现代文明中的地位 [M]. 张林，张天龙译，北京：商务印书馆，2008.

[20] [英] 波普尔. 开放社会及其敌人（第 2 卷） [M]. 郑一明等译，北京：中国社会科学出版社，1999.

[21] [美] 丹尼尔·贝尔. 资本主义文化矛盾 [M]. 赵一凡、蒲隆、任晓晋译，重庆：重庆出版社，1989.

[22] [英] 科恩. 卡尔·马克思的历史理论——一种辩护 [M]. 段忠桥译，北京：高等教育出版社，2008.

[23] [美] 詹姆斯·P. 沃麦克，[英] 丹尼尔·T. 琼斯，[美] 丹尼尔·鲁斯. 改变世界的机器 [M]. 沈希瑾，李京生，周亿俭，张文杰等译，北京：商务印书馆，2003.

[24] [美] 罗伯特·L. 海尔布罗纳，威廉·米尔博格. 经济社会的起源 [M]. 李陈华，许敏兰译，上海：格致出版社，上海人民出版社，2010.

[25] [英] C. A. 贝利. 现代世界的诞生 [M]. 于展，何美兰译，北京：商务印书馆，2013.

[26] [英] J. 李约瑟. 中国科学技术史（第一卷）[M]. 北京：科学出版社等，1990.

[27] [美] 薇安·A. 施密特. 欧洲资本主义的未来（前言） [M]. 张敏，薛彦平译，北京：社会科学文献出版社，2010.

[28] [英] R. 艾伦. 近代英国工业革命的揭秘：放眼全球的深度透视 [M]. 毛立坤译，杭州：浙江大学出版社，2012.

[29] 世界环境与发展委员会. 我们共同的未来 [M]. 王之佳，柯金良等译，长春：吉林人民出版社，2005.

[30] [美] 蕾切尔·卡逊. 寂静的春天 [M]. 吕瑞兰，李长生译，长春：吉林人民出版社，2005.

[31] [美] 丹尼斯·米都斯等. 增长的极限——罗马俱乐部关于人类困境的报告 [M]. 李宝恒译，长春：吉林人民出版社，2005.

[32] [法] 皮埃尔·勒鲁. 论平等 [M]. 王允道译，北京：商务印书馆，1988.

[33] [美] 罗伯特·L. 海尔布隆纳. 马克思主义支持与反对 [M]. 马林梅译，北京：东方出版社，2014.

[34] [美] 罗伯特·L. 海尔布隆纳. 资本主义的本质与逻辑 [M]. 马林梅译，北京：东方出版社，2013.

[35] [美] 戈尔德纳. 当前金融危机与资本主义生产方式的历史性衰落（上）[J]. 曹浩瀚译，国外理论动态，2009 (9).

[36] [日] 重田澄男. "资本主义"概念的起源和传播 [J]. 卫华译，国外理论动态 2011 (2).

二、国内主要相关著作及论文

[1] 毛泽东著作选读（上下册）[M]. 北京：人民出版社，1986.

[2] 邓小平文选（3 卷）[M]. 北京：人民出版社，1993－1994.

[3] 陈独秀文集（4 卷）[M]. 北京：人民出版社，2013.

[4] 蒋一苇经济文选 [M]. 北京：中国时代经济出版社，2010.

[5] 孙杭生. 深入理解马克思劳动价值论研究 [M]. 北京：气象出版社，2014.

[6] 洪银兴.《资本论》的现代解析 [M]. 北京：经济科学出版社，2005.

[7] 习近平谈治国理政（第 2 卷）[M]. 北京：外文出版社，2017.

[8] 费孝通. 论人类学与文化自觉 [M]. 北京：华夏出版社，2004.

[9] 十二大以来重要文献选编（上中册）[M]. 北京：中央文献出版社，2011.

[10] 江泽民文选（3 卷）[M]. 北京：人民出版社，2006.

[11] 胡锦涛文选（3 卷）[M]. 北京：人民出版社，2016.

[12] 习近平．决胜全面建成小康社会，夺取新时代中国特色社会主义伟大胜利 [N]. 人民日报，2017-10-28.

[13] 十八大以来重要文献选编（上）[M]. 北京：中央文献出版社，2014.

[14] 陈先达．马克思主义哲学关注现实的方式 [J]. 中国社会科学，2008 (6).

[15] 王南湜．剩余价值、全球化与资本主义——基于改进卢森堡"资本积累论"视角 [J]. 中国社会科学，2012 (12).

[16] 赵家祥．全面认识资本的作用——《资本论》及其手稿中一个被忽视的重要观点 [J]. 中国高校社会科学，2015 (1).

[17] 韩震．资本主义制度劣质化的必然结果 [N]. 人民日报，2017-1-22.

[18] 张宇．引导和推动经济全球化健康发展 [N]. 人民日报，2017-3-7.

[19] 卫兴华．《资本论》究竟研究什么？—与胡钧同志商榷 [J]. 中国经济问题，1983 (4).

[20] 罗荣渠．现代化理论与历史研究 [J]. 历史研究，1986 (3).

[21] 袁绪程．从方法论看生产方式、生产力、生产关系的含义及区别 [J]. 哲学研究，1984 (5).

[22] 厉以宁．怎样看待金融危机以来西方国家的制度调整 [N]. 北京日报，2009-8-3.

[23] 刘思华．论生态经济需求 [J]. 经济研究，1988 (4).

[24] 吴敬琏．准确把握新常态的两个特征 [N]. 北京日报，2015-5-4.

[25] 徐匡迪．工程师——从物质财富的创造者到可持续发展的实践者 [J]. 北京师范大学学报（社会科学版），2005 (1).

[26] 胡鞍钢．绿色现代化：中国未来的选择 [J]. 学术月刊，2009 (10).

[27] 郇庆治．21世纪以来的西方生态资本主义理论 [J]. 马克思主义与现实，2013 (2).